21578

HISTOIRE GÉNÉRALE
DE LA
DIPLOMATIE EUROPÉENNE.

PARIS. — IMPRIMERIE DE W. REMQUET ET COMP.,
rue Garancière, 5, derrière Saint-Sulpice.

HISTOIRE GÉNÉRALE

DE LA

DIPLOMATIE EUROPÉENNE

HISTOIRE

DE

LA FORMATION DE L'ÉQUILIBRE EUROPÉEN

PAR LES

Traités de Westphalie et des Pyrénées

PAR

François COMBES,

PROFESSEUR-AGRÉGÉ D'HISTOIRE AU COLLÉGE STANISLAS ;
Auteur de l'*Histoire du ministère et de la régence de l'abbé Suger*,
et de l'*Histoire diplomatique de la Russie en face de Constantinople et de l'Europe*;
Membre honoraire de l'Académie belge d'histoire et de philologie.

PARIS,

E. DENTU, LIBRAIRE-ÉDITEUR, PALAIS-ROYAL,

Galerie d'Orléans, 13.

1854

HISTOIRE GÉNÉRALE
DE LA
DIPLOMATIE EUROPÉENNE

HISTOIRE

DE LA FORMATION DE L'ÉQUILIBRE EUROPÉEN

PRÉFACE.

Encouragé par le bon accueil qu'on a fait aux deux ouvrages que j'ai déjà publiés, l'*Histoire du ministère et de la régence de l'abbé Suger*, et l'*Histoire diplomatique de la Russie en face de Constantinople et de l'Europe, depuis son origine jusqu'à nos jours*, je me décide à faire paraître un travail plus considérable et non moins consciencieux, dont le second de ces ouvrages n'est qu'un fragment, et qui est le fruit de six années d'études sérieuses, d'exactes recherches, de scrupuleuses investigations : c'est l'*Histoire générale de la diplomatie européenne, depuis le commencement des temps mo-*

dernes jusqu'aux traités de 1815, avec les changements survenus depuis jusqu'en 1848.

J'ai toujours regretté, pour la satisfaction de mes goûts personnels et dans l'intérêt de la science même de l'histoire, que quelqu'un de nos grands historiens ne se fût pas occupé d'un tel ouvrage, à l'aide des Mémoires français ou étrangers, des Négociations ou des Lettres écrites par des diplomates, des ministres, des rois, et enfin avec le secours des meilleurs recueils de traités, soigneusement compulsés, étudiés, commentés. J'aurais voulu rencontrer sur ce sujet important autre chose que des travaux partiels, souvent incomplets et peu développés, n'embrassant jamais, avec la précision et la sobriété, avec l'ordre et la clarté nécessaires, tout l'ensemble, toute la marche des temps modernes. C'est une lacune fâcheuse et qui se retrouve presque partout. La partie militaire, le récit bruyant des expéditions, des campagnes, des siéges, des combats, a surtout absorbé la plume des historiens. Cette autre guerre, qui se poursuit toujours pendant même les plus horribles mêlées, non sur les champs de bataille, mais dans une salle sévère de discussions, non à coups d'épées, mais par des discours et des écrits;

cette guerre, qui met à nu l'ambition secrète, le caractère particulier, les préjugés variés, les susceptibilités délicates, les côtés faibles des puissances belligérantes; qui fait mouvoir les factions diverses d'un État, et exploite leurs passions et leurs instincts; qui révèle les ressources que peut fournir la nature de telle forme de gouvernement, la condition politique de tel ou tel souverain; cette guerre, qui montre des hommes plus ou moins nombreux, représentant leur patrie, défendant pied à pied ses intérêts et ses droits, cherchant, par l'adroit maniement des volontés et des esprits, à arrêter ou à compenser les suites d'une défaite, à bien tirer parti d'un succès, à empêcher l'amoindrissement de leur pays ou à l'agrandir, à le sauver ou à fonder sa prépondérance; cette guerre indispensable d'adresse, de calcul, de savoir-faire et de tact, sur laquelle à la vérité influe toujours beaucoup la fortune des armes, mais qui souvent répare ou accroît celle-ci, et fait voir, à côté de la force matérielle, ce que peut un esprit délié, quand il agit avec sagesse, réserve, habileté, avec tout ce que donne l'habitude d'un monde élevé, l'expérience des affaires, la connaissance des hommes, l'attention sur soi-même, le rare talent d'agir à propos et de venir à point; la guerre diplomatique en un mot, la guerre des congrès, on la cherche en vain dans beaucoup de nos ouvrages d'histoire, et même dans les plus estimés : c'est un coin du voile que les auteurs n'ont pas soulevé; c'est une arène où ils ne sont pas descendus, et où pourtant ils auraient fait ample récolte d'incidents curieux, d'anecdotes piquantes, de vicissitudes singulières, d'extraordinaires péripéties, tout ce qu'il faut certainement pour plaire aux esprits sérieux, pour intéresser les savants, les philosophes, les penseurs, les gens du monde même. Ils ont fait le drame sanglant des batailles; le drame intellectuel et moral des congrès, le drame diplomatique leur a échappé. C'est à peine si le dénoûment final, le traité en lui-même, se trouve exposé dans leurs œuvres, je ne dis pas avec tous ses minutieux détails, mais dans ses parties essentielles, dans celles qui font connaître le but réel où l'on tendait de part et d'autre et celui que l'on a atteint, et qui aident à comprendre la situation différente d'une nation, l'ère nouvelle où parfois le monde est entré.

J'ai voulu essayer de combler cette lacune : c'est pour cela que sur des matériaux patiemment amassés et élaborés déjà pour quelques studieux aspirants aux carrières diplomatiques, j'ai composé l'*Histoire générale de la diplomatie européenne.*

J'ai divisé le vaste champ que j'ai eu à parcourir en six parties :

1° Histoire diplomatique de la formation de l'équilibre européen par les traités de Westphalie et des Pyrénées ;

2° Histoire de la diplomatie slave et scandinave, jusqu'au moment où tout le Nord est entré dans la politique européenne ;

3° Histoire de la diplomatie européenne, pendant le grand Siècle ;

4° Histoire diplomatique de l'Europe au xviiie siècle jusqu'à la Révolution française ;

5° Histoire de la diplomatie européenne, pendant la Révolution française jusqu'au Consulat ;

6° Histoire de la diplomatie européenne sous le Consulat et l'Empire, jusques et y compris les Traités de 1815, avec un appendice sur les changements apportés à ces traités jusqu'en 1848.

Chacune de ces parties formera un volume à part, dont l'étendue variera de 400 à 600 pages, et dont la publication successive, nécessitée par les frais considérables de l'impression, se fera de deux en deux mois.

Je n'ai pas à justifier la première des divisions que j'ai adoptées, et qui fait l'objet du volume que je donne aujourd'hui au public. Chacun sait en effet que la formation de l'équilibre européen est le point de départ de l'Histoire moderne et par conséquent de toute histoire de la diplomatie européenne. Quant aux autres parties, quelques mots, placés en tête de chacun des volumes suivants, en démontreront brièvement la justesse, l'enchaînement et la portée. Je ne ferai donc pas de préface générale, et dirai seulement, à propos du volume que je publie en ce moment, que je n'ai rien négligé pour en faire une œuvre sérieuse, instructive, intéressante, remplissant l'objet que je me suis proposé, donnant les détails les plus nets, les plus caractéristiques, les plus saisissants, et les plus authentiques sur les hommes d'État et les diplomates divers, qui posèrent, dans deux traités immortels et surtout dans celui de Westphalie, les premières bases de l'Équilibre européen. Les Mémoires, les Traités, les Lettres d'État, les Négociations, les ouvrages de seconde main, français et étrangers, qui font autorité, je les ai consultés avec soin et comparés. Le grand procès, qui s'agitait en Allemagne contre la maison d'Autriche et qui ensuite occupa si longtemps l'Europe, j'en ai exposé toutes les prémisses, tous les préludes, afin que l'on en comprît mieux le dénoûment et la conclusion. J'ai particulièrement étudié le traité de Westphalie, et dans l'appréciation que j'en ai donnée relativement à l'organisation politique et religieuse de l'Allemagne, dans les chapitres XII et XIII du livre Ier, l'on trouvera, j'ose l'espérer, quelque chose de neuf, de plus complet du moins que ce que l'on peut avoir écrit sur le même sujet.

Quant à l'esprit de l'ouvrage, je dois dire que, tout en condamnant, au nom de la foi catholique, les excès de la Réforme aussi bien que ses erreurs, j'ai regardé Luther comme le représentant de la liberté religieuse, et sa victoire sur Charles-Quint comme le premier avénement en Europe de la tolérance dans la société civile, dans les États. J'ai tenu compte de tout; j'ai donné les raisons, longtemps nécessaires, de l'intolérance des gouvernements du moyen âge. Mais au XVIe et au XVIIe siècle, à des époques où les maladies religieuses de peuples moins jeunes et plus éclairés ne pouvaient être traitées de la même manière que dans les temps antérieurs, j'ai pensé qu'on aurait pu être tolérant, sans cesser d'être orthodoxe, et que l'historien, appelé à juger les actes des divers partis, n'avait pas à craindre de passer pour mécréant ou pour philosophe, en demandant aux salutaires lois d'une tolérance chrétienne la règle et le flambeau de son impartiale critique.

Après ces explications, il ne me reste qu'à remercier vivement les Magistrats, les Ministres, les Princes, qui ont daigné m'accorder aide et concours pour la publication considérable que j'entreprends. En particulier, j'offrirai le tribut empressé de ma reconnaissance à S. Exc. M. le Ministre d'État, qui a bien voulu souscrire à mon ouvrage pour toutes les bibliothèques de l'Empereur, et à S. Exc. M. le Ministre des affaires étrangères, qui, par sa précieuse et si obligeante initiative, m'a valu tant d'honorables souscripteurs, tant de marques encourageantes du plus bienveillant intérêt!

HISTOIRE GÉNÉRALE
DE LA
DIPLOMATIE EUROPÉENNE

LIVRE PREMIER.

HISTOIRE DU TRAITÉ DE WESTPHALIE.

CHAPITRE PREMIER.

Tendances monarchiques et antiféodales des empereurs germains jusqu'à la Bulle-d'Or.

C'est une grande et belle chose pour une nation, que de trouver un incessant aliment à son activité dans des tendances traditionnelles et dans la puissance des souvenirs. Elle a ainsi la noblesse du nom à garder, l'illustration des aïeux à soutenir; et tous ces précédents, qui engagent l'amour-propre et l'honneur, en lui défendant de déroger, l'empêchent aussi de dégénérer. Mais, chez les peuples, plus encore que chez les individus, ce qui est l'avantage des uns fait souvent le danger des autres, et peut attirer sur une nation qui désire trop de ressembler à son glorieux passé, la jalousie, la défiance, et parfois les armes de tous ses voisins.

I

Efforts des empereurs d'Allemagne, au moyen âge, pour reconstituer, en leur faveur, tout l'ancien empire romain d'Occident.

Telle a été en Europe la condition de l'Allemagne ; tel aussi a été son sort. De son sein étaient sorties ces bandes nombreuses d'envahisseurs, qui avaient détruit l'empire romain et fondé sur ses ruines une foule d'États nouveaux. Le but une fois atteint, il semblait que le torrent germanique ne dût plus déborder et se répandre dans les mêmes lieux ; il n'en fut pas ainsi : l'esprit d'envahissement et d'expansion extérieure survécut au fait accompli de l'invasion. Ceux qui n'avaient pas été chercher leur part des dépouilles romaines, devinrent jaloux des premiers-venus, qui avaient pris tout, et voulurent leur disputer leurs conquêtes. C'est ainsi que les Allamans menacèrent les possessions de Clovis, qui les vainquit ; dans le même but, les Saxons attaquèrent ses successeurs, jusqu'à ce que, vaincus et domptés par les Carlovingiens, ils entraînèrent dans leur chute la Germanie tout entière.

Le royaume d'Allemagne fut organisé : il sortit tout formé des mains de Charlemagne, des mains du conquérant carlovingien. Chose extraordinaire, et que le héros franc ne pouvait prévoir,

les Saxons, les mêmes qui avaient été subjugués par lui; les Saxons, qui représentaient, d'une manière plus complète, les races germaniques, forcément retenues sur le sol de la commune patrie, obtinrent en 962, dans la personne de leur duc Othon Ier, de Saxe, ou Othon-le-Grand, le sceptre impérial, tombé des mains débiles des Carlovingiens dégénérés. Aussitôt, en vertu de ce titre d'empereur, Othon-le-Grand et ses Saxons appuyèrent sur un droit, incontestable à leurs yeux, leur vieux désir de détrôner les peuples qui régnaient là où avaient régné les Romains. Leurs anciennes tendances, jusqu'alors arrêtées et comprimées, revêtirent une sorte de légitimité. Ils ambitionnèrent intégralement tout cet empire d'Occident qu'avait voulu relever Charlemagne, leur vainqueur, et dont eux-mêmes, eux les vaincus, eux les sujets, naguère, des Carlovingiens, ils étaient devenus les légitimes, mais incomplets souverains. « Othon-le-Grand annexa le royaume d'Italie à l'em-
« pire d'Allemagne, et, enflé de ses succès, il prit le
« titre de *César-Auguste*. L'on vit donc un prince,
« né dans le cœur de la Germanie, un descendant
« de Witikind, prétendre être le *successeur des em-*
« *pereurs de l'ancienne Rome, et avoir hérité* de
« leur puissance et de leurs droits (1). » Voilà ce que dit Robertson, dans son Introduction à l'*Histoire de Charles-Quint*. L'historien allemand Pfister

---

(1) Robertson, *Introd. à l'Hist. de Charles-Quint*, p. 70, format Panthéon littéraire.

ajoute, qu'Othon-le-Grand fut reconnu *empereur romain*, et que les Romains lui prêtèrent serment de fidélité, comme ils avaient fait à *Auguste et à ses successeurs* (1). Un mariage, qu'il négocia pour son fils, Othon II, vint parfaitement s'accorder avec ce titre et fortifier cette ambition. Il obtint pour ce prince ce que, avant lui, d'autres chefs barbares, Attila, Alaric, avaient demandé en vain pour eux-mêmes, la main d'une princesse gréco-romaine, de Théophanie, dont le mariage avec Othon II sembla donner au nouvel empire, et à ses nouveaux chefs, un caractère plus national, un aspect plus romain. Puis, il se tourna contre la France, *l'ancienne province des Gaules* du temps des Romains, et, à l'occasion de quelques démêlés avec le roi carlovingien Lothaire, il s'avança, en conquérant, jusqu'à la butte Montmartre, d'où les Parisiens effrayés purent entendre les voix discordantes des Barbares, jusqu'alors contenus au delà du Rhin par les Francs, vociférer un triomphal *Te-Deum*. Ainsi commençait la redoutable entreprise de la substitution des Allemands aux Barbares divers, qui avaient morcelé, depuis déjà longtemps, l'empire romain d'Occident.

Othon-le-Grand ne put pas réaliser tout ce qu'il rêvait. Après lui la politique des premiers Capétiens envers les Césars germains, héritiers du titre de Charlemagne, et prétendant à la même étendue de domination, fut si modérée, si pleine de pru-

---

(1) Pfister, *Hist. d'Allem.*, t. II.

dents ménagements, qu'elle put prévenir, entre l'Allemagne impériale, toujours très-forte, et la France, encore très-faible, de très-périlleuses hostilités. Mais on vit bien où voulaient en venir les empereurs, quand la nouvelle se répandit en Europe qu'Othon III avait l'intention de transporter le siége de son empire à Rome même; mesure significative, et qu'une mort prématurée put seule l'empêcher de mettre à exécution. La querelle des Investitures, qui ne tarda pas à éclater, et la guerre des Guelfes et des Gibelins, qui la suivit de près, donnèrent à la France du répit et de la sécurité. Néanmoins, en 1124, l'empereur Henri V de Franconie, en 1214 Othon IV de Saxe, tous deux sous le couvert d'une alliance anglaise, renouvelèrent en France l'invasion d'Othon-le-Grand, et chacun sait que la victoire de Philippe-Auguste, à Bouvines, en 1214, fut regardée comme le salut de la nationalité française.

Pas assez forts pour conquérir *leur province des Gaules*, les nouveaux empereurs romains étendirent leur puissance en Italie, afin de posséder tout entière, si c'était possible, cette péninsule, premier noyau de la domination romaine, et qu'avaient eue sans partage tous ces anciens Césars, qui revivaient dans leur personne. C'est le but que se proposèrent Henri IV, Frédéric Barberousse, Frédéric II, par leurs attaques contre Milan, ou contre Rome même. Le sud de l'Italie occupa leur ambition aussi bien que le centre et le nord. Là, un mariage avec une petite-fille de Robert-Guiscard assura les Deux-Siciles à Henri VI, fils de Frédéric-Barberousse; et, en 1095, ce prince, dans la diète allemande de Gelnhausen, en prononça la réunion à la couronne de Germanie. Frédéric II, son fils, domina donc, plus ou moins effectivement, sur presque toute l'Italie. Les États de l'Église lui manquaient encore à la vérité; mais le titre de *roi des Romains,* imaginé par Frédéric-Barberousse pour le successeur désigné à l'empire, montrait assez quelles étaient les vues des successeurs d'Othon Ier sur Rome, comme sur toutes les parties de l'ancien empire romain (1). Les attaques contre l'indépendance romaine se renouvelèrent, en effet, sous Frédéric II, plus vives que jamais. Il fallut la déposition de ce trop dangereux ennemi, ensuite le démembrement de ses possessions héréditaires au sud de l'Italie, par la maison française d'Anjou, le Long-Interrègne allemand, le déplacement fréquent de la couronne impériale après cet interrègne, pour que les empereurs suspendissent l'exécution de ces ambitieux desseins.

II

Établissement d'un empire monarchique et antiféodal au dedans, considéré comme la base de cette grande entreprise au dehors.

Nous ne pousserons pas plus loin cette démonstration historique des vues constantes des empe-

(1) Pfeffel, *Abrégé chronol. de l'hist. et du droit public d'Allem.*, t. I.

reurs germains sur l'ancien empire romain d'Occident. Après ce que nous avons dit, il ne peut y avoir, à cet égard, aucun doute dans les esprits. Mais l'accomplissement de ce grand dessein était subordonné au succès d'une autre entreprise, qui n'était pas autant du goût des Allemands, à la reconstitution du pouvoir impérial sur les bases, sévèrement monarchiques et antiféodales, où l'avait replacé Charlemagne. De la force de ce pouvoir, au dedans, les empereurs faisaient dépendre la réussite de leurs projets au dehors. Ils voulurent donc, dès l'acquisition de la pourpre impériale, maîtriser cette féodalité, qui, depuis la déposition de Charles-le-Gros, en 887, s'était fortement constituée en Allemagne, et qui, là surtout, l'emportait sur eux de toute la supériorité du principe d'hérédité, règle de la succession des fiefs, sur le principe électif, qui réglait la succession au trône de Germanie (1).

Othon-le-Grand, le premier, en prenant le titre d'empereur, qu'avait porté Charlemagne, rétablit aussi les institutions monarchiques, créées par ce conquérant, et que le flot féodal, n'ayant plus un bras si puissant pour digue, avait emportées avec tout le reste. La cour palatine, présidée par le comte palatin, et les *Missi dominici*, ou Envoyés royaux, vinrent de nouveau rattacher au pouvoir central les justices seigneuriales, et furent un com-

---

(1) *Abrégé chron.* de Pfeffel, p. 244 et suiv., t. I, et Robertson, p. 70 et 71, *Introd.*

mencement heureux de centralisation judiciaire. Quelques confiscations de fiefs au profit de seigneurs plus soumis, en assimilant presque les comtes et les ducs à des magistrats révocables, avancèrent encore davantage cette restauration du pouvoir (1). Si alors l'hérédité du trône avait été reconnue en droit, si la maison des Othons n'avait pas été obligée, pour durer, de se ménager dans les diètes électorales une majorité favorable, nul doute que la féodalité, attaquée, comme en France, avec régularité et continuité, n'eût pu être assez rapidement abattue et détruite.

Malgré l'assurance de ce puissant instrument de succès, les empereurs franconiens, après la maison d'Othon-le-Grand ou de Saxe, poursuivirent les mêmes desseins, mais sans arriver non plus à ce qu'il y avait de plus désirable, l'hérédité du pouvoir.

Les princes souabes ou de Hohenstauffen, qui ne tardèrent pas à monter sur le trône, après la maison de Franconie, furent plus heureux. Frédéric-Barberousse, l'un d'eux, facilita le maintien du sceptre dans la même maison par l'institution du titre de roi des Romains, qui, du consentement de la diète, était donné, du vivant d'un empereur, à son fils ou à quelqu'un des siens, et avait la même force que celui d'associé au trône chez les premiers Capétiens. En même temps, ses jurisconsultes de l'Université de Bologne, dans une fa-

(1) Pfeffel et Robertson, *ibid*.

meuse diète italienne, celle de Roncaglia, lui décernèrent, d'après les Pandectes, le droit de disposer des biens et de la vie de ses sujets, et, ne regardant qu'au titre d'empereur d'Occident qu'il portait, ils voulurent faire du chef d'un empire féodal un véritable autocrate byzantin. Une forte opposition le fit bientôt échouer : mais c'était un progrès immense que d'avoir osé afficher si publiquement et si solennellement de telles prétentions. Les Germains n'avaient jamais été sujets romains ; ils s'en alarmèrent néanmoins aussi bien que les Italiens, et, pénétrant la pensée de leurs chefs, ils virent qu'on cherchait à confondre, dans leurs souverains, deux personnages bien distincts, le roi de Germanie et l'empereur d'Occident. Malgré ces craintes fondées, cinquante-deux seigneurs de l'Empire, en 1095, sous le règne de Henri VI, fils de celui qui les avait fait trembler pour leurs libertés, adoptèrent la constitution de Gelnhausen, qui enfin proclamait l'hérédité du trône dans la maison des Hohenstauffen (1). L'ardent désir de rattacher perpétuellement à la couronne de Germanie les Deux-Siciles, qui appartenaient à ce prince, leur fit accepter ce grave et dangereux changement.

La révolution était donc faite : on possédait ce principe de force, au moyen duquel le pouvoir central pouvait faire contre-poids à la puissance, également héréditaire, des seigneurs. Malheureusement il ne reçut pas d'application, puisque, à la

(1) Pfeffel, t. I.

mort même de Henri VI, on élut empereur, non son fils, Frédéric II, que pourtant on avait reconnu roi des Romains, mais son frère, Philippe de Souabe, et puis Othon IV.

A la vérité, après ces deux derniers princes, on choisit Frédéric II ; et les tendances des Hohenstauffen reparurent avec encore plus de force. Mais tous les efforts, tous les talents, tout le courage de ce prince, tout le zèle de ses Gibelins et de ses Sarrazins de Lucera, vinrent se briser contre deux obstacles insurmontables.

III

Deux obstacles à l'accomplissement de cette révolution monarchique : 1º division de l'Allemagne en nations particulières ; 2º opposition pontificale.

Le premier, c'était l'esprit même des Allemands. De tout temps, divisés en tribus, en nations particulières, et ne voyant pas dans le régime féodal une importation de la conquête, mais une plante pour ainsi dire indigène, ils tenaient à leurs vieilles dynasties provinciales, comme on tient à ses traditions, à ses mœurs, à son indépendance; et ils portaient tour à tour leurs seigneurs respectifs à la tête de la Germanie, dans le flatteur espoir d'y prédominer avec eux. Ainsi l'avaient fait, après les Francs, les Saxons, puis les Franconiens, débris des anciens Ostrasiens, enfin les Souabes, les Bavarois, tous rivaux de prétentions, obéissant encore, les uns, aux lois saxonnes, les autres, aux lois franques, et quelques-uns, qu'il n'est pas besoin de nommer, divisés par les souvenirs les plus irritants. Ceux qui, comme les Saxons, n'étaient plus au pouvoir, ne dirigeaient plus la Teuthsland, se jetaient dans l'opposition, représentaient et appuyaient le parti féodal. Les Franconiens et les Souabes n'eurent pas de plus ardents adversaires : qui ne connaît, en effet, le fameux duc de Saxe, Henri-le-Lion, et sa défection à la bataille de Lignano? Si les empereurs défendaient les traditions d'unité législative et de centralisation monarchique des Francs carlovingiens, dont ils avaient les lois; eux, ils défendaient les libertés et les lois saxonnes, les libertés de la Teuthsland, les libertés vraiment germaniques : c'étaient les vaincus, jouissant de l'égalité politique, qui, sous les Franconiens spécialement, luttaient contre l'invasion renouvelée des idées des vainqueurs. Il n'y avait pas, il n'y a pas plus encore, aujourd'hui, d'unité allemande possible, avec ces rivalités constantes, ces différences de mœurs, ces haines invétérées, cette séparation volontaire et opiniâtre des branches d'un même tronc.

Le second obstacle, c'était l'opposition de la papauté. Depuis le pontificat, si agité et si fécond de Grégoire VII, elle voulait avec raison, dans la querelle des Investitures, s'affranchir, elle et l'Église, de l'oppression impériale, et, au point de vue de cette urgente liberté, elle s'alarmait des progrès des empereurs en Italie. Mais comment pouvait-elle conjurer par les armes ce nouveau danger?

Réduite à l'extrémité et n'ayant qu'elle-même pour se défendre, elle osa frapper de déposition, en 1245, le plus redoutable César germain qu'on eût encore vu, Frédéric II ; et, par cette exagération d'autorité, que sa position et celle des Italiens rendaient peut-être indispensable, en se sauvant elle-même elle sauva le parti saxon, ou le parti féodal ; elle démolit du même coup toutes les conquêtes monarchiques et antiféodales des Hohenstauffen. Tout était à recommencer : l'unité, en progrès, allait faire place de nouveau à la division, et l'ordre à l'anarchie ; la réaction féodale, puissamment soutenue, avait écrasé la réaction monarchique (1).

IV

Bulle-d'Or en 1356. — L'Allemagne, triomphante des empereurs, tend à s'organiser en république fédérative et oligarchique.

Aussi, voyez aussitôt comme cette féodalité, libre d'entraves et triomphante, se presse à se pourvoir, s'organise, se précautionne, se constitue. A la faveur du Long-Interrègne allemand, qui suit la mort de Frédéric II, en 1250, sept seigneurs principaux s'emparent de tout sous le nom des Sept Électeurs. C'étaient l'archevêque de Mayence, archichancelier de l'Empire ; l'archevêque de Cologne, archichancelier pour l'Italie ; l'archevêque de Trèves, archichancelier pour les Gaules ; le roi de Bohême,

---

(1) Pfeffel, t. I, p. 429-455.

grand-échanson; le duc de Saxe, grand-maréchal; le comte palatin du Rhin, qui était de la maison de Bavière, grand-sénéchal; et le margrave de Brandebourg, grand-chambellan. Désormais l'élection des empereurs, qui, faite jusque-là par tous les chefs, était ensuite approuvée par le peuple, comme celle de Lothaire II, à laquelle assistèrent soixante mille personnes, fut l'apanage exclusif de ces sept représentants de la féodalité (1). Ainsi fut élu Rodolphe de Hapsbourg, celui dont l'avénement, en 1273, mit fin à l'interrègne; ainsi le furent ses successeurs.

Non content de s'être approprié les droits électoraux, ces seigneurs s'entourèrent encore des précautions les plus sûres. Longtemps, à la mort de chaque empereur, ils firent passer la couronne d'une maison à une autre, pour que l'hérédité de fait ne vînt pas infirmer l'éligibilité, qui était de droit. Après Rodolphe, qui leur avait porté ombrage, en faisant jurer partout, contrairement au droit de guerre privée, la paix publique, et en veillant énergiquement à son maintien, ils prirent un prince de la maison de Nassau; puis, de nouveau, un prince de la maison d'Autriche ou de Hapsbourg; puis un Bavarois, qui, renouvelant en Italie les entreprises de Frédéric II, fut, comme lui, en 1347, en plein xIV° siècle, déposé par le Saint-Siége, encore terrible, même dans sa résidence d'Avignon, et malgré les gantelets gibelins qui

(1) Robertson, *Introd.*, p. 74; Pfeffel, t. I, p. 364-369.

avaient frappé Boniface VIII; enfin ils choisirent Charles IV de Luxembourg, sous lequel ils se donnèrent des garanties écrites, par la Bulle-d'Or, en 1356.

Le pouvoir des Sept Électeurs fut la base de cette Grande-Charte de la féodalité allemande, et tous leurs précédents furent, du consentement des diètes de Nuremberg et de Metz, et avec la sanction de l'empereur, érigés en droit. Ils avaient élu Rodolphe de Hapsbourg en 1273; ils avaient fini par déposer son successeur, Adolphe de Nassau, en 1386 (1) : ils se firent reconnaître le droit irrévocable de faire ce qu'ils avaient fait. En 1400, ils en usèrent contre Wenceslas, surnommé pour cela *le Déposé*, et qui pourtant était le fils de ce même Charles IV, qui s'était montré si accommodant à leur égard.

L'un d'eux, l'archevêque de Mayence, devait convoquer les diètes électorales à Francfort, dans les trois mois qui suivaient la mort d'un empereur; sinon, les électeurs pouvaient se réunir d'eux-mêmes. Un autre, l'archevêque de Cologne, devait couronner l'empereur élu à Aix-la-Chapelle. La majorité des voix, et non l'unanimité parfois invoquée jusque-là, suffisait pour valider l'élection.

Comme une conséquence du droit de déposition, les électeurs purent s'assembler tous les ans pour contrôler tous les actes de l'autorité impériale, et discuter avec l'empereur toutes les affai-

---

(1) Robertson, *Introd.*, p. 132, note 41.

res de l'Empire. Pendant les interrègnes, c'étaient aussi les électeurs, qui devaient exercer les fonctions de vicaires impériaux, l'électeur-duc de Saxe, pour les pays, qui suivaient les lois saxonnes, et l'Électeur comte palatin, pour les pays du Rhin, où l'on avait les lois des Francs (1). C'est ainsi que les électeurs mirent les chefs de l'État sous leur dépendance. Pour eux, possesseurs héréditaires de leurs fiefs, ils étaient souverains et sous le rapport politique et sous le rapport judiciaire : chacun de ces fiefs formait un État dans l'État. Pour assurer plus facilement le maintien de ces priviléges considérables et nombreux, ils attachèrent, suivant l'esprit de la féodalité, leur droit électoral, qui en était la garantie la plus solide, non plus à la possession d'une grande charge héréditaire, mais à celle d'un territoire particulier, celui que possédait en ce moment chaque électeur (2). A la solidité plus chanceuse d'une hérédité administrative, ils substituaient, pour la conservation de leurs droits, la garantie plus immuable d'une hérédité territoriale. En un mot, ils pouvaient perdre la dignité; s'ils conservaient le sol électoral, ils sauvaient tout.

Que laissaient-ils au pouvoir, ainsi maintenu électif et viager, et rendu plus limité, responsable de ses actes, et justiciable des gouvernés eux-

---

(1) Pfeffel, *Ibid.*, t. I, p. 449 et Koch, *Tableau des révol.*, période V, p. 370, t. I; Robertson, dans les savantes notes de son Introduction, n'a point analysé la Bulle-d'Or.

(2) Koch, *ibid.*

mêmes? Deux priviléges seulement. Il jugeait, dans sa cour palatine, les causes de la compétence des électeurs, non par voie d'appel, car leurs tribunaux jouissaient du droit de *non appellando, vel non evocando*, mais, quand il y avait, de leur part, déni de justice. En second lieu, dans un cas de révolte, ou de transgression des devoirs féodaux, l'électeur pouvait être mis au ban de l'Empire; encore n'était-ce que du consentement de la diète générale; et alors l'empereur avait le droit de confisquer son fief électoral et d'en disposer à son gré. Une autre ressource était laissée au pouvoir. La faculté de faire élire un roi des Romains, du vivant de l'empereur, était maintenue, et permettait au chef de l'État de fortifier son autorité par le seul fait de sa perpétuité dans sa maison. C'est ce que firent les princes de la maison de Luxembourg : mais, qu'ils payèrent cher cet avantage, ou plutôt cette satisfaction de leur vanité! Au sujet des guerres privées, la Diète germanique seule pouvait juger les querelles des seigneurs : mais il eût fallu la convoquer à chaque instant; on ne la convoqua à cet effet presque jamais.

Telle était la Bulle-d'Or. Elle faisait de l'Allemagne une république fédérative et oligarchique, présidée, plutôt que gouvernée par un chef à vie, dont le titre pompeux n'était ni un palliatif ni une consolation de sa réelle faiblesse. Si l'on songe que les seigneurs s'étaient, comme la féodalité française sous les derniers Carlovingiens, enrichis, pendant l'Interrègne et après, des domaines impériaux ; que

Charles IV de Luxembourg, entre autres, pour obtenir que son fils Wenceslas fût élu roi des Romains, s'était dépouillé de ce qui restait encore sur les bords du Rhin, en faveur de l'électeur palatin et des électeurs ecclésiastiques, sans compter ce qu'il gaspilla en Italie (1); que la Bulle-d'Or n'accordait aucune garantie, ni à la noblesse de deuxième ordre, ni aux villes, ni aux campagnes; qu'au contraire les Ligues, telles que celle de Souabe, celle des villes hanséatiques, étaient désapprouvées : si l'on songe à tout cela, on concevra toute la force, toute la consistance qu'avait prise en Allemagne le principe féodal ; on concevra aussi, comment on a pu dire qu'il avait *énervé l'empire et plumé l'aigle*, et comment Maximilien Ier d'Autriche, en raisonnant au point de vue du pouvoir amoindri et apauvri, put appeler le règne de Charles IV *la peste de l'Empire* (2). Les choses restèrent dans cet état, qui n'était qu'une anarchie aristocratique constituée, jusqu'à la moitié du xve siècle, époque à laquelle la maison de Hapsbourg ou d'Autriche, en recouvrant le trône impérial, fit revivre ses traditions d'ordre public et de subordination, et entreprit de renouer le fil d'unité politique et de grandeur, que la déposition de Frédéric II et l'Interrègne avaient arrêté dans son développement, et que la Bulle-d'Or avait achevé de rompre.

(1) Robertson, *Introd.*, note 44, p. 131. — (2) *Ibid.*

CHAPITRE II.

État politique de l'Allemagne sous la maison d'Autriche, de 1438 à 1521.

En 1438, les Sept Électeurs donnèrent la couronne impériale au roi des Romains, Albert II. Par sa femme, fille de l'empereur Sigismond, ce prince tenait à la maison de Luxembourg; mais, par lui-même, il était de cette maison de Hapsbourg ou d'Autriche, à laquelle des tendances antiféodales, trop vite manifestées, avaient fait perdre le trône depuis plus de cent ans. C'était donc une chose extrêmement grave, et, à beaucoup d'égards, périlleuse, que le choix qu'on venait de faire d'un prince autrichien, avec lequel probablement devaient tôt ou tard reparaître les idées de monarchie héréditaire et absolue des Franconiens et des Hohenstauffen, tout à fait conformes aux idées de sa race.

I

Motifs de l'élection d'un prince autrichien, en 1438.

Il n'avait fallu rien moins, pour décider les électeurs à mettre ainsi de côté leurs justes appréhensions politiques, qu'un intérêt religieux, qui avait réglé le suffrage des uns, des électeurs ecclésiastiques, et un intérêt national, qui les avait entraînés tous. L'intérêt religieux, c'était celui du catholicisme, à peine victorieux, en Bohême, après une terrible lutte de vingt ans, de l'hérésie de Jean Huss, et dont Albert II, par sa participation à la croisade contre les Hussites et par son titre de roi de Bohême, promettait d'être un vaillant défenseur ; l'intérêt national, c'était le besoin d'un homme puissant, pour défendre l'indépendance germanique, alors menacée, plus que jamais, par les vainqueurs de Nicopolis, les Turcs ottomans, et près de voir, non loin de ses frontières, tomber enfin, sous leurs coups répétés, l'antique cité de Constantin. Or, qui pouvait, mieux qu'Albert II, satisfaire à ce besoin. Ses États, l'Autriche, la Bohême, la Hongrie, ne fermaient-ils pas naturellement l'Allemagne aux Turcs ? N'étaient-ils pas, depuis que l'Occident, sourd à la voix des papes, négligeait l'indépendance générale de l'Europe chrétienne pour des querelles privées, le seul champ de bataille du Croissant et de la Croix ? Enfin, fortifiés par l'unité religieuse rétablie, ne faisaient-ils pas activement la guerre sainte, et n'y étaient-ils pas les premiers et les plus intéressés ? Les électeurs s'étaient rendus à ces raisons puissantes, et l'esprit de parti s'était effacé devant le sentiment national.

II

Précipitation d'Albert II, au sujet de la réforme politique de l'Allemagne.

Ils ne furent pas récompensés de ce choix qu'aucune vue égoïste n'avait dicté. Albert II, en effet, n'eut pas plutôt revêtu la pourpre, qu'il proposa, au moyen de la division de l'Empire en cercles ou grandes provinces, une organisation judiciaire, destinée à remplacer le droit féodal de guerre privée. Albert II se pressait trop. En alarmant des seigneurs ombrageux et qui se tenaient sur le qui-vive, il compromettait et ses projets de réforme et la perpétuité de la couronne dans la branche autrichienne, dont il était le chef. Les électeurs, fort mécontents, se tournèrent vers une autre branche, en choisissant Frédéric III, duc de Carinthie, 1440.

III

Politique temporisante de Frédéric III; et la vérité sur son caractère.

Instruit par la faute de son prédécesseur, celui-ci, pendant un règne de près d'un demi-siècle, ne donna jamais aux électeurs le moindre sujet de murmure et de crainte. Ajourner indéfiniment, dès le premier symptôme d'opposition, toutes mesures d'organisation générale et d'ordre public ; attendre, pour y revenir, que tous ces projets de réforme eussent mûri, que l'opinion publique s'en fût emparée et en proclamât impérieusement la nécessité; dans cette expectative, laisser aller les choses comme elles pourraient; passer pour un homme indolent et *de petit cœur*, comme dit Comines; se soucier peu en apparence d'accroître son pouvoir; préférer les entretiens de Tycho-Brahé, la culture des sciences occultes, la recherche de la pierre philosophale, et les délices de sa villa de Lintz, à tout le reste, surtout à tout ce qui pouvait le poser comme empereur; se montrer aussi soumis envers l'Église qu'accommodant pour la féodalité; modifier, dans le sens des revenus du Saint-Siége, la pragmatique-sanction de Mayence, qui, sous Albert II, les avait restreints, et, pour l'attacher à sa famille, renouveler ces voyages d'Italie, abandonnés depuis longtemps, ces voyages, où les souverains germaniques allaient s'humilier devant le vieillard du Vatican, et recevoir de lui la couronne d'Occident; en Allemagne, ne réserver son habileté que pour le choix de ses ministres, et son activité que pour l'agrandissement de sa maison, c'est-à-dire pour procurer à son fils Maximilien la main de la plus riche héritière de l'Europe, Marie de Bourgogne, pour donner au petit duché d'Autriche un titre, unique en Allemagne, le titre d'Archiduché, et pour préparer à sa race une grandeur qu'il prévoyait, dont sa devise orgueilleuse, *a, e, i, o, u*, mesurait toute l'étendue, et pour laquelle ce prince, au milieu de cette prétendue modestie, de cette insouciance des choses de l'empire, était si loin d'être indifférent, tel fut Frédéric III : prince, toujours couvert d'un masque comme empereur, n'étant lui-même, que lorsqu'il s'agissait de ses intérêts privés ; et, quant à tout le reste, s'annulant, s'effaçant, régnant sans gouverner, vrai roi constitutionnel, vrai fantôme de roi, mais réussissant ainsi, malgré ses effrayants accroissements territoriaux, à faire passer son fils Maximilien roi des Romains, et à transmettre son sceptre à un prince, dans la personne duquel il pût revivre démasqué (1493).

IV

Maximilien. — Circonstances extérieures qui favorisent ses idées de réforme.

Tout ce qu'avait énergiquement entrepris Rodolphe de Hapsbourg, au nom de l'ordre public, tout ce qu'avaient voulu, avec plus ou moins de fermeté, Albert II et Frédéric, fut mis à exécution par Maximilien Ier; car, il faut le dire à la louange de la maison d'Autriche, non-seulement les princes de cette maison se firent généralement, en Allemagne, une grande réputation de douceur, de droiture, de simplicité, de bonhomie patriarcale, tout à fait en rapport avec le caractère des Allemands ; mais encore ils se firent les représentants d'un système politique, basé sur l'état de l'Allemagne, sur ses besoins d'ordre, sur ses désirs de calme et de sécurité, et, tant qu'ils se continrent dans de sages limites, ils acquirent, en l'exécutant, une juste popularité.

Du reste, quand Maximilien essaya de relever le pouvoir au milieu de l'anarchie féodale, il pouvait agir sous la pression de circonstances extérieures, toutes favorables à ses desseins. Partout, en Europe, le vent soufflait, pour ainsi dire, au triomphe du pouvoir royal sur la féodalité; partout un seul homme, avec la force que lui donnaient la centralisation, l'esprit de suite, l'unité de direction, l'emportait sur les éléments multiples, discordants, désunis, du corps féodal. En France, Anne de Beaujeu, appuyée sur l'armée permanente et sur la taille perpétuelle, avait déjoué, à Saint-Aubin-du-Cormier, les derniers efforts de la grande féodalité, encore à craindre dans son agonie. En Angleterre, après les longs déchirements de la guerre des deux Roses, tout le monde, peuple, clergé, parlement, ayant faim et soif d'ordre et de paix, se jetait entre les mains de l'homme fort, qui avait écrasé les Yorcks et le parti féodal à Boswoth, et qui était l'heureux et habile Henri Tudor. En Espagne, fortifiée par un mariage, qui unissait, sinon le Castillan trop fier et l'Aragonais jaloux, mais leurs souverains, la royauté renversait les justices seigneuriales et même les châteaux féodaux les plus redoutés. En Portugal, Jean II le Grand ôtait à la noblesse le droit de vie et de mort et soumettait les fiefs à la juridiction des juges royaux. A Naples, Ferdinand Ier, loué par l'historien Giannone, comme un prince populaire, malgré sa tyrannie, régnait en effet par le peuple, et frappait les grands de la mort ou de l'exil. En Écosse enfin, et là surtout, le mouvement monarchique était resté vainqueur de la noblesse saxonne et de celle des clans : plus de fonctions héréditaires, plus de droit de justice sans le consentement du parlement, voilà ce qu'avait fait Jacques II Stuart ; et l'on avait vu Jacques III, méprisable émule de Louis XI, recevoir dans son intimité et honorer de sa confiance un maçon, un tailleur, un perruquier, un maître d'armes, de préférence aux plus beaux noms de l'Écosse. Il était tombé ; et le peuple même, qui aime à voir autour des rois les grandes illustrations d'un pays, avait applaudi à sa chute ; mais, sous Jacques IV, l'élu de l'aristocratie, les grands n'étaient guère plus qu'une noblesse de cour. Il n'y avait pas jusqu'à la sauvage Russie, qui, sous l'énergique Ivan III, ne fît tout plier, les républiques, comme Novogorod, Pskow, etc., aussi bien que les principautés féodales, comme Smolensk, Riaizan, etc., sous le pouvoir des grands-ducs ; il n'y avait pas jusqu'aux États de l'Église, où Alexandre VI n'atteignît le même but, en ne rougissant pas d'employer au triomphe du pouvoir pontifical sur la noblesse romaine, la politique atroce et perfide du héros de Machiavel.

V

Constitution fédérale de Maximilien Ier à la place de l'indépendance politique, militaire et judiciaire des Etats particuliers.

Il n'était pas possible que ce mouvement antiféodal n'eût pas son contre-coup en Allemagne, et ne favorisât pas Maximilien, en garantissant ses réformes contre l'inconvénient d'un fait isolé. Aussi le voit-on hardiment, dès l'année 1495, faire adopter à la diète de Worms la loi *de paix publique et perpétuelle,* qui abolissait partout les guerres privées, et substituait, pour vider les querelles entre les seigneurs, les procédés de la civilisation aux procédés de la barbarie. L'établissement de la *Chambre impériale* suivit de près l'adoption de ce décret. (1) Ce tribunal, tout à fait germanique et national, était seul compétent pour juger en dernier ressort les différends entre les États de l'Empire. Il se composait d'un premier président ou grand-juge, qui représentait ou remplaçait l'empereur, de quatre présidents particuliers, et de cinquante assesseurs, dont vingt-cinq docteurs laïques, en droit civil, et vingt-cinq ecclésiastiques, docteurs en théologie. Pour tranquilliser les seigneurs féodaux, la nomination des membres de ce tribunal suprême devait se faire par les Etats; l'empereur n'avait que la présentation. Cette restriction à la liberté des choix leur déplaisait. Ils prirent patience pourtant ; mais,

(1) Pfeffel, t. II, p. 66-72.

lorsqu'ils virent que Maximilien formait pour ses États des corps permanents de cavalerie et d'infanterie, les Reîtres et les Landskenets; qu'il créait, pour le jugement des causes de vassal à suzerain, un *Conseil aulique*, purement monarchique et autrichien, auquel il faisait passer les causes, parfois trop lentement jugées par la Chambre impériale (1), et que, dans une pensée de surveillance générale, il introduisait les postes dans l'Empire, à l'imitation de Louis XI; ils voulurent arrêter cette tendance alarmante de l'empereur à tout attirer à lui. Ils formèrent l'*Union électorale*, pour se défendre entre eux, et se tenir prêts à tout événement; ils établirent, en 1500, un *Conseil de gouvernement ou de régence*, pour surveiller l'action de la chambre impériale, réformer au besoin ses jugements, maintenir intacte sa juridiction, tenir la place des diètes et les convoquer extraordinairement, s'il y avait lieu (1). Mais, tout forts qu'ils étaient, ils ressemblaient à des hommes que le danger a troublés, et qui sont entraînés, dominés par une situation qui n'est plus la même, par la force des choses, par l'esprit du temps, plus puissant que les volontés individuelles. Le Conseil de gouvernement, dont on se promettait les plus grands résultats, et qui se composait de vingt membres laïques et de vingt membres ecclésiastiques, ayant des attributions à la fois politiques et judiciaires, trop diverses par conséquent, et pas assez déterminées, loin d'accélérer la marche des affaires, l'en-

---

(1) Pfeffel, t. II, p. 72. — (2) *Ibid.*, p. 73.

trava, et les fit traîner en longueur. La comparaison était toute en faveur du Conseil aulique, où l'on savait l'art de contenter les parties, qui était d'être expéditif. Ce nouveau Conseil ne dura que deux ans, et tomba, sans avoir rien produit. La victoire restait à Maximilien. Il s'en servit pour reprendre le projet, repoussé sous Albert II, mais auquel toutes ces tentatives donnaient un plus grand caractère d'urgence et d'opportunité ; c'était de diviser l'Allemagne en *Cercles*. Un cercle comprenait dans son ressort plusieurs États particuliers. Chacun de ces États, avec les villes libres qui pouvaient y être enclavées, envoyait des députés à une assemblée, qui était appelée l'Assemblée du cercle. Cette assemblée, convoquée par un prince, que désignait l'empereur, et appelé pour cela Prince Convoquant, nommait le directeur du cercle ; elle fixait aussi le contingent de troupes, que devait fournir chaque État particulier, et qui formaient l'armée du cercle, et elle en choisissait le colonel. Chaque cercle avait en outre un tribunal, supérieur à ceux des États particuliers, mais dont les membres étaient nommés par eux, de concert avec l'empereur. Ce tribunal jugeait en première instance, toutes les causes du ressort des deux cours souveraines de l'empire, qui, par ce moyen, se trouvaient déchargées d'une bonne partie du fardeau qui pesait sur elles. Ainsi était appliqué, par fractions d'États, le système fédératif, qui régissait l'Empire tout entier. Ce qui était au sommet de l'édifice se retrouvait à sa base : le cercle était l'image de l'Empire ; la diète du cercle répondait à celle de l'Empire même, et le tribunal du cercle représentait la Chambre impériale, dont la juridiction s'étendait sur toute la Germanie. L'ordre public y gagnait et le pouvoir central aussi ; car souvent ce que l'empereur avait demandé en vain aux diètes générales, il l'obtenait séparément des diètes des cercles; d'un autre côté, les États particuliers sortaient de leur isolement, pour se fondre administrativement dans une nouvelle circonscription territoriale. L'esprit provincial pouvait s'affaiblir, et préparer ainsi l'unité administrative et politique de l'Empire, l'égalité et le nivellement de tous, sous un maître commun, rêve constant des empereurs germains.

En attendant, l'administration des cercles fonctionna très-bien sous Maximilien. L'idée fit fortune : on en porta successivement le nombre jusqu'à dix. En 1500, il y en eut six : les cercles de Bavière, chef-lieu Salzbourg, directeur, le duc de Bavière; de Franconie, chef-lieu Bamberg, directeur, l'électeur de Brandebourg ; de Basse-Saxe, chef-lieu Magdebourg, directeur, le duc de Brunswick; du Haut-Rhin, chef-lieu Worms, directeur, l'Electeur palatin ; de Souabe, chef-lieu Constance, directeur, le duc de Wurtemberg ; de Westphalie, chef-lieu Munster, directeur, le duc de Clèves. Douze ans après, 1512, l'adhésion des États récalcitrants permit d'en créer quatre autres : cercles d'Autriche, chef-lieu Vienne, directeur, l'archiduc d'Autriche; de Bourgogne, chef-lieu Trèves, directeur, l'électeur de ce nom ; du Bas-Rhin, chef-lieu Mayence, directeur, l'électeur de ce nom; et de Haute-Saxe, chef-lieu Wittemberg, directeur, l'électeur de Saxe (1).

C'était un grand bienfait pour l'Allemagne que ces établissements de Maximilien. Mais l'ordre, qui en résultait, ne s'opérait qu'au préjudice des hauts seigneurs allemands. Frappés dans leur droit de guerre privée, et dans leur juridiction souveraine, ils n'étaient plus que l'ombre d'eux-mêmes. Ce pouvoir impérial, naguère si humble et si soumis, ils le voyaient, à présent, planer au-dessus de leurs têtes, se faire le centre de tout par voie hiérarchique, et se présenter avec une cour particulière de justice, avec une armée permanente, avec des domaines nombreux, avec une monarchie autrichienne, fortement organisée, et image de la monarchie impériale, que poursuivaient sans doute aussi les nouveaux empereurs romains. Il y avait de quoi s'effrayer.

V

Précautions des hauts seigneurs allemands. — La capitulation de Charles-Quint. 1519.

Que firent-ils pour prévenir ce qu'ils craignaient? Ils accordèrent peu de subsides à Maximilien; et l'on sait le surnom, donné par les Italiens à cet empereur, *Massimiliano pocho dinari* (2).

(1) Koch, t. I, période VI; Pfeffel, t. II, p. 74; Robertson, *Introd.*, note 41, p. 130 à 134; Müller, *Hist. génér.*
(2) Robertson, *Introd.*, p. 131, 2ᵉ colonne.

Plus tard, quand ils eurent élu Charles-Quint, ils firent signer à cet empereur, possesseur de plus grands domaines et pouvant être plus ouvertement ambitieux, une Capitulation ou constitution nouvelle, que les changements apportés, sous Maximilien Ier, à la Bulle-d'Or, et la réunion de tant de couronnes sur la tête d'un seul, rendaient nécessaire. Il fallait bien, en effet, que l'Allemagne, en acceptant le même souverain que l'Espagne, que les Deux-Siciles, que les Pays-Bas, exigeât des garanties pour son intacte nationalité. Cette Capitulation de 1519, peu connue, pas assez mentionnée par les historiens, bien qu'elle ait été renouvelée à chaque règne, et regardée comme une nouvelle Grande-Charte des libertés germaniques, se composait de douze articles, tous importants, mais n'étant pas tous d'une exécution également facile (1).

Six se rapportaient aux priviléges des électeurs, et à ceux des princes d'empire, qui formaient un corps intermédiaire entre la noblesse inférieure et les électeurs. Ils portaient que l'empereur devait confirmer aux États leurs droits régaliens, de justice, de taxe, de monnaie; qu'il n'emploierait jamais des voies de fait contre les princes d'empire, soumis aux voies de droit, c'est-à-dire au jugement de la Chambre impériale; qu'il ne ferait ni alliance, ni guerre, au nom de l'Empire, sans le

---

(1) Pfister, *Hist. d'Allem.*, t. VII; Robertson, *Charles-Quint*, l. I; il ne l'analyse pas. Pfeffel, *Abrégé de l'hist. et du droit public d'Allem.*, p. 188, t. II; Muller, *Histoire générale*, 1797, t. VI.

consentement des électeurs; qu'il ne pourrait pas disposer à son gré des fiefs vacants, mais que ces fiefs seraient incorporés au domaine impérial, appartenant à l'empereur en tant seulement que chef de l'Empire; qu'il confirmerait l'Union des électeurs, ou l'*Union électorale,* formée, pour leur mutuelle défense, sous Maximilien Ier; enfin, qu'il ne mettrait pas d'obstacle à l'élection, en qualité de roi des Romains, du candidat choisi par les électeurs. Il n'est pas besoin de faire ressortir la portée de ces dispositions, puisées toutes dans un sentiment d'intérêt personnel pour les électeurs, et de méfiance à l'égard de l'empereur.

Deux articles traitaient la question des impôts. L'empereur ne pouvait les augmenter ni en établir de nouveaux, sans l'agrément de la diète générale; et, afin de se trouver, le moins possible, dans cette nécessité, il lui était interdit de dissiper le domaine impérial, qui devait être inaliénable. Cet article avait aussi pour objet d'empêcher la corruption électorale, que la maison de Luxembourg, pour se perpétuer au pouvoir, avait pratiquée au moyen d'aliénations domaniales (1).

Un article concernait les Diètes germaniques. Défense était faite à l'empereur de s'opposer à leur convocation, quand les électeurs la jugeaient nécessaire, ni à l'exercice de leur pouvoir législatif. Pour les milices, dont l'empereur aurait pu se servir contre les libertés germaniques, s'il avait pu

---

(1) Robertson, *Introd.*, p. 131.

en lever à son gré ou enrôler des soldats étrangers, il était dit qu'il n'y aurait pas de troupes étrangères en Allemagne, et que l'empereur ne pourrait faire de levées dans l'Empire, hors de ses États héréditaires, sans l'approbation de la diète.

On le voit, les électeurs avaient prévu tous les cas, et il semblait qu'ils eussent pris assez de précautions : ils en ajoutèrent une dernière, à laquelle il n'était pas facile au nouvel empereur, surtout, dit-on, à cause de sa santé (1), de se conformer, c'était l'obligation de résider en Allemagne.

Telles sont les mesures qu'adoptèrent les électeurs, pour se garantir contre de fâcheuses éventualités. Nous verrons, si elles produisirent l'effet qu'ils pouvaient en attendre. Arrêtons-nous auparavant sur les changements religieux que subit en même temps l'État de la Germanie : car le traité de Westphalie, dont nous recherchons les origines diverses, ne fut pas seulement une constitution politique nouvelle, il fut aussi une constitution religieuse ; et, pour le bien comprendre sous ce rapport, il importe d'exposer aussi, dans ses causes, dans ses vicissitudes, dans ses développements, l'opposition religieuse, dont l'Allemagne fut le principal théâtre en Europe, et qui n'eut un terme qu'à la conclusion de ce fameux traité.

(1) Robertson, *Hist. de Charles-Quint*, l. I.

CHAPITRE III.

Efforts impuissants de la liberté religieuse jusqu'au XVIᵉ siècle.

I

Opposition religieuse dans divers États du moyen âge

Constituée d'après les règles exclusives d'un rigoureux catholicisme, l'Allemagne, comme le reste de l'Europe, resta longtemps sans admettre un principe, qui est devenu le trait de plus en plus caractéristique des temps modernes, le principe de la tolérance religieuse, de la liberté individuelle en matière de religion. Ennemi des moyens violents, pour toutes les choses qui sont du ressort de la conscience et de la foi, persuadant la croyance et ne l'imposant jamais, n'ôtant pas à un corps spirituel le droit d'exclure de son sein les dissident, de les excommunier, mais ne souffrant pas que l'État punisse d'un supplice corporel des erreurs qui ne seraient pas en même temps des faits socialement coupables, ce sage principe n'avait pas toutefois attendu l'époque où nous nous tronvons, pour avoir, sinon des organes réels, du moins des occasions sérieuses de recevoir quelque application. L'esprit d'opposition, inné dans l'homme, comme un apanage de son libre arbitre, s'était en effet, et même plus d'une fois, présenté sous une forme anticatholique, pendant le moyen âge. Même à cette époque, où la ferveur religieuse était autrement naïve et bien plus générale qu'aujourd'hui, l'enseignement traditionnel de l'Église romaine ne trouvait pas toujours, dans les fidèles, une docile raison; et ce que nous appelons le rationalisme, qui n'est que le pur déisme, avec la conscience seule pour temple et pour autel, tâcha, à plusieurs reprises, de se faire jour au sein des sociétés.

Dès le réveil de l'esprit humain, occasionné par cet immense mouvement des peuples européens d'Occident en Orient, par ce vaste mélange d'hommes et d'idées, qu'opéra la première croisade, Abailard, professeur de philosophie à l'Université naissante de Paris, inaugura avec éclat cette tendance rationaliste, si répandue de nos jours, en soumettant à la raison les mystères de la foi, en substituant le libre examen à l'autorité de la tradition catholique. A côté du tribunal de l'Église, il éleva un autre tribunal, celui de la raison individuelle, qu'il condamna d'avance, il est vrai, si elle ne conduisait pas à la religion, mais qui pouvait, comme il le fit lui-même, l'interpréter à sa manière, et s'en tenir à son propre et privé jugement. Sa parole ne fut pas sans écho. L'Italien Arnaud de Brescia, les Provençaux Pierre et Henri de Bruys, le chevalier breton Eon de l'Étoile, le Nivernais Terrie, le Flamand Tanchelin, tous, ses contemporains, s'ils n'étaient pas, tous, ses disciples, la répétèrent, l'enseignèrent, la promenèrent, comme une arme terrible contre l'Église dans divers pays chrétiens. On n'était que vers le milieu du xii° siècle, et déjà le mouvement rationaliste, dont Abailard avait été l'éloquent promoteur, avait fait le tour de la France, de l'Italie elle-même. Dans le siècle suivant, les Albigeois et les Vaudois s'élancèrent avec plus d'ardeur encore dans cette voie. Au xiv° siècle, Wicleff, professeur de théologie à l'Université d'Oxford, initia l'Angleterre aux idées dont la France, dont Paris, avait été le premier foyer. Peu de temps après lui, dès le commencement du xv° siècle, son disciple, Jean Huss, recteur de l'Université de Prague, se fit l'apôtre de la même doctrine en Bohême, d'où elle se propagea dans plusieurs États circonvoisins, slaves ou allemands. Nous ajouterons que chacun des personnages que nous venons de nommer en fit des applications, tout à fait opposées à l'enseignement dogmatique de l'Église romaine.

Ainsi, avant le xvi° siècle, les circonstances n'avaient pas manqué, où, sinon l'Église, qui ne saurait tolérer dans son sein une diversité éclatante de principes, sans se suicider comme corps, du moins les pouvoirs civils auraient pu laisser vivre en paix des hommes, dont la croyance n'était pas d'accord avec le catholicisme. Cette tolérance et cette liberté, qui n'excluaient pas tous les moyens intellectuels de réfutation, de conversion ou même de répression morale, et qui, dans ce sens, ne furent inconnues en aucun âge de l'Europe chrétienne, ne leur furent pas accordées par les gouvernements ; l'on vit même, dans certains cas, l'Église, dérogeant au principe de *non effusion de sang*, qui doit être en effet celui de toute société spirituelle, approuver les voies de fait contre les dissidents, et, parfois, prêcher des croisades contre des chrétiens hérétiques, comme elle en organisait contre les musulmans. Expliquons-nous cette intolérance simultanée des deux pouvoirs, temporel et spirituel, au moyen âge.

II

Raisons de l'intolérance religieuse du moyen âge : 1° alliance intime de la loi civile et de la loi religieuse ; 2° danger de la liberté religieuse au point de vue de l'éducation des peuples barbares ou enfants.

Travaillant sur des peuples, à peine échappés aux grossières et barbares pratiques d'Odin ou d'Irmen-Sül, et qui en offraient encore bien des traces dans leurs diverses superstitions, l'Eglise, dès qu'elle siégea dans les assemblées nationales, fit placer la religion, aussi bien que les autres éléments sociaux, sous la garde des lois. A ses yeux, la morale n'avait d'autres garanties que la religion, et que la religion orthodoxe ; elle ne pouvait même exister que par celle-ci : voilà pourquoi, dans les codes barbares, qui furent réformés avec sa coopération et sous sa puissante influence, il y eut toujours, au point de vue du christianisme, des dispositions conservatrices. Le *Forum judicum*, ou loi des Visigoths d'Espagne, est sans doute celui qui en renferme le plus, et qui, à cet égard, entre dans le plus de détails, à cause de la présence d'un grand nombre de juifs, qui rendait la vigilance épiscopale plus ombrageuse : « Toute hérésie, toute doctrine, contraire à celle de l'Eglise, y était proscrite; on ne pouvait éviter l'exil, ou la peine du feu et la confiscation des biens, que par une rétractation persévérante et sincère, *aut divinâ miseratione respectus, à prævaricatione convertatur et vivat.* » Mais, sans être aussi expresses sur ce point, les lois des Bourguignons, des Lombards, des Bavarois, portaient également des peines contre les transgresseurs des préceptes religieux, particulièrement contre ceux qui violaient le repos du dimanche. Plus tard, les *Capitulaires* de Charlemagne, concernant soit les Francs, soit surtout les Saxons et les autres tribus germaniques, moins habituées au joug du christianisme, respirèrent le même esprit. Après lui, sous la troisième race, Philippe-Auguste, dans quelques ordonnances royales, et saint Louis, dans ses *Établissements*, ne s'écartèrent pas des usages reçus, et ne firent que confirmer cette alliance intime de la loi civile et de la loi religieuse, qui figurait celle de l'Eglise et de l'Etat. *Lex sit antistes religionis*, avaient dit, au commencement du vi^e siècle, les législateurs goths ou espagnols des conciles de Tolède, que *la loi soit la gardienne de la religion*, c'est-à-dire, de la foi chrétienne : ce principe ne fut jamais oublié. L'Eglise avait employé la prédication, elle s'était exposée à la mort, elle avait, dans la personne de plusieurs de ses membres, subi courageusement le martyre, pour subjuguer spirituellement le paganisme barbare : telle avait toujours été sa règle invariable; car, même sous Charlemagne, avant la guerre de ce conquérant contre les Saxons, saint Boniface et ses compagnons avaient parcouru en tout sens la Germanie, et péri, victimes, non d'une croisade à main armée, mais du plus inoffensif prosélytisme. On le conçoit cependant : pour des peuples devenus chrétiens, sans cesser d'être encore ignorants et grossiers, la persévérance dans les choses de la foi pouvait être plus difficile que leur conversion même. Aussi, à la persuasion, qui seule généralement avait fait les conquêtes de l'Eglise, fut adjointe l'autorité, indispensable pour les maintenir. Sans doute, ce n'était pas là de la tolérance; mais l'Eglise, à l'imitation des législateurs sages et prévoyants, aimait mieux avec raison suspendre l'application d'un principe, que d'entraver l'éducation morale de tant de peuples nouveaux, que de perdre la civilisation même du monde ! Ainsi, alliance étroite, protection réciproque et presque fusion de l'ordre civil et de l'ordre religieux ; en second lieu, inopportunité, danger même de la liberté religieuse au moyen âge, au point de vue du perfectionnement moral des peuples barbares, tels sont les premiers motifs qui se présentent à nous, pour expliquer l'intolérance, qui préside, durant cette époque, au gouvernement des nations.

3º Caractère social des hérésies du moyen âge, au point de vue du droit de propriété ecclésiastique.

Mais ces motifs, excellents pour expliquer la proscription des doctrines anticatholiques, ne suffiraient pas, pour justifier aux yeux de la religion, pas plus qu'aux yeux de la raison, l'extermination de leurs auteurs, si la plupart des hérésies du moyen âge n'avaient eu un caractère social, qu'il importe de mettre en lumière et de bien constater. Jusqu'à la révolution française, il y a eu, en Europe, deux sortes de propriétés, les propriétés laïques et les propriétés ou bénéfices ecclésiastiques. Celles-ci, supprimées pour le clergé séculier, qui a été assimilé aux fonctionnaires salariés de l'État, n'existent aujourd'hui que pour les communautés et les ordres religieux : mais alors elles étaient générales. Chacune d'elles, bien que d'origine et de nature différentes, était reconnue par l'État et placée sous la protection des lois. « *Donationes quas-* « *cumque, ecclesiis factas, votivè ac potentialiter,* « *pro certo censemus, ut, in earum jure, irrevocabili* « *modo, legum æternitate firmentur.* Nous tenons « pour certaines, irrévocables et comme conférant « un droit éternel de propriété, toutes donations « faites aux églises (1). » Elles étaient inaliénables. « *Nullus præsbyter, nec aliquis pastor,* etc. *po-* « *testatem Ecclesiæ vendendi ecclesiasticam terram*

---

(1) Loi des Wisig. ou Forum judicum, dans dom Bouquet.

« *habeat, nec mancipium.* Aucun ecclésiastique,
« quel que soit son rang, n'a le droit de vendre une
« terre ou un esclave, appartenant à l'Eglise. » La
loi ne lui permettait que l'échange contre une autre
terre ou un autre esclave, « *nisi contra aliam ter-*
« *ram vel aliud mancipium* (1). » Enfin les ecclésiastiques, possesseurs de ces propriétés, avaient des
priviléges personnels, que la loi définissait aussi et
garantissait : c'étaient l'exemption des impôts, l'af-
franchissement de toute juridiction, autre que celle
de leurs supérieurs hiérarchiques, le droit d'exiger
la dîme des fidèles, au soin desquels ils étaient pré-
posés, etc. Ceux qui avaient de grands bénéfices,
comme des abbayes, des évêchés, étaient en outre
classés dans la hiérarchie féodale, et jouissaient
des mêmes droits que les autres seigneurs féodaux.
Parmi eux, un grand nombre étaient seigneurs de
la localité, qui était le siége de leur abbaye ou de
leur évêché (2).

Tout cela peut paraître aujourd'hui, et, même
alors quelquefois, paraissait peu convenable ou ex-
cessif : mais rien n'était plus légal; rien par conséquent n'était plus légitime que la jouissance de
ces propriétés ou bénéfices ecclésiastiques, et des
avantages personnels ou domaniaux, qui y étaient
attachés. Il faut en conclure aussi que, y porter
atteinte, par ses doctrines et par des voies de fait,

---

(1) Loi des Lombards, tit. 21, *ibid.*
(2) *Voir* t. I, II et III du liv. 3 de la loi des Lombards, titres qui sont, d'après dom Bouquet, des Capitulaires des rois carlov.

c'était attaquer, bien que d'une manière restreinte à la société religieuse, le droit même de propriété; c'était aller contre les lois antiques de son pays, qui étaient les lois universelles de l'Europe chrétienne; et ceux qui se livraient à ces attaques, méritaient le titre de révolutionnaires et de séditieux, et pouvaient être traités comme tels. Il en était de même de ceux qui prêchaient le renversement de l'autorité temporelle des hauts dignitaires ecclésiastiques, dans certaines villes, autorité aussi légitime que celle de tout autre seigneur, et dont le droit constitutif ne pouvait être, à la rigueur, affaibli, que par la tyrannie éventuelle de ceux qui en étaient revêtus. A plus forte raison encourait-on cette double accusation, quand on dirigeait ses coups contre le pouvoir temporel du pape lui-même; quand on allait à Rome même s'efforcer de séculariser les États particuliers du Saint-Siége, qui étaient, et qui sont encore regardés comme la meilleure garantie de son indépendance spirituelle et comme une nécessité; quand, par là, on minait par la base la constitution générale des nationalités européennes, au moyen âge, la clef de voûte de tout l'édifice social.

Or, à partir du xiie siècle, si l'on excepte Abailard, qui se renferma dans le cercle abstrait des discussions théologiques, tous les grands novateurs, qui parurent à chaque siècle, eurent cette tendance, et professèrent, prêchèrent, voulurent, par tous les moyens, appliquer ces doctrines à une nouvelle organisation de la société. Tels furent les

Arnaldistes ou partisans d'Arnaud de Brescia, les Henriciens ou sectateurs d'Henri de Bruys, les Albigeois et les Vaudois, les Stadinghs, du pays de Brême, ainsi nommés de la petite ville de Stade, et qui tenaient leurs opinions d'émigrés albigeois, les Wicléfites enfin et les Hussites, tous, esprits pratiques, positifs, et, sous des formes diverses d'illuminisme, révolutionnaires plus encore que théologiens (1). Ces derniers, à la vérité, c'est-à-dire les Hussites, devançant leur temps, et donnant à leurs idées un caractère plus équitable et plus applicable à la fois, voulaient, en Bohême, et dans les pays qui en dépendaient, comme la Moravie, la Lusace, la Silésie, que l'État s'emparât des biens des ecclésiastiques, et leur en distribuât les revenus en proportion de leur rang et de leurs besoins : c'était un des articles du *formulaire bohémien,* présenté à l'acceptation de l'empereur Sigismond (2). Mais, avant la rédaction de cet ultimatum, les Hussites, à l'exemple de tous leurs devanciers, n'avaient fait que piller ou confisquer les propriétés du clergé, et avaient eux-mêmes, violemment et cruellement, commencé la réforme qu'ils projetaient. De plus, parmi les novateurs que nous avons nommés plus haut, tous ne se bornaient pas au dessein de ramener l'Église à sa

(1) *Voir* le savant Pluquet, *Dictionnaire des Hérésies,* art. ARNAUD DE B., ALBIGEOIS, etc., et mon Histoire du minist. et de la régence de l'abbé Suger, chap. *du Rationalisme au* XIIe *siècle.*

(2) M. de Bonnechose, les *Réformateurs avant la réforme,* t. II, ch. JEAN HUSS, et *Hist. du Concile de Constance,* par Lenfant, t. I, l. 1.

pauvreté primitive, à la besace et au bâton du voyageur, à ce qu'elle était dans l'état de société errante, exclusivement missionnaire, non acceptée encore partout, et ne pouvant avoir l'organisation et l'aspect d'une société sédentaire et reconnue.

« Comme une ruche est faite par les abeilles, « ainsi la France et l'Europe avaient été formées « par l'Église, » écrivait, dans le dernier siècle, un célèbre historien anglais (1). Or, en réglant les sociétés modernes, l'Église n'avait eu en vue que la foi, dont elle était le dépositaire responsable et le gardien obligé ; elle avait tout subordonné à ce grand intérêt; et en conséquence, dans la tâche organisatrice qu'elle remplit, elle suivit à cet égard, ce que dans l'industrie, les économistes appelleraient un système protecteur. De là la réunion des deux pouvoirs entre les mains d'un grand nombre de ses membres, réunion qu'elle appela de ses vœux, dès qu'elle fut assez solidement assise, qu'elle provoqua par son influence, et qu'elle réalisa, presque au berceau des sociétés. Incultes et barbares, celles-ci avaient-elles rien de mieux à faire que de se mettre docilement sous sa direction spirituelle et sociale ?

Joindre le titre de seigneur à celui d'évêque ou d'abbé, dans le plus d'endroits possibles ; établir le même maître au temple chrétien et au château féodal ; préposer le même juge à la conscience du fidèle et aux actes du citoyen; embrasser sous son

---

(1) Gibbon. *Hist. de la décad. de l'emp. romain.*

autorité l'homme tout entier; être, en un mot, le gouvernement et l'Eglise; puis, rattacher tous ces Etats ecclésiastiques, comme cela eut lieu au xie siècle, sous Grégoire VII, à un point central, à un pouvoir protecteur; en dépendre aussi soi-même plus étroitement sous le rapport spirituel, et faire plus réellement de lui l'âme, le conseil, la base, le soutien le plus fort d'un immense édifice théocratique, planant sur la tête des empereurs et des rois : voilà le moyen, en quelque sorte politique, qu'employa l'Eglise pour maintenir la foi, pour la garantir de toute atteinte, de toute altération, de tout affaiblissement. Moyen puissant : quelle possibilité, en effet, ou, dans tous les cas, quel danger d'attaquer les idées religieuses de ceux dont on était les sujets, et qui étaient maîtres de vos vies, de vos intérêts temporels, de tout ce qui généralement touche le plus ici-bas les trop terrestres humains! D'autant plus que l'Église, étant le seul corps enseignant, pouvait dispenser les lumières avec prudence, avec mesure, avec gradation, suivant les conditions et les états, et ne pas jeter ceux, qui devaient rester laïques, dans une exaltation intellectuelle et scientifique, à laquelle leur vocation ne pourrait servir de contre-poids et de frein.

Aussi est-ce de son sein, et non du milieu de la société laïque, que sortirent habituellement les plus terribles adversaires de son système théocratique, comme de ses autres idées. Les Arnaldistes les premiers, au temps du roi de France Louis VII et de l'abbé Suger, essayèrent d'opérer la séparation des deux pouvoirs. En habits de moine, et la tête échauffée par les leçons d'un autre moine, de Pierre Abailard, frère Arnaud de Brescia, secondé par le réveil et l'effervescence du vieil esprit municipal, dans les villes du nord et du midi de la France, et dans celles d'Italie, parcourut la Lombardie, prêcha partout que l'Église ne pouvait posséder des fiefs (1), et amena, dans sa ville natale et dans d'autres cités lombardes, une complète révolution anti-sacerdotale.

De là, s'appuyant sur les Italiens du parti des empereurs, sur ceux qui, vaincus naguère par les papes dans la querelle des investitures, qui était une question presque analogue, n'attendaient qu'une occasion pour réagir contre eux, il courut vers Rome, poussa le peuple à la révolte, déclara le pouvoir temporel du Saint-Siége aussi déplacé, aussi contraire à l'esprit de l'Évangile que celui des évêques et des abbés qu'il venait de renverser, proclama son abolition, et persuada aux Romains qu'il n'y avait de chances de puissance et de grandeur pour eux, que dans le rétablissement de cette république qui avait fait autrefois la force et l'honneur de leurs pères.

On le crut, on se souleva, on prit les armes. Le pape Lucius II fut tué ; le pape Eugène III, qui lui succéda, fut proscrit : nouveau tribun romain, frère Arnaud de Brescia dominait dans Rome ; le Capitole était substitué au Vatican, la république

---

(1) Othon de Freisingue, *De Gestis Friderici*, l. 1, ch. 20.

prenait la place de la théocratie. C'est pour cela que le Saint-Siège, comme il l'a fait, de nos jours, dans une semblable circonstance, appela au secours du principe et de l'ordre de choses qu'il représentait, des défenseurs étrangers, les Germains de Frédéric Barberousse, par qui la révolution romaine du xii° siècle fut brûlée elle-même, de grand matin, à la Porte du peuple, sur le bûcher de son principal auteur. Pour des motifs non moins plausibles, Innocent III, au commencement du siècle suivant, prêcha une croisade contre les Albigeois, dont le défenseur avoué, outre la spoliation du clergé, avait laissé impuni, avait même approuvé le meurtre d'un légat du pape, c'est-à-dire de l'ambassadeur du chef légitime et reconnu de la catholicité, dans l'exercice régulier de ses fonctions. Les persécutions, ou, pour me servir d'un mot plus juste, les poursuites, dirigées contre les Stadinghs dans la basse Allemagne, contre Jean Huss dans la Bohême, surtout contre ses farouches et avides sectateurs, ne furent pas, au point de vue où l'on est obligé de se placer, moins légales ni moins inévitables.

III

Hérésies du moyen âge, contraires parfois au droit de propriété civile.

Remarquons bien, d'ailleurs, que parfois la doctrine sociale de ces divers chefs de secte et de parti attaquait le droit de propriété civile, autant que celui de propriété ecclésiastique. Nul ne pouvait, d'après Wicleff, posséder légitimement quelque chose sur la terre, s'il n'était pas juste et dans une parfaite paix de conscience. Perdait-il cet état de justice par quelque péché mortel, aussitôt il perdait le droit de propriété. Il en était de même de ceux qui exerçaient quelque autorité sur leurs semblables. Il se fondait sur ce que le droit de propriété et le droit d'autorité étaient des dons de Dieu, et que Dieu ne pouvait les départir ni les conserver à ceux qui n'étaient pas ou cessaient d'être justes devant lui. Mais, qui était établi pour apprécier la moralité des actes et juger les conciences? Ce n'était point l'Église, parce que ce système était surtout dirigé contre elle ; c'étaient les particuliers, c'étaient les intéressés ; et Dieu sait, s'ils étaient nombreux au moyen-âge! Étrange doctrine, (1) qui pouvait à chaque instant, en un endroit ou en un autre, mettre en question l'ordre social, les fondements mêmes de la société, et qui n'était que la théorie insensée du pillage et du vol. Aussi cent mille hommes, appartenant aux basses classes, se soulevèrent-ils immédiatement dans le pays de Kent, sous le commandement du couvreur Watt-Tyler, prenant ces idées pour eux, et s'en faisant une arme terrible, pour demander ce que la fortune leur avait dénié. En France également, et

---

(1) Pluquet. *ibid.*, analysant l'*Ordre chrétien* et le *Trialogue* de Wicleff entre la Vérité, le Mensonge et la Prudence. T. II.

vers la même époque, comme un écho des enseignements de Wicleff, autant que des mouvements démocratiques d'Étienne Marcel à Paris, les paysans se révoltèrent de tous côtés, non pas au nombre de cent mille, mais par centaines de mille ; et il fallut des torrents de sang pour anéantir cette Jacquerie, pour arrêter cette révolution sociale, but véritable peut-être, ou du moins inévitable conséquence des commotions religieuses.

IV

Bouleversement social accompagnant presque toujours les mouvements religieux, au moyen âge.

« C'en est fait du principe d'autorité pour peu « qu'on l'atteigne dans sa forme la plus respectée, « dans son représentant le plus auguste, » a dit de nos jours un publiciste républicain, très-versé dans la tactique des révolutions, pour l'avoir beaucoup pratiquée lui-même ; « et tout réforma- « teur religieux, ajoute-t-il, amène nécessairement « un réformateur politique (1). » Vérité incontestable, axiome social, reposant sur le double appui de la raison et de l'histoire. Avant Wicleff en effet, comme après ses prédications, les mouvements anti catholiques avaient occasionné des insurrections populaires. Pendant la captivité de saint Louis en Égypte, à une époque, où fumaient encore

---

(1) Louis Blanc, *Hist. de la Révolut. franç.*, t. I.

dans le midi de la France, les champs de bataille des Albigeois et des croisés, et où les Stadinghs ravageaient tout dans le Hanovre, un moine hongrois, Job, sorti de l'ordre de Cîteaux, et se faisant appeler *maître de Hongrie*, se mit à la tête d'une multitude infinie de paysans, connus sous le nom de *Pastoureaux*. Le prétexte était la délivrance du royal et chevaleresque prisonnier de Mansourah; le but réel, celui que se proposaient ce moine révolutionnaire et ses tumultueux partisans, c'était un bouleversement social. Ils furent exterminés en 1251; mais ils reparurent en 1320, tout aussi malencontreux qu'au siècle antérieur, mais avec le même caractère et les mêmes idées. Quelque temps après, ainsi que nous l'avons vu, les mouvements de Watt-Tyler, en Angleterre, et la Jacquerie, en France, coïncidèrent avec les enseignements antisociaux de Wicleff. Les idées de Jean Huss provoquèrent aussi, en Bohême, une réaction des classes inférieures contre les classes dominantes. A côté des Hussistes modérés, qui réclamaient seulement la communion sous les deux espèces, et qu'on désignait pour cela sous le nom de Callixtins, s'élevèrent les Thaborites ou Hussites exaltés, comprenant toute la vieille Prague, qui, contrairement à la nouvelle Prague, était habitée par le peuple. Poussant la doctrine de Jean Huss jusqu'à ses plus extrêmes conséquences politiques et sociales, ils voulaient le nivellement des classes et l'établissement d'une vraie démocratie (1). Un homme ter-

(1) M. de Bonnechose, *ibid.*, chap. JEAN HUSS, t. 2.

rible, Jean Ziska, surnommé l'Annibal bohémien, le même qui, en mourant, ordonna de faire un tambour de sa peau, les commandait ; et après lui Procope-le-Grand, son élève, promena leur fureur et leurs idées par toute l'Allemagne, principalement dans la Saxe. Les antipathies de race entre les Bohémiens et les Allemands se joignirent aux passions religieuses. C'étaient d'ailleurs les Allemands qui, sous la conduite de Sigismond, empereur et en même temps roi de Bohême, s'étaient croisés contre eux. Cela dura de 1414 à 1434, 20 ans ; et, sans la détermination, que prirent à la fin les Callixtins, de se ranger du parti de Sigismond, considéré comme le seul et indispensable soutien de l'ordre social, on ne sait trop ce qui serait advenu en Bohême et dans plusieurs parties de la Germanie.

V

Abus et désordres, dans la société religieuse, oppression parfois et criantes inégalités, dans la société civile, étaient l'occasion de ces divers mouvements.

Ainsi les insurrections contre l'Église étaient invariablement accompagnées ou suivies de mouvements analogues dans la société civile, et les gouvernements avaient, par conséquent, le même intérêt que les autorités ecclésiastiques à en poursuivre les auteurs. Il ne faut pas croire pourtant que tous les torts fussent du côté de ceux-ci. Ces richesses territoriales du clergé, auxquelles aucune loi ne

mettait de limites, l'indépendance politique et judiciaire, dont il jouissait, la réunion des deux pouvoirs entre ses mains, et son influence immense dans l'État, avaient fini par le corrompre. L'orgueil du rang, de la fortune et du pouvoir avait, à la longue, gagné la plupart des hauts dignitaires de l'Église. Au XIIe siècle, par exemple, le luxe des clercs était effréné, l'incontinence générale; et, malgré les essais de réforme, tentés par Grégoire VII et continués par ses successeurs, on apercevait toujours, dans les sommités ecclésiastiques, la tendance à se créer une famille, dans laquelle se perpétuerait la possession des charges, des biens surtout, dont les clercs n'étaient que les usufruitiers et les gardiens. Les lettres d'Abailard, et, pour citer des autorités moins suspectes, celles de l'abbé Suger et de saint Bernard offrent, en maint endroit, le tableau affligeant et le blâme sévère de cette licence et de ces égoïstes instincts. Saint Bernard lui-même, avec la franchise hardie qui le caractérisait, en signalait la cause. « Il y a de nos jours dans l'Église,
« écrivait-il à l'abbé Suger, à propos d'une réforme
« de l'abbaye de Saint-Denis, deux vices à déplo-
« rer : le premier, c'est le luxe et le faste que tant
« de clercs déploient; le deuxième, c'est la *confu-*
« *sion des titres temporels avec les charges spiri-*
« *tuelles*, comme Étienne de Garlande, qui, *ecclé-*
« *siastique*, est en outre *bénéficier* et *connétable*.
« Comment concilier ces deux choses-là (1)? » Il

---

(1) Lettre 78e de saint Bernard.

est vrai que, d'accord avec le Saint-Siége et sous l'inspiration particulière de saint Bernard, l'abbé Suger, profitant du double pouvoir qui lui fut conféré par une assemblée générale et par le pape, pendant la croisade de Louis VII, commença énergiquement une réforme morale et disciplinaire du clergé ; et c'est même là le côté le plus beau, quoique le moins connu, de la vie politique de ce sage et prévoyant homme d'État. Mais personne, après lui, ne reprit son œuvre ni ses plans ; et l'Église, entre les laïques de tout rang, peuple, bourgeois, seigneurs, qui, sous les dehors d'une docilité parfaite, frétillaient de s'en partager les dépouilles, et l'État, qui, par intérêt pour lui-même, lui accordait sa protection, flotta ainsi jusqu'au xvi° siècle, offrant toujours et de plus en plus l'aspect d'une société dégénérée.

VI

Les mouvements religieux et sociaux n'avaient pas pour eux l'opportunité des circonstances et la maturité des temps.

Tous les novateurs du moyen âge, depuis le xii° siècle, avaient puisé dans ce déplorable état moral leurs meilleurs arguments contre le droit de propriété ecclésiastique, leurs moyens les plus puissants de séduction parmi les masses, parfois le principe même de leur opposition dogmatique. On les brûlait : les cendres de leurs bûchers en produisaient de nouveaux. Il n'en pouvait être autrement.

Le monde moral ressemble, à beaucoup d'égards, au monde physique : en lui aussi il y a des expansions irrésistibles : on a beau les emprisonner étroitement, les enchaîner, les bâillonner ; elles rompent toutes les entraves, forcent toutes les barrières, et, tôt ou tard, font, à grand bruit, irruption dans les sociétés. Quelquefois on parvient à les refouler dans l'antre sombre, qui les retenait captives, et à en boucher fortement toutes les issues ; mais c'est en vain : elles s'échappent encore, elles s'échappent mille fois, à un moment donné, jusqu'à ce qu'elles aient joué leur rôle et accompli les lois invincibles du destin. Malheur alors à ceux qui résistent : car elles emportent tout, entraînent tout, balayent tout devant elles, et se transforment en une cruelle et impitoyable révolution !

Cette décisive péripétie arrive souvent fort tard. Mais les temps ne sont pas toujours mûrs pour les révolutions ; l'état des esprits ne les comporte pas toujours ; il leur faut un terrain préparé exprès, et pour ainsi dire, une couche convenable. Opportunes, elles ne cessent pas d'être sanglantes, mais elles ne sont jamais stériles ; intempestives, elles ne sont, au contraire, qu'un bouleversement plus sanglant encore, et improductif.

Tel fut, et tel devait être le sort de tous ces mouvements révolutionnaires du moyen âge. Sans doute, même sous l'opposition dogmatique la plus absurde, la plus dénuée de raison, se cachait un besoin, ou, pour parler le langage moderne, un droit, celui de la liberté religieuse, tout aussi légitime que le sont, par exemple, dans de sages limites, la liberté de la presse et la liberté d'enseignement ; sans doute, les attaques contre les biens du clergé révélaient une impérieuse nécessité, à laquelle on devait finir par se rendre, celle de régler socialement l'état ecclésiastique, de manière à garantir la religion elle-même contre l'inconvénient d'un clergé luxueux et mondain ; sans doute enfin, ces soulèvements des basses classes et spécialement des paysans, soit avec les réformateurs religieux contre les seigneurs ecclésiastiques, soit avec d'autres chefs contre les seigneurs laïques, plus craints et matériellement plus forts, exprimaient, sous une forme anarchique, les souffrances et les justes plaintes de la portion déshéritée du genre humain. Rien de tout cela néanmoins n'avait de chances de succès, parce que l'aveugle amour du pillage semblait guider les mécontents bien plus que les principes vrais ou les besoins raisonnables; parce qu'ils formaient des bandes de malfaiteurs plutôt qu'un parti, et qu'ils n'avaient pas non plus pour eux l'opportunité des circonstances et du temps.

VII

A partir du xve siècle, l'Allemagne s'empare des idées de réforme : importance et danger de ce fait.

Mais, au point de vue de ces confuses ou tumultueuses aspirations, une chose grave était arrivée. Jusqu'à la fin du xive siècle, le mouvement antisacerdotal et anticatholique s'était à peu près concentré dans la France, et dans l'Italie, c'est-à-dire dans des pays, où, malgré la conquête barbare, l'ancien élément romain s'était conservé dans la langue, les habitudes, les idées, les mœurs, et où ce qui venait de Rome trouvait des garanties de durée dans de puissantes et instinctives affinités. Dans le xve siècle, un autre pays semblait devoir s'emparer des questions, qui, vainement jusqu'alors, avaient agité une partie du monde : c'est l'Allemagne. Ce pays était chrétien sans doute, mais il n'avait jamais été romain, et par conséquent l'élément germanique y prédominait, comme un souvenir et un symbole de vieille et constante indépendance nationale. Le nom de Rome y avait même toujours été détesté, et l'histoire n'était remplie que des luttes interminables des races germaniques, sous leurs chefs respectifs, et des races italiennes, marchant sous l'étendard romain. Le paganisme barbare n'y ayant pas été mis, par la conquête, en relation avec une civilisation différente, et n'ayant pas eu besoin de contenter des vaincus, de gagner un clergé puissant, avait résisté aux idées chrétiennes plus obstinément et plus longtemps que partout ailleurs. Pour en finir avec lui, et pour mettre les autres États à l'abri de nouvelles invasions de sa part, il avait fallu prendre l'épée ; et trente ans d'une lutte inexpiable, sous un guerrier, aussi terrible pourtant que l'était Charlemagne, avaient à peine suffi pour abattre Irmen-Sül et Odin aux pieds de la Croix.

Ayant renoncé à eux-mêmes, au principal élément de leur nationalité, pour prendre les formes et les croyances de la religion romaine, les Allemands n'avaient pas vécu pour cela en meilleur voisinage avec les Italiens. Leurs dispositions hostiles avaient subsisté. Honorés de la couronne impériale par les papes dans la personne d'Othon-le-Grand, ils n'en avaient été que plus acharnés. Conquérir l'Italie, et, quoique les derniers venus, obtenir le plus beau lot de la succession des Romains, était devenu leur point de mire et leur unique but ; et comme la soumission de Rome et celle du Saint-Siége étaient le nœud de la question, c'est contre Rome, c'est contre les papes qu'ils avaient dirigé tous leurs coups. Après avoir appuyé contre eux, en Italie et partout, les évêques et les abbés prévaricateurs et simoniaques, dans la querelle des Investitures, ils avaient soutenu les Gibelins, les partisans de l'ancienne république romaine, les ennemis de la théocratie pontificale, dans la guerre des Guelfes. Ecrasés enfin, après deux cents ans de lutte opiniâtre, par la déposition de Frédéric II, en 1250, ils avaient reparu pendant l'Interrègne, dans les Deux-Siciles avec Mainfroy, fils naturel de ce prince ; ce qui avait donné lieu à la première intervention française en faveur des droits des pontifes romains, et à l'établissement d'un prince Capétien sur le trône de ce pays. Tout leur avait été bon, pour accomplir leurs desseins haineusement ambitieux. Sous Frédéric II et sous Mainfroy ils étaient allés jusqu'à se servir des Sarrasins contre une race et contre des papes, également odieux. Après Mainfroy, ils revinrent à la charge avec Conradin; et, quand celui-ci eut si durement expié sa tentative sur un échafaud, ils firent une nouvelle réaction sous Henri VII de Luxembourg, soutenus par Pétrarque, par Dante lui-même, et appuyant avec eux une vaste et ténébreuse conspiration gibeline, dont les sonnets souvent inintelligibles de ces deux poëtes, étaient peut-être la langue cabalistique (1). La fortune ne les seconda pas. Ils s'armèrent encore néanmoins sous Louis de Bavière, jusqu'au moment où ce prince, déposé en 1347, les entraîna dans sa chute.

La même année, le fameux Rienzi fut proclamé tribun à Rome, et la république y fut solennellement rétablie. La réaction gibeline et républicaine, dont il était le chef, fit le tour de l'Italie. Les papes étaient absents; ils vivaient à Avignon dans la sécurité et les délices de la *captivité de Babylone;* de tous côtés arrivaient des adhésions à la révolution romaine; de tous côtés on parlait d'empire, d'unité italienne, par Rome républicaine ou par les empereurs. Quelle occasion pour tenter un dernier et plus vigoureux effort en Italie! Mais un empereur, ami des papes, Charles IV de Luxembourg, avait été élu : il n'y eut pas moyen d'aller soutenir ce grand mouvement italien; et les Ger-

(1) On peut voir, sur ce sujet, un curieux article de la *Revue Britannique*, où l'on rend compte des Commentaires sur Dante par M. Rossetti, 1834. Il est intitulé : *De l'Opposition religieuse au moyen âge*.

mains, rongeant leur frein, dévorant leur dépit, durent se résigner à contempler de loin des réactions gibelines qui, sans eux, devaient être impuissantes, et, avec eux, auraient amené le triomphe de leurs amis et le leur.

Tels étaient les antécédents des Allemands dans leurs rapports avec Rome et avec l'Église romaine. L'esprit qu'ils avaient toujours montré n'était pas rassurant, si jamais ils se mettaient sérieusement à la tête de quelque réforme ecclésiastique et religieuse. On put le voir chez les Bohémiens, après les prédications de Jean Huss ; et encore n'était-ce pas là, comme il a été dit plus haut, un mouvement tout à fait allemand, bien que la Bohême fît partie de l'Empire, et qu'il y eût quelques Allemands dans ce pays. Les craintes ne durent pas s'évanouir, quand on vit l'Allemagne elle-même prendre part à cette grande rénovation littéraire, qu'on appelle la Renaissance.

VIII

La Renaissance et la sécularisation de la science. Influence rationaliste de l'Italie même sur l'Allemagne. La papauté favorable au progrès.

Enfermée dans les cloîtres et dans le cercle du monde sacerdotal, l'étude de l'Antiquité avait été remise en vigueur, au XIVe siècle, dans la société laïque, par Dante, Pétrarque, Boccace. Depuis, grâce aux nobles efforts des Médicis, elle s'était généralisée de plus en plus. Au xv° siècle et au commencement du xvi°, des papes eux-mêmes, Nicolas V et Léon X, avec un courage de foi, qui acceptait ce progrès et n'en craignait pas les effets, favorisèrent ce changement; ils voulurent marcher avec leur temps, et cherchèrent à le diriger au lieu de le brusquer. Ils n'hésitèrent donc pas, quelque périlleuse que dût être l'épreuve, à montrer à des esprits, neufs et tout à fait scolastiques, des auteurs anciens, admirables comme écrivains, souvent respectables comme hommes, et qui, dans leur conduite comme dans leurs écrits, s'étaient inspirés des seules données de la loi naturelle et de la raison. Les classiques païens furent recherchés; le savant Bembo, un cardinal de la cour romaine, donnait cinq cents sequins d'un exemplaire manuscrit des cinq premiers livres de Tite-Live, et se faisait honneur du surnom de *Grand Cicéronien;* partout on rencontrait des amateurs, soit dans les monastères de France et d'Italie, soit dans les bibliothèques de Constantinople, à la recherche des chefs-d'œuvre de l'Antiquité. L'imprimerie, inventée avant même le premier de ces pontifes éclairés, donna une plus forte impulsion à ce goût, en permettant de le satisfaire à moindres frais, et en inondant l'Europe des auteurs grecs ou latins, qui en étaient l'objet. Ce fut bien pis, quand arriva dans l'Occident cette foule de savants byzantins, fuyant le joug des Turcs; quand on crut voir revivre, dans leurs personnes, ces mêmes anciens, que l'on admirait tant, et, dans leur enseignement ou dans leurs œuvres, les formes tant vantées de la langue d'Homère et de Platon.

Aucun pays n'échappait à l'influence de cette étude de l'Antiquité, répandue parmi les laïques, ou, pour dire le mot convenu, de la *Renaissance*. Les États scandinaves la consacraient en quelque sorte par la fondation des Universités de Copenhague et d'Upsal, au commencement du xvi° siècle; et l'Allemagne, dont il est peu fait mention généralement dans cette reconstitution de la science laïque, occasionnée par le contact et l'exemple des anciens, y eut part comme les autres nations, et, plus qu'elles, en fut séduite, troublée, éblouie. Entre les États allemands et l'Italie, où était le premier foyer de cette révolution intellectuelle, s'établit un courant continu de migrations d'étudiants, qui, après leurs études scolastiques, affluaient aux Universités si renommées de Bologne, de Padoue, etc.; puis, de là, s'en allaient à Florence, à Rome, et partout voyaient, non sans surprise, la pensée affranchie et libre, tandis qu'elle était captive en Allemagne; partout entendaient des cours publics, faits dans la langue vulgaire, sur les matières les plus ardues et les plus délicates de la Théodicée; partout assistaient au triomphe de Platon, sur l'oracle philosophique du moyen âge, sur Aristote et les Scolastiques; partout apprenaient à rechercher la véritable philosophie dans les anciens, qui parlaient au nom de la pure raison, plutôt que dans saint Thomas, qui enseignait au nom de la foi; partout, dans Rome même, voyaient circuler les livres de Dante, de Pétrarque, poëtes gibelins, de Baptiste de Mantoue, le chantre *des amours des moines*, et, à Florence particulièrement, pouvaient entendre la voix terrible du dominicain Jérôme Savonarole, criant contre la tyrannie des Médicis et les vices de la cour romaine. Que dirai-je encore? Après un voyage qui faisait tomber une à une les idées et les impressions de leur éducation germanique, ils quittaient l'Italie avec les œuvres de Dante et de Boccace, que l'Allemagne ne connaissait pas encore, avec des livres d'art, comme ceux de Vitruve, des écrits politiques, comme ceux de Machiavel, des sermons, comme ceux du tribun religieux de Florence, et, plus que tout cela, avec le *Livre inspiré*, qu'on accusait l'Église d'Allemagne de cacher au peuple ou de n'expliquer que dans un latin barbare, et qui, en Italie, était publié dans toutes les langues que parlent les hommes! Ainsi, ils avaient pu voir le Cantique de Salomon en éthiopien, œuvre de Jean Potken; le psautier, chaldéen, arabe, grec, latin, de l'évêque Giustiniani, dédié à Léon X; l'évangile en syriaque, etc. (1)

(1) Audin, Introduct. à l'*Hist. de Luther*, t. I.

IX

Fondation d'universités, en Allemagne. Danger fréquent des universités pour l'Église. Les universités, appelées à commencer l'enseignement par les laïques.

Que d'idées nouvelles ne durent-ils pas rapporter dans leur pays ! Aussi, voulant imiter une contrée si merveilleusement civilisée, et révélant leur génie investigateur, patient, mystique, et hardi dans son mysticisme, les Allemands se mirent-ils à créer des Universités, dont la division de l'Empire en plusieurs États favorisa la multiplicité.

Les Universités, établissements plus libres que les anciennes écoles monastiques ou épiscopales, et plus faits pour les gens du monde, n'avaient pas été généralement favorables à l'Église. A peine formée, celle de Paris avait produit Abailard; de celle d'Oxford, plus avancée, était sorti Wicleff; à celle de Prague, presqu'aussitôt après sa fondation, s'était fait entendre Jean Huss ; et ici, ce n'était pas un simple professeur, c'était le recteur même qui avait parlé contre l'Église, et qui avait cherché à communiquer son esprit et ses idées à tout le corps enseignant placé sous sa direction. Les Universités étaient le plus souvent créées par les princes, qui laissaient à la pensée des professeurs plus de liberté que ne l'auraient fait les évêques. Quoique généralement composées d'ecclésiastiques, elles pouvaient s'ouvrir, et elles s'ouvrirent en effet aux laïques, à mesure que la science se sécularisa davantage : elles étaient appelées à commencer l'enseignement par les laïques. Si à ces considérations nous joignons l'impression, produite sur l'esprit des Allemands par le spectacle éblouissant de la civilisation italienne, et les goûts nouveaux, les changements dans les études, amenés par la Renaissance, nous concevrons qu'il y avait, au point de vue de la vérité religieuse, quelque lieu de s'inquiéter de la fondation d'Universités en Allemagne.

Quoi qu'il en soit, on en fonda plusieurs, et à des intervalles assez rapprochés : celle de Tubingue, instituée en 1477 ; celle de Mayence, en 1482 ; celle de Wittemberg, en 1502 ; celle de Francfort-sur-l'Oder, en 1506 ; et tout s'y ressentit immédiatement de l'esprit du temps et du progrès des idées. L'Antiquité, comme on disait alors, y fut expliquée, et l'idiome vulgaire, adopté, comme en Italie, pour les leçons orales des professeurs, rendit la science accessible aux masses.

X

Rationalisme railleur en Allemagne, en Hollande, en France.
Reuchlin, Érasme, Rabelais.

Mais là ne se bornèrent pas les effets de cette initiation de l'Allemagne aux choses de la Renaissance. La guerre contre Rome, contre son empire spirituel, contre ceux qui en étaient les instruments ou les soutiens, recommença, non plus à coups d'épées cette fois, mais à coups de pamphlets, comme il le fallait pour battre en brèche un pouvoir qui reposait sur l'idée. Reuchlin parut, et se fit le chef d'une école railleuse et sceptique, qui prit pour devise : *Haine aux moines et à tout ce qui vient des couvents*. Après lui, Ulrick de Hutten, gentilhomme savant et caustique, publia ses *Lettres historiques* sur les *Obscurorum virorum*, sur les moines, qui furent tirées, ainsi que les ouvrages de Reuchlin, à des milliers d'exemplaires, 1515.

La Hollande, qui tenait par des liens si intimes à l'Allemagne, voulut aussi fournir quelques soldats à cette croisade antimonastique des beaux esprits de la Germanie. Elle produisit Erasme de Rotterdam qui, dans son *Éloge de la folie*, dans ses *Colloques*, dans ses *Adages*, répandus en tout lieu, déploya contre l'Église toutes les ressources de son génie satirique et mordant. Il est vrai que, craignant peut-être d'être poursuivi par les nouveaux maîtres des Pays-Bas, par les princes autrichiens, qui n'étaient encore pourtant ni un Charles-Quint, ni un Philippe II, il n'épargna pas les ridicules ou les vices des partis contraires : type achevé du philosophe prudent, il critiqua tout le monde, ne s'inféoda à personne, s'enveloppa dans une sorte de droit des neutres, et, dans tous les cas, se ménagea toujours une issue, pour pouvoir quitter, au besoin, les partis assez sots pour croire un seul instant avoir pu le gagner. Mais il n'en fit pas moins de mal pour cela, et son individualité même était un mal plus grand que ses écrits, puisque, pour la première fois dans l'Europe chrétienne, elle exprimait le plus haut développement du rationalisme, je veux dire l'indifférence pour toute religion positive, le déisme pur.

Pas plus que les autres, la France ne voulut rester en arrière de l'Allemagne, sa voisine. Elle se laissa aller au même esprit de dénigrement, et, de sa part, ce rôle avait le même principe : car, aussi bien au moins que la jeunesse allemande, elle avait pu voir depuis longtemps, depuis le commencement des guerres d'Italie, et elle voyait tous les jours encore, de ses propres yeux, les mœurs relâchées du clergé italien. Railler les prêtres et les moines y devint peu à peu une mode : ce fut le bon ton. Ainsi, plus tard, au XVIIIe siècle, on passait pour obtus et arriéré, si l'on ne tranchait pas un peu du philosophe. Le gouvernement, qui, de tout temps, avait souffert avec peine que l'Église romaine perçût une infinité de droits sur les bénéfices ecclésiastiques de France, sans qu'il pût jamais lui-même exiger une obole du clergé français, laissa faire, favorisa même ce mouvement des esprits. On dénigra l'Église romaine parmi les grands, parmi les courtisans, parmi la famille royale; on la dénigra sur le théâtre, où elle fut bafouée sous le nom de *la Mère sotte*, dans la fameuse Sotie, jouée à Paris en 1511, et intitulée : *Le jeu du Prince des sots et de la Mère sotte*. Ce fut bien pis, quand François Ier, en 1515, monta sur le trône; quand Clément Marot commença à écrire; quand fut créé un collège de libres penseurs laïques, le collège de France; quand Rabelais écrivit et publia sa *Vie inimitable du grand Gargantua;* quand, en un mot, l'esprit de la Renaissance, qui était un esprit de réforme rationaliste, eut son roi, son poëte, ses organes indépendants, son Voltaire anticipé.

Ainsi, de tous côtés, le vent tournait à une nouvelle et plus forte explosion de rationalisme : et l'Allemagne, où le clergé, plus riche et plus puissant que partout ailleurs, avait aussi plus d'envieux; où l'on se portait vers l'examen délicat des problèmes religieux, avec l'ardeur et l'inexpérience des néophytes; où la raison était d'autant plus hardie qu'elle était plus jeune, d'autant plus indépendante et emportée qu'elle était restée plus longtemps soumise à une sévère discipline; l'Allemagne, en un mot, où l'esprit humain voulait toucher à tout, connaître tout, voir tout, était le pays où l'incendie semblait devoir s'allumer de préférence. Ce système d'opposition, qui, là surtout encore, procédait contre l'Église par la raillerie, la satire, les saillies spirituelles, et se jouait, dans ses épigrammes théologiques, avec les choses et les institutions les plus graves, devait nécessairement y produire un homme, qui, prenant sérieusement la société religieuse corps à corps, lui demanderait compte de sa vieille discipline perdue, et, selon l'habitude ou l'inévitable écueil des révolutionnaires, sous le nom de réforme, arborerait peut-être un drapeau de destruction!

CHAPITRE IV.

Luther : son principe, sa politique, sa conduite dans l'Anabaptisme.

C'est de l'Allemagne, en effet, que sortit ce terrible et suprême réformateur, que l'esprit du temps devait tôt ou tard enfanter. Il parut en 1517, sur la fin du règne de Maximilien Ier d'Autriche, et il avait nom Martin Luther. Mais le lieu qui lui donna le jour, qui, le premier, entendit sa voix et l'accueillit avec transport, ne fut pas la Bohême : cet État avait besoin de respirer, après tant d'années de guerre civile et religieuse ; il fallait attendre du moins une génération qui n'eût point souffert des derniers et longs troubles intérieurs, pour en recommencer la triste et trop sanglante épreuve. Il parut en Saxe, où l'Université récente de Wittemberg était le centre d'un grand mouvement d'idées, et où les habitants étaient prédisposés à l'opposition religieuse par leur vieil esprit d'opposition politique. Le réformateur allemand du xvie siècle fut Saxon. Il était aussi moine, et, à ce titre, personne d'abord ne suspecta ses attaques contre les vices de l'ordre ecclésiastique ; enfin il était professeur de philosophie à l'Université de Wittemberg, qu'avait fondée Frédéric-le-Sage, et, depuis qu'il y avait été appelé par ce prince, il charmait une jeunesse nombreuse par la manière éloquente et facile, avec laquelle il développait, en allemand, les plus hautes questions. On ne lui reprochait qu'une chose, c'était de ne pas supporter la contradiction, de pousser la véhémence jusqu'à l'emportement, la fierté du savoir jusqu'à l'orgueil, la hardiesse des répliques jusqu'à l'inconvenance, la franchise jusqu'à la grossièreté, la fermeté dans ses idées jusqu'au plus opiniâtre entêtement.

Ses premiers débats officiels avec le Grand-Inquisiteur Tetzel, sur la question des indulgences, révélèrent, au plus haut degré, tous ces défauts; ils montrèrent tout de suite qu'il irait plus loin qu'aucun de ses devanciers, et que, une fois lancé dans la voie de l'opposition, il n'en reviendrait jamais. On le vit bientôt attaquer tout, l'autorité spirituelle du Saint-Siége, l'infaillibilité de l'Église, son privilége exclusif d'enseigner et d'interpréter la foi, ses richesses territoriales, dont beaucoup malheureusement faisaient abus, et ses mœurs, plus corrompues à Rome même que partout ailleurs.

I

Il proclame la liberté religieuse. Appréciation sociale de ce principe.

Pour couronner son œuvre, pour lui donner la consistance et la force d'un système, il proclama, dans son livre de la *Liberté chrétienne*, la légitimité individuelle du principe de libre examen en matière de religion, principe nouveau, alarmant par sa nouveauté même, et qui, dans l'emportement de la discussion, donna lieu, dans sa bouche et dans ses écrits, à des absurdités aussi dangereuses qu'anticatholiques, mais qui, si l'on sort de la sphère théologique, pour se placer à un point de vue social, était le droit de chacun, en face d'un gouvernement civil quelconque, de choisir librement sa foi. Luther s'enferma dans cette idée comme dans une citadelle, et personne ne put l'en faire départir.

Un grand orateur romain, Aléandro, ou le cardinal Cajétan, alla en Allemagne, pour discuter avec lui sur ce point et sur tous les autres : il ne put le convaincre. Le pape Léon X recourut alors aux moyens de rigueur, en l'excommuniant lui et ses adhérents : Luther d'abord plaisanta de la bulle d'excommunication, en disant : *Bulla est, in aquâ natet;* puis il en fit un feu de joie sur la place publique de Wittemberg, au milieu des vivats blasphématoires des étudiants, devenus, presque tous, ses disciples, 1519.

Mais l'excommunication n'en était pas moins valide; et, bien que, au xvie siècle, elle n'inspirât pas autant de terreur qu'autrefois, c'était chose grave et fâcheuse que d'en être frappé. Par là, l'Église avait abandonné les voies diplomatiques, les négociations; elle avait déclaré la guerre; et comme, dans le passé, il n'y avait pas d'exemple qu'elle eût jamais cédé sur des questions de principes, lors même qu'elle avait eu à lutter contre les forces continues de plusieurs maisons impériales, il fallait bien prendre ses mesures pour pouvoir lui tenir tête.

L'esprit de réforme, de plus en plus général, était une circonstance favorable; il devait donner à l'opposition nouvelle une grande puissance d'opinion; mais ce n'était pas assez : il fallait employer en outre toutes les ressources que pouvait suggérer la prudence la plus attentive et la plus réfléchie; car on allait se mesurer, non pas avec un individu, mais avec un corps immense, ancien, dominant encore le monde, fortement constitué, et, jusqu'ici, mille fois attaqué sans doute, mais mille fois vainqueur.

II.

Politique de Luther : 1° il réveille l'ancienne jalousie de l'Empire et du sacerdoce, et la vieille haine des Germains contre Rome.

Quelle fut la politique de Luther, pour assurer le succès du combat difficile, et, en apparence, très-inégal, qu'il avait lui-même provoqué? Sachant à quel point les Germains avaient supporté avec peine les prétentions de la papauté à la suprématie sur les empereurs, son premier soin fut de réveiller leurs vieilles susceptibilités à cet égard, de raviver leur constante antipathie contre ceux qui se posaient comme les héritiers des droits du sénat romain et de l'ancien peuple-roi.

La maison d'Autriche s'appuyait sur l'Église romaine, qui autrefois avait fait tomber toutes les maisons qui lui avaient été hostiles. On avait vu Frédéric III, père de Maximilien Ier, faire le voyage de Rome, et aller humblement recevoir des mains du pape cette couronne impériale, que les électeurs, sous Louis de Bavière, avaient déclarée inséparable de celle de Germanie, et, en quelque sorte, sécularisée. L'humiliation présente rappelait les affronts nombreux du passé et en irritait le pénible souvenir. Aussi Luther fut-il compris et goûté partout, quand, dans un adroit appel aux Allemands et à la noblesse en particulier, il s'écria:

« Pauvres Germains, nous étions créés pour
« être les maîtres, et voilà qu'il nous a fallu cour-
« ber la tête sous nos tyrans, et tomber sous l'es-
« clavage! Nom, titre, insignes de la domination,
« nous possédions tout cela. Force, puissance,
« pouvoir, droit et liberté, tout cela appartient
« aux papes, qui nous l'ont ravi. A eux le grain, à
« nous la paille. Il est temps que nous cessions de
« nous contenter du simulacre de l'empire; il est

« temps que le sceptre nous soit restitué, et, avec
« lui, notre corps, notre âme, nos trésors; il
« est temps que la glorieuse nation teutonique
« cesse d'être le jouet des pontifes romains. De ce
« que le pape couronne l'empereur, il ne s'ensuit
« pas que le pape soit supérieur à l'empereur. Sa-
« muel couronna Saül et David : était-il pour cela
« supérieur à ces rois (1)? »

Ce manifeste eut un effet extraordinaire; tous les esprits s'en émurent; il fut répété en tous lieux; et l'Allemagne, dès la deuxième année de la réforme luthérienne, semblait faire du succès de Luther une question de grandeur germanique, d'amour-propre national. « Courage, père, lui écri-
« vit-on aussitôt quelques jours après l'auto-da-fé
« de la bulle de Léon X; courage, et soyez sans
« peur! Au besoin, nous sommes là pour vous
« défendre. Nous vous offrons cent hommes
« d'armes, qui sont prêts, au premier signal, à
« vous porter secours. Malheur à qui toucherait
» à un seul de vos cheveux! »

D'autres semblables lettres suivirent de près cette promesse formelle d'assistance et de concours, et elles étaient signées du fameux Ulrick de Hutten, de Franz de Sickingen, de Sylvestre de Schaumbourg(2). Frédéric, électeur de Saxe, qui tirait profit et honneur de cette multitude infinie d'étudiants et d'étrangers, qu'attiraient à Wittemberg les leçons

(1) *Opera Lutheri*, t. I.
(2) Cochlée.

et les prédications de Luther, ne se contenta pas de paroles; il le protégea ouvertement, et comme, par la mort de Maximilien Ier, il fut nommé vicaire impérial pendant l'interrègne, il put lui accorder une protection puissante et efficace. La municipalité de Wittemberg, animée des mêmes motifs, n'eut pas moins de sollicitude pour ses jours et pour sa tranquillité. Enfin les étudiants, qui, chaque jour, depuis son excommunication, l'accompagnaient, au milieu d'acclamations chaleureuses, jusqu'à la maison qui lui servait de demeure, lui formaient une garde enthousiaste et dévouée.

2° Il intéresse à sa cause la cupidité des seigneurs.

Sûr de répondre aux instincts antipapistes des Allemands, il voulut en outre intéresser à sa cause leur cupidité. Il n'y avait pas une seule classe, au moyen âge, qui ne critiquât l'immense richesse territoriale du clergé. Le peuple ne manqua jamais de se porter en foule sur les pas des novateurs, espérant trouver dans le pillage ou la spoliation des clercs, autorisés par eux, de quoi sortir de sa misère. Les bourgeois, voyant dans ces biens un moyen d'être allégés du fardeau des tailles, qui pesaient uniquement sur eux, en auraient accueilli favorablement la confiscation par l'État, et surtout le partage.

Si le roi Henri IV, de la maison de Lancastre, avait, au temps de Wicleff, écouté la chambre des communes, le gouvernement anglais aurait pris, dès le xiv⁰ siècle, à l'égard des propriétés ecclésiastiques, la mesure à laquelle elle ne se décida qu'au xvi⁰ (1).

Quant aux seigneurs, bien que, suivant la maxime féodale, ils ne fussent pas *sans terres,* leur avidité à cet égard n'était pas moins incontestable. Que de fois, en France, la royauté capétienne avait été obligée de secourir des membres du clergé, lésés dans leurs droits, ou dépouillés d'une partie de leurs biens par quelqu'un de leurs nobles voisins! C'étaient les seigneurs, qui avaient favorisé le plus les Albigeois, au xiii⁰ siècle, et qui, avec eux, s'étaient enrichis aux dépens des clercs. C'étaient quelques seigneurs aussi du Hanovre, qui avaient formé, vers le milieu du même siècle, la secte spoliatrice des Stadinghs, contre lesquels le duc de Brabant, nouveau Simon de Montfort, fit, à l'instigation du Saint-Siége, une croisade aussi sanglante que celle des Albigeois (2). En Bohême, au xv⁰ siècle, c'étaient les grands qui avaient, de concert avec la haute bourgeoisie, rédigé le formulaire bohémien, dont nous avons parlé ailleurs, et qui renfermait des dispositions contre les propriétés ecclésiastiques. Sans doute, ils avaient constamment repoussé les Thaborites, cette démocratie furieuse, sortie du sein des Hussites; mais, pourtant, le chef de ces fougueux sectaires, le terrible Jean Ziska, était un gentilhomme, un seigneur bohémien !

(1) Pluquet, art. WICLEFF, t. II.
(2) *Ibid.*, art. STADINGHS, t. II.

Ils avaient tant fait, que le roi de Bohême Wenceslas, cédant à leurs plaintes réitérées contre l'abus des richesses cléricales, avait porté un édit par lequel il retranchait aux ecclésiastiques de mauvaises mœurs, leurs dîmes et leurs revenus, laissant intact encore le droit de propriété. Les seigneurs aussitôt, et ceux qui marchaient sous la même bannière qu'eux, autorisés par cet édit, s'étaient mis à la recherche des clercs qui menaient mauvaise vie, et, tous les jours, ils en déféraient quelqu'un au gouvernement (1). L'inquisition exercée par l'Eglise, était, en Bohême, retournée contre elle.

Malgré le long retentissement qu'eurent dans toute la Germanie ces faits très-graves et très-significatifs, les seigneurs allemands ne mirent pas la main sur les biens du clergé. Mais l'un d'entre eux, Henri de Hutten, dans des écrits populaires, en signala les nombreux abus. Il était l'écho de leurs sentiments secrets; et par conséquent, si l'on venait à leur abandonner des richesses de tout temps enviées, on était sûr qu'ils ne le trouveraient pas mauvais et qu'ils ne se feraient aucun scrupule de prendre. Luther le savait bien : aussi dans son pamphlet, intitulé : l'*Argyrophylax*, ou l'Affamé d'argent, il discrédita complétement les propriétés ecclésiastiques, et tâcha de prouver que les seigneurs avaient le droit de s'en emparer. Il le persuada, et il eut d'autant moins de peine à cela, que les fonctions qu'exerça,

---

(1) Pluquet, art. JEAN HUSS.

en 1519, Frédéric de Saxe, le plus puissant des protecteurs de Luther, leur offraient l'occasion de les piller plus impunément. Beaucoup le firent, et en réunirent les revenus à leur fisc.

3° Il favorise les anciennes tendances du haut clergé allemand, au mariage et à l'hérédité des bénéfices ecclésiastiques.
Les sécularisations.

Mais les seigneurs ne furent pas la seule classe qui se mit de complicité avec le nouveau réformateur. Possesseur de riches bénéfices, le haut clergé allemand avait de bonne heure manifesté le désir de les perpétuer, par le mariage, dans des familles en quelque sorte ecclésiastiques. C'est au xi° siècle, à une époque où, assez rapprochés encore du temps de leur conversion, les Allemands apportaient dans l'Église les instincts matériels de leur grossièreté native, qu'il s'était laissé aller le plus à ces impulsions de l'égoïsme et des sens. Les princes franconiens, qui occupaient alors le trône impérial, ne s'étaient nullement inquiétés de cette tendance. Ils l'avaient même favorisée, en procurant à des hommes peu recommandables les charges ecclésiastiques, dont l'investiture appartenait aux empereurs, depuis Othon-le-Grand. Ce n'est pas le prêtre qu'ils cherchaient dans les hommes de l'Église, c'étaient des créatures, disposées à sanctionner les grands projets monarchiques, qu'ils avaient formés contre la féodalité. Le mal avait fait de tels progrès, qu'il fallut tous les énergiques et constants efforts de Grégoire VII et de ses successeurs, pour l'extirper du corps sacerdotal, et ramener le prêtre, par le célibat, des choses terrestres aux choses d'en haut, du culte de la famille au dévouement à l'humanité. Mais ce penchant naturel, qui porte l'homme à se multiplier et à revivre dans d'autres lui-même, ce puissant instinct, qui est l'aliment et le principe conservateur du genre humain, ne fut pas détruit dans le cœur des clercs, parce qu'on n'étouffe pas la nature humaine. D'un autre côté, la permanence des mêmes richesses et les jouissances de bien-être ou d'orgueil qu'elles donnaient, entretinrent la même cupidité : en sorte que, malgré le Saint-Siége, les violateurs du célibat ecclésiastique étaient nombreux dans l'Allemagne, comme en d'autres pays, même au xve siècle, je dirai presque surtout au xvie siècle, où l'Église ne s'était pas encore relevée des tristes conséquences morales du grand schisme d'Occident et du pontifical d'Alexandre VI. Que fit Luther? Deux choses, qui en apparence devaient se nuire ; car, par la première, il abolissait dans l'Église le célibat et les autres vœux perpétuels pour les personnes des deux sexes, ce qui, joint à l'exemple de son propre mariage avec une religieuse appelée Anna Boren, devait être, et fut en effet, accueilli avec une éclatante faveur ; et, par la deuxième, il supprimait les propriétés pour les ministres de la religion, ce qui devait rattacher davantage ceux-ci à l'Église catholique, qui les tolérait. Mais Luther avait bien calculé les effets de ces deux réformes : placés entre le désir de se marier en toute sécurité, et celui de garder des biens, qu'un mariage pouvait leur faire perdre, les évêques, les archevêques, les abbés s'avisèrent d'un moyen qui trancha la difficulté; ce fut de jeter de côté habit, vœux, caractère ecclésiastique, et de se proclamer princes séculiers sur des terres et dans des localités, qui ne leur appartenaient qu'en qualité de dignitaires de l'Église orthodoxe. En Bohême, bien des prêtres, pour n'être pas dépouillés de leurs bénéfices s'étaient faits hussites, mais en continuant d'exercer le ministère sacerdotal (1). Les prélats, en Allemagne, sous l'inspiration de l'adroit novateur, allèrent plus loin qu'eux : ils sécularisèrent leurs biens ecclésiastiques; et longtemps le mouvement luthérien se traduisit par un seul fait, la sécularisation, uniformément précédée ou suivie d'un mariage; au grand scandale du reste de tous les esprits sincères et sérieux, d'Erasme lui-même, qui, plus d'une fois, flétrit du plus mordant ridicule le mariage de Luther avec une nonne, et les charnelles unions de ses mondains imitateurs. Mais qu'importait à Luther ce que pouvait en penser et en dire le philosophe de Rotterdam, si, avec le mot de sécularisation, il pouvait entraîner le haut clergé de la Germanie, et présenter aux masses, qui se règlent beaucoup sur les grands exemples, le spectacle frappant des défections nombreuses de ses conducteurs spirituels. La critique d'Erasme ne l'empêcha

---

(1) Pluquet, art. Hussites, t. II du *Dictionnaire des Hérésies*.

pas, en 1524, de conseiller la même chose à un personnage très-important dans l'Église romaine et cadet d'une maison électorale d'Allemagne, au grand maître des chevaliers Teutons, Albert de Brandebourg, qui en effet, après une conférence avec Luther, sécularisa la Prusse teutonique et se maria. A son exemple, Gothard Kettler, qui était, comme lui, d'origine allemande, en fit autant pour l'ordre des chevaliers Porte-Glaive de Livonie, dont il était le Maître provincial. La contagion des sécularisations gagna tout le monde. Aussi Luther, à la vue des rapides progrès, que sa doctrine devait à cet habile système, écrivait d'un ton superbe, aux évêques qui résistaient au torrent : « Voyez, je
« n'ai pas encore mis la main à la moindre pierre
« pour la renverser; je n'ai fait mettre le feu à
« aucun monastère : et pourtant, presque tous les
« monastères sont ravagés par ma plume et par ma
« parole, et l'on publie, que, sans violence, j'ai, moi
« seul, fait plus de mal au pape, que n'aurait pu le
« faire aucun roi avec toutes les forces de son
« royaume (1). »

III.

Utilité de ces biens ecclésiastiques sécularisés, après l'élection de Charles-Quint ; et vérité sur cette élection.

Tous ces biens ecclésiastiques, dont les divers seigneurs de l'Allemagne s'étaient emparés, leur

(1) Epist. ad falso nomin. ordin. episc. *Œuvres de Luther*, t. II, p. 305.

devinrent d'autant plus précieux, que, en 1519, un événement grave, survenu dans l'Empire, pouvait leur rendre cet accroissement de fortune plus nécessaire. L'empereur Maximilien était mort, et, malgré l'usage reçu, son successeur n'avait pas été désigné de son vivant. Une raison toute particulière en est donnée par Robertson, dans son Histoire de Charles-Quint. « Maximilien, dit-il, n'ayant jamais
« été couronné par le pape, cérémonie qu'on re-
« gardait alors comme essentielle, n'était consi-
« déré que comme empereur *élu*. Quoique les his-
« toriens n'aient point remarqué cette distinction,
« il est certain que les chancelleries d'Italie et d'Al-
« lemagne n'ont jamais donné à Maximilien que le
« titre de roi des Romains ; et, comme il n'y avait
« pas eu d'exemple d'un roi des Romains, à qui
« l'on eût nommé un successeur, de son vivant, les
« Allemands, toujours attachés à leurs formes, ne
« voulurent pas accorder à l'archiduc Charles, roi
« d'Espagne et petit-fils de ce prince, un rang, pour
« lequel il n'y avait pas même de nom dans les
« constitutions de l'Empire, et refusèrent avec opi-
« niâtreté de satisfaire, sur ce point, le désir de
« Maximilien (1). » Mais c'était là un prétexte spécieux et une excellente défaite, que les seigneurs furent bien aises d'avoir sous la main, pour se réserver la faculté de faire sortir, s'ils le voulaient, la couronne germanique d'une famille trop puissante et trop réformatrice. Ce qui le prouve, c'est le choix

---

(1) *Histoire de Charles V*, l. 1, t. I, p. 157. (Format *Pant. litt.*)

qu'on fit, pour succéder à Maximilien, de Frédéric de Saxe, d'un seigneur dont les ancêtres avaient toujours défendu les priviléges féodaux, et dont l'élection, naturellement désirée par Luther, pouvait bien se rattacher aussi aux circonstances religieuses présentes. Mais il arriva ce à quoi personne peut-être ne s'attendait, c'est que Frédéric de Saxe refusa le sceptre, et proposa l'archiduc Charles lui-même aux suffrages des électeurs. Les possessions de la maison d'Autriche étaient le rempart le plus fort de l'Allemagne contre les Turcs, et il importait d'intéresser cette maison à la défense nationale, dont, mieux qu'aucune autre, disait-il, elle pouvait s'occuper, en lui continuant le titre et les honneurs impériaux.

L'histoire d'Allemagne n'offrait pas d'exemple d'une détermination aussi généreusement motivée. Les Électeurs avaient toujours songé à leurs droits personnels, plus qu'à l'intérêt général de l'Empire. C'est pour cela qu'ils avaient écarté, comme très-dangereux pour eux-mêmes, deux autres compétiteurs de la couronne germanique, Henri VIII, roi d'Angleterre, et François Ier, roi de France. « Parmi
« les membres du corps germanique, qui forme une
« grande république, composée d'États presque in-
« dépendants, le premier principe de patriotisme,
« dit encore Robertson, et cette fois, ce me semble,
« avec plus de vérité, c'est d'abaisser et de limiter
« le pouvoir de l'empereur : et cette idée, si con-
« forme à la nature du gouvernement, est une règle
« *dont un politique allemand ne s'écarte presque*

6

« *jamais.* Pendant plusieurs siècles, on n'avait
« élevé à l'empire aucun prince qui jouît déjà d'une
« grande puissance, ou qui possédât des domaines
« étendus; et c'était à cette sage précaution que plu-
« sieurs des grandes familles devaient l'éclat et l'in-
« dépendance qu'elles avaient acquis pendant cette
« période. Les électeurs ne pouvaient donc donner
« leurs suffrages à l'un des deux monarques, sans
« violer évidemment cette maxime salutaire, sans
« vouloir donner à l'empire un maître au lieu d'un
« chef, et sans se rabaisser eux-mêmes du rang
« d'égaux à la condition de sujets (1). » Voilà sans
contredit des raisons vraies, puissantes, traditionnelles. Mais, si on pouvait les invoquer contre
François Ier et Henri VIII, est-ce qu'elles n'étaient
pas bonnes contre Charles-Quint? Tout bien exa-
miné et bien pesé, qu'auraient donc eu à craindre
les électeurs allemands avec la France, qui était si
intéressée à maintenir la constitution républicaine
et fédérative d'un empire, qu'elle n'aurait certainement pas éternellement gardé? Quel danger, pa-
reillement, auraient-ils eu à redouter avec l'Angleterre, si éloignée de l'Allemagne, et qui les aurait
laissés si libres? Au contraire, que n'avaient-ils pas
à appréhender avec l'archiduc Charles, dont les
possessions immenses entouraient et pressaient de
tous côtés l'empire, avec un prince autrichien, tout
à fait dans les idées centralisatrices de la maison de
Hapsbourg, et qui avait, en Allemagne, tant de

(1) *Histoire de Charles V,* t. I, l. 1, p. 160.

moyens pour en amener la sûre réalisation. Si la défense de la Germanie contre les Ottomans devait être prise en considération, est-ce que, par exemple, François Ier n'aurait pas été aussi propre à accomplir cette tâche que celui qui fut Charles-Quint ? Il n'y aurait pas eu de rivalité entre la France et la maison d'Autriche ; les causes du moins n'auraient pas été aussi impérieuses, aussi irrémédiables, aussi longues ; Charles-Quint, non élu empereur, aurait été tout aussi zélé contre les Turcs, à l'invasion desquels ses États héréditaires d'Allemagne étaient les premiers exposés ; François Ier, de son côté, n'aurait guère eu de motifs de s'allier avec eux : en sorte que, au lieu d'un seul ennemi, les Turcs en auraient eu deux à combattre, et ces deux ennemis eussent été les deux souverains et les deux peuples les plus puissants du xvie siècle. Cela eût changé tout le système politique de l'Europe, et aurait empêché les complications, les difficultés, les querelles, qui, depuis et si longtemps, divisèrent les peuples de ce continent. Le mur de séparation, élevé pendant le moyen âge entre le monde chrétien et le monde musulman, et cimenté par le sang de tant de croisés de toutes les nations, n'aurait pas été renversé, et non-seulement les Turcs se seraient bien difficilement fait admettre dans la politique européenne, mais encore ils auraient eu la plus grande difficulté à se maintenir dans la cité chrétienne de Constantin. Les résultats européens de l'exclusion de Charles-Quint auraient été, comme on le voit, incalculables et infinis. Dira-t-on qu'avec François I*er*, les Allemands auraient été foulés par les Français, par des étrangers? Mais ne devait-on pas craindre la même chose avec Charles-Quint, qui en effet inonda l'Allemagne de Flamands, surtout d'Italiens et d'Espagnols?

Il n'était pas possible que les électeurs ne vissent pas tout l'avantage qu'il y avait, sinon à accepter la candidature de François I*er* ou d'Henri VIII, du moins à rejeter celle de Charles-Quint; d'autant plus que le pape Léon X, qui tremblait pour l'équilibre italien, si l'on préférait ce dernier, ne manquait pas de leur en indiquer tous les inconvénients. Ils ne furent pas aveugles dans cette affaire, puisqu'ils élurent Frédéric de Saxe; et celui-ci fut aussi clairvoyant que les autres, mieux même que beaucoup d'autres, parce que sa position de chef traditionnel de la vieille opposition saxonne ou féodale, devait le tenir plus en éveil sur tout ce qui pouvait menacer son parti, dont la défense faisait la grandeur et la popularité de la Saxe et de sa maison. Pourtant, c'est lui-même qui, après avoir refusé l'Empire, proposa Charles-Quint, et vota le premier pour lui; et les autres électeurs, à l'exception de celui de Trèves, qui tenait pour la France, suivirent cet exemple. Comment expliquer ce revirement si impolitique de conduite et d'opinion?

Il paraît certain, malgré tous les bruits contraires que l'on fit courir à cet égard, que Frédéric de Saxe ne se laissa pas corrompre par Charles-Quint et ne vendit pas la plus belle couronne du monde pour un peu d'argent. Mais ses conseillers n'eurent pas le même témoignage à se rendre ; ils trafiquèrent de l'influence qu'ils pouvaient avoir sur les déterminations d'un prince, qui manquait de cet instinct de force et de supériorité, nécessaire pour accepter et bien remplir le gouvernement d'un grand État, et qui n'était seulement qu'un esprit raisonnable.

Frédéric n'ayant pas montré de l'empressement à accepter l'Empire, ils ne firent rien pour l'y décider ; ils entretinrent au contraire ses hésitations ; ils lui grossirent les difficultés de la situation et la pesanteur du fardeau qu'on voulait mettre dans ses mains : ils furent, en un mot, les principaux auteurs de son refus. Et il est si vrai que tel est le rôle qu'ils jouèrent, que Charles-Quint envoya des sommes d'argent considérables, pour les en récompenser. Mais Frédéric, voulant avec raison sauvegarder son initiative, dans une résolution, dont la spontanéité faisait tout le mérite, déclara qu'il chasserait, le lendemain, quiconque aurait accepté un seul florin (1). On osa lui en offrir aussi à lui-même ; ce qui prouve l'opinion qu'on avait alors de tous ces petits princes allemands, et à quel degré on les croyait avides d'argent, depuis surtout que les découvertes et les conquêtes des Espagnols en Amérique donnaient, chaque jour, plus d'importance à la richesse mobilière. Il n'est pas nécessaire de dire comment cette offre d'ar-

---

(1) Robertson, l. 4, t. I, p. 160.

gent fut reçue par Frédéric de Saxe. Mais les autres électeurs ne furent pas aussi scrupuleux. Les deux agents de Charles-Quint, le cardinal de Gurck et Erard de la Marck, évêque de Liége, leur en firent accepter avant et après leur vote (1). L'archevêque de Trèves fut le seul qu'on ne put gagner par de tels moyens. Mais c'est la crainte de voir son électorat envahi par les Français, qui le faisait toujours pencher pour cette nation ; on le prit par le sentiment de la peur, auquel il se montrait si accessible : une armée autrichienne s'avança vers le Haut-Rhin, et cela suffit pour le décider à se réunir à ses collègues. Ainsi, le prince, qui d'abord, avec juste raison, avait été exclu, comme trop dangereux, comme plus à craindre même que les autres candidats, fut proclamé empereur à l'unanimité des suffrages.

Il n'y eut là qu'intrigue, corruption, vénalité. Frédéric de Saxe fut grand, fut généreux, fut magnanime; mais il se laissa abuser ou s'abusa lui-même; il fit beaucoup de mal à l'Empire, sans lui procurer ce qu'il avait en vue, un meilleur défenseur, puisque Charles-Quint, ayant sur les bras trop d'affaires et trop d'États, ne put empêcher, bientôt après, les Turcs de conquérir Belgrade, de soumettre la Hongrie, de paraître sous les murs de Vienne, d'être près de forcer cette dernière barrière de la Germanie. Il fit plus de mal encore à sa famille, qui fut dépouillée, à

---

(1) Robertson, l. 1, t. I, p. 161.

tout jamais, de la dignité électorale par celui qui l'avait fait empereur ; il en fit surtout à son malheureux fils, qui, plus d'une fois, dut gémir de la belle action de son père. Les partisans de Charles-Quint toutefois n'eurent pas assez d'encens pour exalter Frédéric de Saxe ; ils l'honorèrent du surnom de Sage : mais, pour ceux qui avaient eu l'intelligence des vrais intérêts de l'Allemagne et avaient vu ce qui s'était passé, ce surnom flatteur ne glorifiait qu'une erreur politique ou une duperie ; et quant à l'élection qui en avait été la suite et le motif, elle n'était à leurs yeux, de la part de presque tous les électeurs, qu'un monument d'inconséquente bassesse et de funeste déshonneur.

Quoi qu'il en soit, Charles-Quint était empereur. Or, on le conçoit aisément, avec un prince qui pouvait avoir le désir de réaliser enfin la grande pensée de l'Unité Allemande par la ruine des États particuliers ; qui, dans tous les cas, trouvait dans sa puissance de terribles causes de tentation et de succès, les seigneurs germaniques durent ne négliger, pour eux-mêmes, aucun moyen de force et de salut. Les biens ecclésiastiques, que Luther leur livrait à discrétion, pouvaient être leurs Indes ; ils fondirent sur cette proie, à leur portée et facile à saisir ; ils se la partagèrent ; et, à mesure que les idées nouvelles gagnèrent du terrain et que la lutte devint plus probable entre l'Allemagne dissidente et l'Autriche orthodoxe, ils sentirent davantage le prix et souhaitèrent même d'accroître la somme de ces libéralités luthériennes.

IV

Grande sollicitude des seigneurs pour Luther, dans trois principales circonstances.

Aussi, nul désormais ne leur fut plus cher qu'un homme, qui, dans cette éventualité de dangereux conflits, faisait très-bien leurs affaires; nul ne leur inspira une sollicitude plus tendre : ils le choyèrent, si je puis m'exprimer ainsi, comme plus tard, de l'autre côté du détroit, un parlement fameux choya un profond et rusé révolutionnaire, quand on put craindre qu'il ne se rapprochât d'un roi vaincu, et ne voulût changer de victime! Ils ne lui firent défaut dans aucune occasion, parce qu'ils auraient craint de se manquer à eux-mêmes. Charles-Quint, voulant que l'Allemagne se prononçât sur la doctrine de Luther, et d'ailleurs pressé par le pape, convoqua, en 1521, une diète à Worms, et le somma d'y comparaître, en lui offrant un sauf-conduit. Luther résolut d'obéir à cette injonction, et se mit aussitôt en marche pour le lieu où il était cité. Il n'y alla pas seul. Les seigneurs, aussi bien que le peuple, se portèrent en foule sur son passage, afin de donner à son voyage un caractère habilement imposant, et, tous, ils entonnèrent avec lui l'*Eine feste Burg*, qu'un auteur appelle *la Marseillaise* de la Ré-

forme (1) : « C'est une forte citadelle que notre
« Dieu, une bonne lame, une bonne armure,
« qui nous délivrera de tous les dangers qui
« nous menacent à présent.

« Notre méchant ennemi a de mauvais desseins
« aujourd'hui : son pouvoir est grand, et ses
« ruses nombreuses ; il a des desseins de mort, et,
« sur terre, il n'a pas son pareil.

« Mais, quand le monde serait rempli de diables,
« prêts à nous dévorer, ne nous épouvantons pas
« trop : le prince de ce monde, avec sa mine re-
« frognée, ne nous fera pas de mal.

« Son pouvoir a été jugé : un seul petit mot
« peut l'abattre.

« Ils nous laisseront la parole, et nous ne leur
« dirons pas merci. La parole est en nous avec
« son esprit et ses dons.

« Qu'ils nous prennent le corps, ou bien nos
« femmes, nos enfants, notre honneur même ;
« ils n'y gagneront rien : l'empire doit nous
« rester. »

Ces sentiments d'énergique fidélité, qu'exprimait cette chanson luthérienne, ne se démentirent pas à Worms, en présence de Charles-Quint. Luther y reçut la visite du duc Wilhelm de Brunswick, du comte Wilhelm de Henneberg, du landgrave Philippe de Hesse, qui vinrent pour soutenir sa fermeté. Ensuite, quand, par un premier décret, la diète de Worms l'eut menacé de

(1) Audin, t. 1, *Hist. de Luther.*

le mettre au ban de l'Empire, s'il ne se rétractait au bout de vingt jours, les seigneurs, trop intéressés à prévenir une fâcheuse rétractation, en le soustrayant aux dangers qui auraient pu la lui arracher, le firent enlever, chemin faisant, par deux chevaliers masqués, Hans de Berlepsch et Burcard de Hund. Ceux-ci le transportèrent au château de Wartbourg, perché comme un nid d'aigle, sur le haut d'une montagne isolée, et ainsi appelée du nom de Varus, comme s'il s'agissait de défendre, non une simple opinion religieuse, mais la liberté même de la Germanie, contre un nouvel empereur romain. La diète, par un second décret, à un mois environ d'intervalle, mit Luther et ses adhérents ou ses fauteurs au ban de l'Empire, interdit la circulation de ses écrits, et défendit aux typographes d'en imprimer de nouveaux, à moins qu'ils n'eussent passé par une censure préalable : Luther n'en trouva que plus de protection auprès des seigneurs, enveloppés dans la même condamnation, mis aussi hors la loi, et liés à lui par un intérêt plus que jamais identique. Ce fut le moment où sa plume mordante et féconde inonda l'Allemagne et les autres pays chrétiens de plus de pamphlets; il put même, bientôt après, sortir de sa retraite, et, à la faveur de l'absence de Charles-Quint, que l'insurrection des villes ou des *Communeros* avait rappelé en Espagne, aller trouver publiquement et impunément ceux qui l'avaient caché et sauvé de tout mal, l'électeur de Saxe et le landgrave de Hesse. Tentés par l'occasion, ses partisans voulurent plus que la liberté de sa personne; ils voulurent aussi pouvoir entendre, à Wittemberg, dans tout son libre essor, cette parole qui avait déjà remué le monde, et à laquelle l'épreuve d'un solennel procès, le silence d'une solitude assez longue, la certitude de la persécution, devaient prêter un caractère plus sympathique, plus grave, plus entraînant. Devant une demande, qui était une violation trop ouverte et trop éclatante d'une loi d'empire, Frédéric de Saxe hésita un peu; mais il finit par accorder ce qu'on demandait de lui; et, le lendemain, un public immense, recueilli, ému, vint se presser autour de la chaire, ou plutôt autour de la tribune du *prophète*, de l'*ecclésiaste*, du patriotique *prédicateur de Wittemberg*. Luther prit pour texte ces paroles du sermon sur la Montagne : *Beati qui persecutionem patiuntur propter justitiam!* « Bienheureux ceux qui souffrent « persécution pour la justice! » Ce fut une exhortation chaleureuse et pathétique au courage et à la constance. Tout le monde la goûta; tout le monde se proposa de suivre pour soi la devise qu'avait prise Luther pour lui-même: *Cedo nemini.* « Je ne cèderai à personne. » On se sépara avec cette ferme résolution. La Réforme, malgré tous les décrets de Rome ou de Worms, allait donc reprendre son cours, et avec un genre d'exaltation, que la lutte produit toujours, avec le fanatisme.

V

Les Anabaptistes. — Variations de Luther à leur égard : 1° il semble d'abord vouloir faire de la réforme une révolution sociale.

Mais cet attachement des classes aristocratiques, Luther, en 1524, faillit le perdre. Un instant, en effet, poursuivant une entraînante logique, il sembla vouloir faire de la réforme, non pas seulement une vaste sécularisation ni une restauration prétendue de la primitive Église, mais une révolution. Comment d'ailleurs éviter cet écueil? « Réclamer la liberté du chrétien, comme il le faisait, « conduisait irrésistiblement à réclamer la liberté « de l'homme..... Qu'il le voulût ou non, Luther « menait droit à Munzer, à la révolte des paysans, « au soulèvement des Anabaptistes, au prologue « de la révolution française (1). »

Il aurait pu toutefois récuser, à la rigueur, la responsabilité d'un mouvement social, s'il s'était toujours borné à ne demander que la liberté spirituelle et intérieure ; mais il ne garda pas cette prudente réserve. A peine les paysans de la Thuringe, de la Lorraine, de la Souabe, de l'Alsace, du Palatinat, de la Saxe même, se soulevèrent-ils, sous le nom d'Anabaptistes, qu'il fut pour eux, et qu'il publia un pamphlet, où l'administration des seigneurs laïques était attaquée aussi bien que celle du haut clergé. « A vous d'abord, disait-il, la responsabilité

(1) Louis Blanc, *Hist. de la Révol. franç.*, t. I.

« de ces tumultes et de ces séditions, *princes et sei-*
« *gneurs*, à vous surtout, évêques aveugles, prêtres
« insensés, moines corrompus, vous qui vous obs-
« tinez à faire les fous et à vous ruer contre l'Évan-
« gile, tout en sachant bien qu'il restera debout et
« que vous ne prévaudrez pas contre lui. Comment
« gouvernez-vous? Vous ne savez que *pressurer*,
« *déchirer, dépouiller*, pour soutenir votre pompe
« et votre orgueil. *Le peuple et le pauvre sont soûls*
« *de vous*. Le glaive est levé sur vos têtes, et vous
« croyez être assis si fortement sur votre siége que
« vous ne puissiez en être renversés! Aveuglement,
« qui vous rompra le cou, vous le verrez. Dieu
« vous presse et vous menace. Sa colère fondra sur
« vous, si vous ne faites pénitence. Voyez ces signes
« du ciel, voyez ces avertissements de Dieu! Cela
« ne vous dénote rien de bon, mes chers maîtres.
« Ce sont des prédictions d'en haut, mes bons sei-
« gneurs, qui vous annoncent qu'on est *las de votre*
« *joug*, et que le temps est venu où l'on s'apprête à
« *le briser*. Il faut changer : gare à la colère de
« Dieu! Si vous n'y mettez de la bonne volonté,
« *on emploiera la force brutale*. Si les paysans ne
« s'étaient pas levés, d'autres seraient venus, et
« quand vous exécuteriez tous les insurgés, d'au-
« tres apparaîtraient, *suscités par Dieu*. Il veut
« vous châtier; il vous châtiera, mes bons sei-
« gneurs. Ce ne sont pas les paysans, c'est *Dieu*
« *lui-même qui vient vous visiter dans votre tyran-*
« *nie*. A un homme ivre on fait une litière de
« paille : au paysan il faut un lit plus doux.

« N'allez pas, je vous en prie, guerroyer avec eux,
« car, je vous le dis, vous ne savez pas comment
« tout cela finira (1). »

2o Un intérêt de secte le fait rester dans le camp des seigneurs. Il craint que la réforme sociale ne perde sa réforme religieuse.

Il n'était pas possible de se prononcer plus ouvertement pour les paysans, ni de les encourager plus fortement, puisque l'on présentait leurs actes comme l'inspiration, la volonté, l'œuvre de Dieu même. Aussi est-ce avec raison qu'ils se soulevèrent au nom de Luther, et qu'ils invoquaient ses paroles et son approbation à l'appui de leurs féroces ravages. Mais, quand il vit que le prêtre Munzer et le tailleur Jean de Leyde, tour à tour leurs chefs, ne voulaient pas être un glaive, uniquement auxiliaire, dont il tiendrait, lui seul, la poignée ; que l'anabaptisme du premier et le communisme du second n'étaient pas une simple nuance dans la réforme luthérienne, mais une doctrine à part, une Église rivale, une rupture fâcheuse et hardie de l'unité luthérienne; quand il se fut dit que, après tout, le promoteur de ces mouvements était un Franconien, un descendant de ces anciens Francs, toujours si odieux à tout vrai Saxon ; surtout quand il entendit les justes plaintes et les murmures alarmants des grands, qui lui imputaient cette nouvelle jacquerie, et qu'enfin il eut

---

(1) Ulenberg, *Vit. Luth.*, p. 262.

réfléchi qu'une réforme quelconque ne peut solidement réussir sans l'appui constant des classes qui tiennent le haut bout dans la société et finissent toujours par la conduire, oh! alors, tous ses instincts politiques d'habile chef de parti se réveillèrent : il ne voulut plus de cette effrayante réforme sociale, qui avait perdu la réforme religieuse de tous ses devanciers, italiens, français, hanovriens, anglais, bohémiens; il revint à ses seigneurs, à la réforme aristocratique, c'est-à-dire conservatrice au point de vue social, subversive seulement au point de vue religieux. « *En ce ré-« volutionnaire le moine resta.....* Il recula d'é-« pouvante devant tout ce que pouvait engloutir et « dévorer *la fosse qu'il creusait* (1). » Par-dessus tout, il trembla pour lui-même, pour sa secte, pour son œuvre. Qui ne sut se borner ne sut jamais fonder : c'est là ce qu'il pensa et ce qu'il fit. Mais ses sympathies pour la cause des paysans, il les garda au fond du cœur : on le voit à la faiblesse, à la pauvreté, parfois au ridicule des arguments, tardifs et commandés, qu'il inventa pour la combattre.

« Vous dites, leur écrivit-il : Le joug de nos « maîtres nous pèse, brisons-le. — Mais la loi « naturelle défend de se faire justice soi-même. — « Ils vous enlèvent vos biens, iniquité! Vous leur « ravissez leur juridiction, iniquité! Que serait le « monde si vous triomphiez, si ce n'est un repaire

---

(1) Louis Blanc, *Hist. de la Révol. franç..* t. I.

« de brigands, où régneraient la violence, le pillage
« et l'homicide..? — Plus de dîmes, criez-vous. —
« De quel droit les enlevez-vous à leurs légitimes
« possesseurs ? — C'est pour les convertir en au-
« mônes. — Mais, est-ce d'un bien usurpé qu'on
« peut se montrer libéral ? — Vous voulez abolir
« l'esclavage ? — Mais l'esclavage est aussi ancien
« que le monde. Abraham avait des esclaves, et
« saint Paul faisait des règlements pour ceux qui
« étaient réduits en servitude. » Puis, sentant bien
tout ce qu'il y avait de peu persuasif dans cette
logique réactionnaire, qui prêchait quand même
un affreux *statu quo*, et à laquelle se mêlait une
maladroite insulte; comprenant, d'un autre côté,
ce que les paysans penseraient de ses paroles, il les
prévient en disant: « Vous allez jeter les hauts cris,
« et publier que *Luther est devenu le courtisan*
« *des princes:* mais examinez, avant que de vous
« prononcer: surtout *n'écoutez pas les nouveaux*
« *prédicateurs*, qui vous trompent. Je les con-
« nais (1). »

VI

Précédents révolutionnaires dans les pays où éclate l'Anabaptisme.

On pense bien que la révolte des paysans n'en
continua pas moins. Les lieux, qui en étaient le
théâtre, étaient travaillés d'ailleurs, depuis plus de

---

(1) *Opera Luth.*, t. II, p. 120.

cinquante ans, par des mouvements populaires.
« Sous Frédéric III, 1460, l'abbé Gerwich de Kempten excita à la révolte les paysans de tous les cantons, et ceux-ci obtinrent des secours des Suisses. Après cette guerre, entra dans Wurtzbourg un chef de paysans, 1471, Hans Boheim, surnommé Pfeffer Hanslein. Il prêcha l'abolition de tous les impôts fonciers, le renversement de toutes les autorités spirituelles et temporelles, et l'égalité de tous. Son parti se montait à 34,000 hommes. Lorsque cette troupe eut été dispersée, ce pieux jeune homme, comme on l'appelait, fut tué et brûlé. Vingt ans après, 1492, les paysans s'attroupèrent dans les Pays-Bas, au nombre d'environ 40,000, sous la dénomination de *Kasebroder*. Ils demandaient aussi l'exemption des impôts et l'abaissement des nobles. Vers le même temps, les manants d'Allgau recommencèrent une révolte, qui fut réprimée par la ligue de Souabe. Peu de temps après, un semblable mouvement eut lieu sur les terres de l'abbaye d'Ochsenhausen, en 1500. C'est à cette époque que parut l'association du *Soulier-Gris,* ou l'association de *Bundschuh*, par opposition aux bottes, qui étaient la marque distinctive des chevaliers (1). Les paysans se réunirent à Hungerberg sous des étendards qui portaient ce signe, pour détruire les douanes et les autres impôts, pour ne plus se confesser et pour diminuer les bénéfices des clercs, 1502. L'association se développa surtout dans

(1) Voir aussi Pfeffel, t. I", p. 84.

l'évêché de Spire, avec le mot d'ordre : « Qu'est-ce « qu'une existence comme la nôtre ? Nous ne « pouvons pas être guéris avant les prêtres. » Ces paysans voulaient être libres à l'exemple des Suisses, rendre communs les biens du clergé, et n'obéir qu'au roi des Romains. Ils furent dispersés en 1505. Trois ans après, nouveau soulèvement près de Bruchsal, 1508. En 1514, à Brisgau, les vignerons de Remsthal se coalisèrent contre les nouveaux impôts du duc Ulrick de Wittemberg, et la révolte gagna le margraviat de Bade. Des milliers de paysans entrèrent dans la Carinthie et dans la Marche Windique, aux cris de : A bas les impôts ! Enfin, en 1522, des meneurs établirent dans les cantons suisses une ligue du *Soleil doré*, ayant sur son étendard un soleil doré avec cette légende : « Que celui qui veut être libre vienne sous ce soleil « éclatant (1). »

C'est deux ans après seulement qu'éclata le soulèvement plus général des paysans, connu sous le nom de guerre des anabaptistes. Le manifeste contradictoire de Luther ne pouvait évidemment arrêter l'effet des principes de liberté, enseignés par lui aux paysans, et qui trouvaient un stimulant dans les vieilles tendances de ces divers pays.

(1) Pfister, *Hist. d'Allem.*, t. VIII, p. 230.

VII

Force d'unité dans la doctrine, force d'association dans la défense.

Quoi qu'il en soit, il avait chanté la palinodie; il s'était tiré d'embarras, aussi bien qu'il était possible de le faire. Les seigneurs, soit laïques, soit ecclésiastiques, fiers d'avoir soustrait aux paysans l'appui moral du grand prophète de Wittemberg, espérèrent en avoir bon marché et, en effet, ne furent pas trompés dans leur attente. Ils resserrèrent donc avec Luther des liens d'amitié et de bonne harmonie, qui avaient été sur le point de se rompre, et qui, depuis, devinrent indissolubles. Luther fut l'âme de leurs conseils, le directeur suprême de leurs entreprises, l'oracle inspiré de leurs consciences. Tout occupé alors d'achever, avec leur concours, l'édifice du Luthéranisme, c'est par l'unité bien formulée de doctrine et par l'association des forces individuelles, qu'il pourvut à son organisation et à sa défense. La Confession d'Augsbourg, rédigée en 1530 sous son inspiration, par son disciple Melanchthon, lui donna l'une; la ligue de Smalkalde, en 1534, lui procura l'autre. Telle fut sa politique, tel son plan, tels les moyens qu'il mit en œuvre, pour résister aux deux pouvoirs spirituel et temporel, qui lui avaient déclaré la guerre, et pour mettre de son côté le plus de chances possible de force et de succès.

CHAPITRE V.

Charles-Quint et Luther. — Deux fautes capitales de Charles-Quint dans sa lutte contre la réforme. La paix d'Augsbourg, ou la première paix religieuse dans l'Europe chrétienne, 1555.

I

Péril d'une scission religieuse en Allemagne, en présence de Soliman, sultan des Turcs.

Luther allait-il l'emporter? Au moment où Soliman-le-Magnifique, à la tête des Turcs, faisait de son empire, si redoutable sur terre, une puissance maritime, conquérait Alger, se dirigeait à grands pas vers le détroit de Gibraltar, comme s'il avait le même dessein qu'autrefois les Arabes, d'envelopper l'Europe en passant par l'Espagne; au moment où ce nouveau sultan, plus remarquable encore que Mahomet II, faisait, en 1521, tomber en son pouvoir Rhodes, le boulevard de la chrétienté sur mer, puis, en 1522, Belgrade, la clef de l'Europe chrétienne sur terre, de là pénétrait, en 1526, au cœur de la Hongrie, tuait le roi Louis II au combat de Mohacz, prenait et saccageait Bude, sa capitale, restait maître du pays, et s'avançait jusqu'à Vienne, vers la résidence des Césars d'Occident;

dans un tel moment, Luther allait-il sans retour enlever à l'Allemagne l'unité religieuse, dont elle avait besoin plus qu'en aucun autre temps? Formant une sorte de république fédérative, ce pays ne pouvait avoir, dans la lutte qu'il avait à soutenir contre les Turcs, la force de résistance d'un État tout à fait monarchique. L'attachement à une même croyance pouvait seul balancer cet inconvénient de sa constitution : seul, il pouvait faire taire les rivalités particulières des nationalités allemandes devant les dangers de la commune foi, réunir toutes les volontés individuelles sous la direction d'une volonté supérieure, et remplacer solidement la république des États par la monarchie des camps. Luther était-il destiné à priver la Germanie de cette dernière et puissante ressource?

II

Charles-Quint, nouveau Ferdinand-le-Catholique, sur un plus grand théâtre.

Un homme s'éleva pour l'en empêcher : ce fut Charles-Quint. Il possédait presque toute l'Europe civilisée et la moitié du nouveau monde. Petit-fils d'Isabelle de Castille et de Ferdinand-le-Catholique, par sa mère, il avait l'esprit élevé de l'une, l'active ambition, la finesse politique, la prudence astucieuse de l'autre ; né et élevé à Gand, il avait le flegme des Flamands, avec la rondeur et la simplicité de leurs manières ; Autrichien par Philippe-le-Beau, son père, il avait, non pas la bonhomie tant vantée, mais la fierté affable d'un descendant de la maison de Hapsbourg. En un mot, il tenait de chacun de ces souverains par quelque trait de caractère autant que par le sang. Comme eux aussi, il était attaché à la religion romaine et voulait, à tout prix, la maintenir dans tous les États qu'il avait à gouverner. Sous ce rapport, il partageait surtout l'exaltation religieuse de ses aïeux maternels, de ceux qui avaient renversé Grenade : mais ce n'était pas l'enthousiasme chevaleresque d'Isabelle et du Castillan; sa foi avait quelque chose de politique, de calculé, d'intéressé, comme celle de Ferdinand-le-Catholique et de l'Aragonais, cette foi, qui, dans un but de force et d'unité monarchique, avait établi, en Espagne, l'inquisition, que repoussait la religion plus noble et plus pure de l'héroïque reine de Castille. Lui aussi, il voulait que sa foi lui portât profit, sous peine d'en châtier le pape lui-même, si, par sa faute, elle ne lui procurait pas les avantages dont elle semblait, entre ses mains, ne devoir être que l'instrument. Grand néanmoins par sa position, par son titre et par ses vues, parlant la langue de tous ses peuples, courant sans cesse de l'un à l'autre, les employant tous diversement à ses desseins, plutôt qu'il ne les gouvernait pour eux-mêmes, et les conduisant, suivant les nécessités de son rôle et de ses projets, tantôt en France, tantôt dans l'Allemagne du nord, tantôt vers Constantinople, tantôt en Lombardie, tantôt dans les Deux-Siciles, tantôt en

Afrique, sans compter ceux qui, sous Pizarre ou Cortez, poursuivaient la conquête de l'Amérique et lui gagnaient de vastes contrées et d'immenses trésors ; mais, malgré toutes ces allures majestueuses, n'étant au fond que le portrait agrandi de son célèbre aïeul d'Aragon. Tel est l'homme qui allait se mesurer avec Luther.

Le moine réformateur paraissait bien petit à côté de ce monarque conservateur. Tel qu'il était pourtant, il ne fallait pas trop le dédaigner : la lutte exigeait une attention sérieuse, parce qu'il représentait une révolution religieuse, que les désordres du clergé rendaient fort difficile à vaincre. Charles-Quint prit-il les meilleurs moyens pour s'assurer le succès ?

III

A côté de mesures excellentes, deux fautes de Charles-Quint, provenant d'un zèle religieux, trop mêlé d'ambition, et d'une ambition qui ne savait pas se borner.

Faire prononcer contre le Luthéranisme l'Allemagne elle-même dans la diète de Worms ; organiser la ligue catholique de Ratisbonne ; travailler, comme l'avait fait l'empereur Sigismond, lors des Hussites, à la réunion d'un concile œcuménique, celui de Trente, moins encore pour formuler la doctrine catholique que pour réformer les abus ; en attendant, s'efforcer de rétablir lui-même la discipline ecclésiastique, et lancer contre les Luthériens et les autres sectaires un ordre religieux nouveau, celui des Jésuites, fondé sous son règne, en 1640, par un de ses sujets espagnols, et prêchant, confessant, enseignant, étaient, sans contredit, d'excellents moyens. Mais il fallait concentrer sur ce point ses principales forces, et non les éparpiller pour l'accomplissement d'autres desseins; or, c'est là ce que ne fit par Charles-Quint. Il commandait à l'Espagne, qui, après la chute de Grenade, éprouvait un besoin immense d'expansion, et chez laquelle régnait, avec la soif des conquêtes, l'ancien esprit des croisades : fier de l'appui de cette belliqueuse nation, de son infanterie vaillante et éprouvée, il se laissa aller à une confiance présomptueuse, qui lui fit croire qu'il pourrait mener de front et accomplir deux autres grandes entreprises, le rétablissement de l'empire romain dans son ancienne étendue, et la fondation d'une monarchie absolue, en Allemagne, sur les ruines des libertés municipales et des priviléges féodaux.

1° Successeur des Césars, il veut reconstituer tout l'ancien empire romain. Curieux discours dans la diète de Worms, à cet égard.

Successeur des Césars, Charles-Quint reprit tous les vastes projets des Othons, des Franconiens, des Hohenstauffen, qui étaient ceux de sa race; et même il ne les circonscrivit pas à l'ancien empire d'Occident. Sans nous arrêter de nouveau à l'orgueilleuse devise de Frédéric III, qui, selon

l'acception romaine du mot *orbis*, signifiait :
« C'est aux empereurs de la maison d'Autriche
de régner sur *le monde romain tout entier*, »
nous dirons que ce fut, en effet, cette pensée
qui présida aux mariages si connus des premiers
princes de cette maison. En faisant épouser à son
fils Maximilien l'héritière de Charles-le-Téméraire,
c'étaient d'anciennes possessions romaines que
Frédéric III assurait à ce futur empereur romain,
les Pays-Bas ou l'*île des Bataves*, la Belgique, l'Artois, la Flandre, la Franche-Comté. Les
nouveaux Césars commençaient ainsi, par parcelles, l'acquisition de toute leur *province des
Gaules*. Il ne dépendit pas de Maximilien, quand
il eut perdu Marie de Bourgogne, d'y ajouter, par
un second mariage, la petite Bretagne. L'opposition armée de la régente de France, Anne de Beaujeu, le fit échouer. Il fut plus heureux pour son
fils, Philippe-le-Beau. En lui procurant la main de
Jeanne, fille aînée de Ferdinand-le-Catholique et
d'Isabelle de Castille, il fit plus tard rentrer l'*empire romain* en possession de l'Espagne, des îles
Baléares, de la Sardaigne, de la Corse, de Naples
ou de la *Grande-Grèce*, et de la Sicile, en même
temps que, par ce moyen, il put écorner encore la
Gaule, en lui prenant la Cerdagne et le Roussillon,
qui en avaient autrefois fait partie. Tout cela passa
à Charles-Quint, qui, lui-même, en mariant son fils,
le fameux Philippe II, avec la reine d'Angleterre,
Marie Tudor, prépara à sa maison l'acquisition
d'une autre province de l'empire romain. Que

Philippe II, comme le désirait Charles-Quint, eût été élu roi des Romains, qu'il fût né un fils de ce mariage et que ce fils eût été désigné à son tour pour porter la couronne d'empereur, c'en était fait, la Grande-Bretagne devenait, comme jadis, une province impériale. Philippe II, ayant, par sa mère, princesse portugaise, des droits sur le Portugal, aurait pu y joindre un jour l'ancienne Lusitanie, qu'il acquit en effet à l'Espagne. Qu'aurait-il resté à recouvrer pour avoir au moins tout l'empire romain d'Occident, si ce n'est les côtes septentrionales de l'Afrique, où Charles-Quint ne manqua pas de porter ses armes, et quelques parties, encore indépendantes, de la *Gaule* ?

Mais ce n'est pas seulement par des mariages que la maison d'Autriche voulait opérer l'œuvre traditionnelle de la reconstruction territoriale du monde romain : la voie des armes devait être employée là où feraient défaut les alliances matrimoniales, et suppléer au droit. En 1520, le 12 du mois de mars, toute l'Allemagne était représentée et réunie sur les bords du Rhin, dans la ville de Worms. On y voyait les trois électeurs ecclésiastiques, les quatre électeurs laïques, chacun avec les insignes de la grande charge dont il était revêtu; après eux venaient les princes et les comtes d'empire, l'ordre équestre, la noblesse immédiate, les bourgmestres des villes libres, plusieurs ambassadeurs des puissances étrangères et une foule d'Allemands et d'étrangers, qui n'avaient aucun caractère officiel, et que la curiosité seule y avait attirés. Toutes les rues étaient pavoisées ; les cloches de toutes les églises sonnaient à la volée. Une Diète germanique devait se tenir ce jour-là, et l'on attendait le jeune roi d'Espagne, d'Italie, des Deux-Siciles, des Pays-Bas, le souverain du Nouveau-Monde, le roi de Germanie, l'empereur romain, qui, pour la première fois, venait recevoir les serments des peuples libres de la Teutschland, et leur donner le programme de sa politique et de son gouvernement.

Quand il fut arrivé, et qu'au milieu des vivats de tous les assistants, il eut pris place sur son trône d'écarlate et d'or, il prit la parole, et, entre autres choses, « Je veux, dit-il dans un long discours,
« je veux, par suite de mon affection particulière
« pour le royaume allemand, et comme chef
« laïque de la chrétienté, rendre à *l'empire romain*
« sa dignité et son *ancienne splendeur*. Je veux lui
« faire *restituer* ce qui s'en est *détaché*, ou ce qui
« lui a été *enlevé*. Je consacrerai à cela ma vie,
« mon pouvoir royal, ma puissance héréditaire ;
« mais je compte aussi sur le concours des États
« de l'Empire. J'espère que les princes et seigneurs
« de l'Empire marcheront sur les traces de leurs
« aïeux qui, par leurs vertus et leur vaillance,
« avaient fait *transférer à l'Allemagne la couronne*
« *romaine*. Ce sera honorable, utile, fructueux,
« non-seulement pour moi, comme chef de la
« chrétienté et protecteur de l'Église ; mais aussi
« pour tous les États et toute la nation allemande,
« tandis qu'une conduite opposée aurait pour ré-

« sultat l'*amoindrissement* de la dignité impériale
« et la ruine des États (1). » Il n'était pas possible d'expliquer plus clairement les tendances constantes des Allemands, et le vœu de leur souverain actuel. Un tel discours était une déclaration de guerre contre les Italiens, contre les Français dans l'Occident, contre les Turcs-Ottomans dans l'Orient. Voilà pourquoi jamais paroles d'empereur n'eurent plus d'écho dans le cœur de tous les Germains. L'assemblée y applaudit avec transport. Charles-Quint porta cet enthousiasme au plus haut degré, quand il ajouta que, ne voulant pas se contenter de stériles discours, il mettait aux voix une expédition qui, à ses yeux, était l'image et la clef de tout son système, *l'expédition de Rome* (2). La Diète adopta ce projet, et vota immédiatement la levée de 4,000 cavaliers et de 20,000 fantassins.

Voyons, avec cette armée, qu'il réunit aux troupes espagnoles, ce que fit Charles-Quint. Il envahit le nord de l'Italie d'abord ; ensuite il attaqua Rome elle-même en 1527, sous prétexte d'une alliance du pape Clément VII avec son rival François Ier ; et il ne craignit pas d'amener à cette honteuse expédition, renouvelée des Othons, des Franconiens et des Souabes, un corps fanatique de Luthériens. A l'exemple aussi de ces princes, il envahit la France, et dans chacune de ses campagnes, en 1524, 1534, 1544, pour bien montrer qu'il s'agissait

---

(1) Pfister, t. VII, p. 23 de son *Hist. d'Allemagne.*
(2) *Ibid.*, p. 24.

d'une conquête, il en partagea les gouvernements entre les siens ou ses alliés, d'abord avec le connétable de Bourbon, puis avec Henri VIII d'Angleterre, quitte à rompre avec eux, une fois l'entreprise accomplie. Jamais la France, sous le règne d'un même empereur, n'avait subi tant d'invasions, tant d'attaques contre sa nationalité.

Rien, nous l'avons dit, n'était plus populaire en Allemagne, rien n'était plus politique, après le manifeste patriotique de Luther à la noblesse allemande, rien ne devait être plus agréable aux Luthériens eux-mêmes, que les expéditions contre l'Italie, contre Rome. Mais tout cela était de trop : au dehors, c'était assez de la guerre des Turcs. Ce qu'il y avait à faire, et au point de vue de l'unité religieuse rompue, et au point de vue du mahométisme qui marchait toujours en avant, suffisait et à l'activité et à la gloire de Charles-Quint. Il semblait même que ce fût là sa tâche, sa mission, puisque, par une coïncidence heureuse, il commandait au peuple le plus envieux de le seconder dans cette double entreprise, et le plus capable, par son courage chevaleresque, sa foi ardente, sa fière ténacité, de la mener à bonne fin. Mais aux travaux, qu'il pouvait regarder comme une obligation, Charles-Quint voulut joindre ce qui n'était qu'une pensée d'ambition. La gloire passagère du conquérant lui sourit autant que le mérite plus durable d'être l'homme de la chrétienté. Il voulut réunir toutes les gloires de Charlemagne, et le représenter d'une manière complète. Ce fut là son tort, et sa première faute.

Qu'en résulta-t-il? Ce à quoi il ne s'attendait pas sans doute, et ce qu'il ne pensait pas que, au commencement du xvie siècle, un roi très-chrétien pût oser, c'est que François Ier, et, après lui, Henri II, au mépris des scrupules honorables, qui auraient retenu tant d'autres princes de leur temps, s'allièrent avec les Turcs, et favorisèrent les protestants d'Allemagne, ne croyant pas pouvoir faire autrement pour se sauver eux-mêmes. Avec cet embarras de la guerre de France, Charles-Quint ne put pas attaquer le Luthéranisme dès sa naissance. Luther sortit de la Wartbourg, il reprit sa chaire de Wittemberg; et Charles-Quint ne dit rien. Bien plus, en 1524, la veille de la bataille de Pavie, sous prétexte que les paysans de la Souabe se révolteraient de nouveau, si l'on proscrivait les pasteurs et les prédicateurs réformés, qu'ils réclamaient, on ajourna, dans la diète de Nuremberg, l'exécution du décret de la diète de Worms contre Luther, jusqu'à la réunion d'un concile général. En attendant, on ne prit pour extirper la réforme que des demi-moyens, tantôt la défense de la prêcher dans les lieux où elle n'avait pas encore pénétré, défense faite par la diète de Spire, 1526, et contre laquelle protestèrent les Luthériens, ce qui les fit appeler *protestants;* tantôt un colloque public à Augsbourg, 1530, qui devait concilier les deux doctrines, et qui n'aboutit qu'à la rédaction utile d'un symbole luthérien, *la Confession d'Augsbourg.*

Ce n'est qu'après la mort de Luther, 1546, et après celle de François I*er*, 1547, que Charles-Quint, fort d'ailleurs du concours d'un jeune et brillant chef de la ligue protestante de Smalkalde, Maurice de Saxe, et de la neutralité du margrave de Brandebourg, également gagné, put frapper un grand coup contre les Luthériens, à Mulhberg, 1547. Mais le Luthéranisme avait alors vingt ans d'existence : la victoire arrivait trop tard ; elle ne termina rien. La France, sentant bien quelles en pourraient être les conséquences pour elle-même, fut plus favorable que jamais aux protestants ; elle envahit à son tour le territoire de l'Empire par les Trois-Évêchés, et, avec cette force d'emprunt, l'opposition luthérienne se releva aussi dangereuse qu'auparavant.

2° Il entreprend de fonder l'unité allemande, par l'établissement d'un empire monarchique et absolu, à la place des libertés germaniques. Changements constitutionnels.

Du reste, ce n'était pas seulement le protestantisme, mais aussi les priviléges des seigneurs et des villes, ou bien les libertés germaniques, que la France allait soutenir. Charles-Quint, en effet, par une seconde faute, provenant aussi d'une ambition qui ne savait pas se borner et voulait tout faire à la fois, sous le voile de motifs religieux, attaquait les libertés germaniques, et travaillait à élever, sur la ruine des États particuliers, un empire monarchique, qui eût réalisé la grande pensée de l'unité allemande. Il voulait effectuer, sous un seul et même règne, ce qui était, en France, l'œuvre patiente, successive, lente, de tant de rois Capétiens. Usant donc de sa victoire à Mulhberg, il ne se contenta pas de relever partout l'Église catholique, en la réformant de sa propre autorité, à défaut du concile de Trente qui y mettait trop de lenteur; il fit plus : il exerça en Allemagne un véritable pouvoir dictatorial, comme si l'Empire n'avait ni lois écrites ni constitution reçue, comme si lui-même, dans une Capitulation solennelle, n'en avait pas juré l'entière observation.

Il avait fait prisonnier l'électeur Frédéric de Saxe, et le landgrave Philippe de Hesse, deux chefs de la ligue protestante: il les retint plusieurs années prisonniers, au lieu de les soumettre au jugement de la Chambre impériale. La femme du landgrave vint deux fois s'humilier devant le vainqueur pour obtenir la liberté de son époux : il fut inflexible; et la mort prompte de cette princesse malheureuse, en 1548, ne le toucha pas davantage. Il fut plus barbare encore à l'égard de Sybille, l'épouse de l'électeur. Cette héroïque femme résistait toujours dans Wittemberg, qui était sa capitale et le foyer saxon de l'opposition religieuse et politique : Charles-Quint, pour la forcer à se rendre, fit juger son mari par des juges espagnols et italiens, présidés par le duc d'Albe; et ce tribunal condamna l'électeur à la peine de mort. L'illustre captif resta sous le coup de cette inique sentence, jusqu'au moment où l'électrice se rendit, pour le sauver.

Charles-Quint, toutefois, n'abolit pas la Chambre impériale; mais en la maintenant, il la dénatura : l'institution fut bouleversée, le nom seul resta intact. En 1548, les États de l'Empire, cédant à l'intimidation, abandonnèrent à l'empereur le droit exclusif d'en nommer les membres, à la seule condition que le juge suprême de cette Chambre serait allemand de naissance (1). Ainsi un tribunal national devint tout à fait monarchique; les seigneurs ne furent plus jugés par des juges librement élus, mais par des hommes de l'empereur; à peu près comme en France, quand le parlement de Paris, ou cour du roi, fit les fonctions de la cour des pairs. Pour consolider toutes ces réformes, qui altéraient si profondément la Capitulation, Charles-Quint voulait établir l'alliance générale des cercles sous la direction impériale (2).

Il ne réussit pas dans ce dernier dessein. Mais il fut plus heureux contre les villes impériales ou libres, qui ne voulurent pas renoncer au Luthéranisme, pour accepter des articles de foi provisoires, qu'il appelait *l'Intérim* (3); et qui devaient régler la croyance jusqu'à ce que le concile général eût prononcé. A Augsbourg, en 1548, l'administration devint tout aristocratique : au lieu des quinze membres patriciens et des vingt-neuf membres choisis dans les corps des métiers, dont se

---

(1) Pfister, t. 7, p. 300. — (2) *Ibid.*

(3) Beaucoup de détails, sur les questions religieuses, dans Robertson, l. 9, *Hist. de Charles-Quint*, et dans Alzog, *Hist. de l'Église*, t. I.

composait le conseil municipal de cette ville, essentiellement industrielle, Charles-Quint fit nommer trente membres des plus notables patriciens, et sept membres seulement élus dans la commune ou parmi le peuple (1). Les corporations des arts et métiers, sous prétexte qu'elles pouvaient donner lieu à des réunions politiques, furent interdites sous peine de mort. A Ulm, même réforme; et dans les autres villes, comme Halle, Constance, Nuremberg, les changements administratifs furent opérés par des commissaires impériaux (2). Il n'y eut que les villes de la Saxe septentrionale, Lubeck, Hambourg, Brême et Lunebourg, qui se rirent des tentatives absolutistes de Charles-Quint, et continuèrent même de publier des pamphlets contre lui. Mais les autres ne bougeaient pas : les troupes espagnoles et italiennes les occupaient et les tenaient en respect. C'est par elles que Ferdinand, son frère, toujours après la bataille de Mulhberg, obligea les habitants de Constance à lui faire hommage, comme archiduc d'Autriche, et à recevoir de lui un gouverneur et une garnison autrichienne: prélude alarmant de tout un système de violence contre la Ligue helvétique tout entière. C'est par elles aussi que, en Bohême, il changea la forme du gouvernement du pays, substitua, en sa faveur, l'hérédité à l'éligibilité, et établit de sa propre autorité des impôts considérables et nombreux.

(1) Robertson, p. 399, l. 9, et Pfister, t. VII.
(2) Robertson, p. 400-401.

III

Par ce système, Charles-Quint se fait partout des ennemis.

Je le demande, au milieu de cette universelle oppression, qu'était devenue la capitulation que Charles-Quint avait signée et jurée? Elle n'était plus : le vent de la force et de la victoire l'avait balayée avec mépris. Pour consommer son œuvre, il ne lui manquait que de faire élire son fils, Philippe II, roi des Romains. Mais les Allemands, à qui ce prince trop espagnol avait toujours déplu, avaient déjà donné ce titre à l'archiduc Ferdinand, roi de Bohême et de Hongrie. Ce fut en vain que Charles-Quint chercha à faire revenir sur ce choix les électeurs mécontents : il ne réussit qu'à irriter ce prince, qui aussitôt lui tourna le dos et le contre-carra dans d'autres desseins.

Ainsi, au dedans et au dehors, tout le monde avait cessé de lui être favorable, et la bourgeoisie, et la majorité des seigneurs, et Ferdinand, son frère, qui, ne consultant que l'intérêt de son ambition menacée, se rapprocha du parti protestant. Charles-Quint eut aussi contre lui Maurice de Saxe, dont il avait fait un électeur à la place de Frédéric, vaincu et dégradé, et auquel, par là, il avait donné de précieux priviléges à défendre. Au dehors, il fut pressé par Soliman, qui s'avança de nouveau jusqu'à Vienne; et, à l'autre extrémité de ses États, par le roi de France, Henri II, qui fut

8.

aussi heureux dans son invasion en Lorraine, que le sultan des Turcs l'avait été en Hongrie. Précédé d'un manifeste, où, par une exagération peu digne d'un roi, mais habile, il avait fait graver un bonnet entre deux poignards, avec le mot : *libertas*, et où il s'intitulait *le protecteur de l'Allemagne* (1), il conquit les Trois-Évêchés, battit Charles-Quint à Renti, et enfin, en 1555, le força, avec des pertes immenses, à lever le siége de Metz. « J'ai poussé les choses trop loin ! » dit alors le grand empereur au duc Christophe de Wittemberg (2). Arrivé à Bruxelles, il ajouta, avec l'accent d'un désespoir concentré : « La fortune est une femme : jeune elle me favorisait ; vieux elle m'abandonne ! »

IV

Charles-Quint lui-même cède la victoire à Luther. Appréciation de ce grand fait.

Ainsi Charles Quint, cette puissante nature, cette imposante individualité du XVIe siècle, confessait lui-même ses fautes, sa politique outrée, son profond découragement ; et il était prêt à rendre les armes. Parvenu au trône impérial, deux ans seulement après les premières prédications de Luther, et avec d'immenses possessions acquises, dans l'un et l'autre monde, il semblait que son

(1) Le P. Bougeant, *Hist. du traité de West.*, t. I, l. 4, et Pfeffel, t. II, p. 176.
(2) Pfister, t. VII, p. 350.

avénement eût un autre sens que celui d'un surcroît de force apporté aux empereurs allemands, pour reconstituer tout l'ancien empire romain. A la vue de l'esprit réformateur du temps, du danger renaissant de l'Eglise, des besoins impérieux de la vieille foi de l'Occident, il était permis de croire que l'élévation d'un tel homme avait un but plus élevé, plus digne d'être appelé providentiel, celui de venir à point, pour écraser le plus fier géant du rationalisme qu'on eût encore vu en Europe, lorsqu'il échappait à peine à son berceau. Mais, à présent que nous avons parcouru toutes les phases de sa longue et orageuse carrière, si nous regardons aux résultats obtenus, une réflexion saisissante s'empare de notre esprit. Tous ces êtres extraordinaires, qui ont dirigé ou déterminé un cycle nouveau de l'humanité, ont laissé après eux de larges traces de leur passage; et, soit politiquement, soit moralement, les pays, où ils ont rempli leur mission, sont sortis transformés de leurs mains, ont ressenti longtemps l'effet de leurs travaux, et conservé plus ou moins les marques qu'ils leur avaient imprimées. Que dirai-je? ils ont fait quelque chose qui est resté, qui sert à déterminer les motifs providentiels de leur apparition, et qu'ils ont accompli, malgré tous les obstacles, parce que telle était leur destinée et qu'ils avaient en eux la force même du Dieu dont ils étaient les sûrs et parfois terribles instruments.

Mais Charles-Quint, qu'a-t-il laissé après lui? Quelle entreprise lui a réussi? quel dessein n'a point trompé son espoir ? quel adversaire qui n'ait pas déjoué ses efforts et ses calculs ? quelle arme qui ne se soit brisée entre ses mains ? Cette grande idée de reconstituer en sa faveur l'ancien empire romain, en faisant table rase des Français et des Turcs, des anciens héros des croisades et des farouches ennemis des croisés, put-il la réaliser ? En prépara-t-il du moins le succès pour ceux qui viendraient après lui ? Non. Les Français le battirent, à la fin, et lui démembrèrent son empire, sans qu'il pût leur ôter un pouce de terrain ; et les Turcs, loin d'être chassés de Constantinople et de rendre cette antique cité au christianisme qui l'avait fondée, ne furent pas même arrêtés dans leur marche, s'avancèrent malgré lui plus loin vers l'Occident, malgré lui prirent et gardèrent Belgrade, malgré lui pillèrent et brûlèrent la capitale de la Hongrie, malgré lui enfin arrivèrent sous les murs de Vienne d'un pas insultant et vainqueur !

Chez lui du moins, dans l'intérieur de ses États, accomplit-il ce qu'il avait projeté ? Cet édifice monarchique et anti-féodal, qui eût fait sa force et assuré aussi, il faut le dire, celle de la Germanie, parvint-il à l'élever et à le mettre sur pied ? Non. Maurice de Saxe le joua et l'emporta sur lui. Fut-il plus heureux dans son rôle de défenseur de l'orthodoxie catholique contre les réformés et leurs doctrines ? Pas davantage. Les idées nouvelles, même dans ce qu'elles avaient de faux ou de dangereux, furent plus puissantes que toute sa puissance ; le principe du libre examen, je veux dire de la liberté religieuse, de la croyance libre, ce principe, ou plutôt ce droit, que chacun de nous aujourd'hui, catholique ou dissident, possède, tient à garder, serait au besoin disposé à défendre, ne voudrait perdre à aucun prix, et en vertu duquel on ne doit compte à aucun pouvoir temporel de sa foi; ce principe, qui devait faire disparaître de l'humanité les bûchers, la question, la torture, les tribunaux d'inquisition, et tous les moyens violents, inventés par les gouvernements du moyen âge, pour protéger, pour imposer la foi, chez des peuples jeunes ou enfants; ce principe, qui pourtant devait conduire à la liberté politique, à la souveraineté des peuples en matière de gouvernement, au droit national de se donner tel régime que l'on trouverait meilleur; ce principe, en un mot, personnifié dans Luther, avait été plus fort que celui d'autorité absolue, dont Charles-Quint s'était fait le champion : un pauvre moine, armé d'une idée, avait terrassé le souverain même des deux mondes, armé surtout de la force.

Le succès ne justifie pas tout, et il ne suffit pas qu'une chose réussisse, quels qu'aient été ses proportions et son essor, pour la revêtir d'une sorte de sanction divine. Mais un fait certain, c'est que les hommes, quels qu'ils soient, dont il plaît à Dieu de se servir pour ses mystérieux desseins, n'ont jamais échoué, et que Charles-Quint a échoué en tout et partout; car ses succès dans le Milanais et sur les côtes d'Afrique ne sont qu'un point, à côté des immenses projets qu'il n'a pu mener à bonne fin. En sorte que, à ce compte, et en dehors de toute question dogmatique, où un échec ne prouve rien contre la vérité, il semble que, au xvie siècle, le représentant d'un plan providentiel pour l'humanité, plan de réformation morale et de vigilance plus grande dans l'Église, plan de discussion libre, substitué aux voies d'autorité, dans l'âge mûr des nations, que cet homme, malgré ses écarts d'actes et de doctrine, ait été, non pas Charles-Quint, mais Martin Luther. Et c'est sous ce rapport, mais sous ce rapport seulement, qu'on peut dire avec Chateaubriant, que, dans cette lutte solennelle, Charles-Quint représentait le passé, tandis que Luther, apportant une liberté légitime, était l'homme de l'avenir.

V

Véritable caractère de grandeur de Charles-Quint.

Est-ce à dire pour cela que cette figure impériale du xvie siècle, que ce noble soutien du dogme catholique, n'ait pas, même dans sa lutte acharnée contre la liberté religieuse, une incontestable grandeur morale ? Il y a eu, et il y aura toujours parmi les conducteurs des nations plusieurs sortes de grands génies. Les uns, dans la partie humanitaire de leur rôle, et malgré leurs erreurs, ont agi d'après une impulsion supérieure, et souvent ont senti et proclamé eux-mêmes ce souffle étranger qui les faisait marcher. Les autres ont puisé leurs desseins dans leurs propres instincts, dans leur ambition, dans des traditions de position ou de famille, dans leurs croyances, dans les circonstances où ils se sont trouvés; et, avec leurs seules forces, ils se sont parfois mesurés avec les hommes, qui avaient peut-être moins de valeur morale et de ressources intrinsèques, mais qui représentaient une nouvelle et providentielle phase de l'humanité, et en avaient l'irrésistible élan. Leur personne n'offre pas l'extraordinaire prestige, la puissance d'attraction, qui entoure les autres; mais, mieux que celle des autres, elle peut donner une idée de tout ce que peut faire un homme, réduit à lui-même, et attaquant, résistant, se défendant, sans être soutenu par l'esprit du temps, par les besoins et les désirs intimes des masses, par les sympathies générales, tacites ou exprimées, par tout ce qui fait ici-bas le succès et en assure la durée. Voilà l'espèce de grandeur, sous laquelle se présente à nous l'empereur Charles-Quint.

Mais, on le conçoit : que de fatigues, de travaux, de tourments d'esprit, de pénibles calculs, de méditations inquiètes, de perplexités cruelles, de déceptions douloureuses, ne doit-elle pas coûter! Quelle puissance d'organisation et de volonté ne faut-il pas avoir, pour agir et lutter sans cesse, malgré tant d'obstacles, sans se rebuter, sans abandonner la partie, sans jamais désespérer! Charles-Quint l'eut au plus haut degré cette persévérance, qui tient moins de la confiance et de l'inspiration que de l'obstination. Mais les facultés humaines, plus elles sont tendues, plus elles s'usent; et il arrive un moment suprême, où le courage faiblit, où la force factice, qu'il donnait, s'en va, où tout se rompt, où l'on tombe, vaincu par soi-même plus que par autrui, par la lassitude de la résistance plus que par les coups qu'on a reçus. Charles-Quint l'éprouva en 1555, après le désastre à Renti, et aussi après l'affaire d'Inspruck, où il faillit être pris par Maurice de Saxe, qui entrait par une porte, quand lui-même il sortait à peine par l'autre. « Il n'y a « plus d'homme, » s'écria-t-il : et aussitôt il résolut de cesser le combat, qu'il soutenait depuis vingt-cinq ans. Mais, s'il était trop profondément chrétien pour imiter ces anciens Romains qui ne voulaient point survivre à la ruine de leur parti, il y avait en lui trop de sang espagnol, trop de fierté castillane, pour rester empereur après sa défaite, pour garder encore des couronnes avec lesquelles il n'avait pu effectuer les grandes choses qu'il rêvait. Il les quitta toutes, laissant à son fils ses États héréditaires, et à son frère l'archiduché d'Autriche, la Bohême et la Hongrie, avec le titre de roi des Romains, qu'il n'avait pu lui faire retirer. Quel triomphe pour les protestants, et pour les Français, leurs intéressés protecteurs !

VI

Paix d'Augsbourg 1555, inaugurant, partiellement encore, l'ère de la liberté religieuse.

Avant d'aller s'enterrer vivant, en Portugal, dans le monastère de Saint-Just, il convoqua une diète, à la prière de Ferdinand, son frère. Mais sachant que les protestants, glorieux de ses défaites et se prévalant de l'appui de ce prince, se faisaient une maligne joie de revoir, humilié et abattu, le fier vainqueur de Philippe de Hesse et de Frédéric de Saxe, il refusa de s'y rendre : il laissa le roi des Romains arranger à sa guise des affaires dont il ne voulait plus se mêler. La diète se tint à Augsbourg en 1555; et c'est là que fut signée, entre les catholiques et les Luthériens, une paix religieuse, négociée déjà, trois ans auparavant, dans la ville de Passau. Elle fut rédigée sous la forme d'un décret d'Empire, et elle porte le nom de paix d'Augsbourg. Voici, les principaux articles qu'elle contient, avec leur signification et leur portée :

1° Les Luthériens seuls, ou bien les protestants de la Confession d'Augsbourg, obtinrent la liberté religieuse, pleine et entière, avec la jouissance parfaite de leurs biens et de leurs droits.

2° Ils furent personnellement affranchis de toute juridiction ecclésiastique sur leurs domaines jusqu'à nouvel ordre.

3° Ceux d'entre eux, qui avaient confisqué des biens ecclésiastiques, purent les garder, à moins que les premiers possesseurs de ces biens n'eussent relevé immédiatement de l'empereur. Ainsi les sécularisations étaient légitimées.

4° Cette faveur ne concernait que les biens, sécularisés ou confisqués avant le traité de Passau de 1552.

5° A l'avenir, les sécularisations étaient interdites. Libre à un dignitaire ecclésiastique de se faire protestant; mais, pour que l'intérêt eût aussi peu de part que possible dans cette détermination, il perdait, par cela même, sa dignité et ses domaines, qui continuaient d'appartenir à l'Église catholique. Cet article était appelé la *réserve ecclésiastique* ou le *réservat*. Les protestants, on le conçoit, ne souscrivirent qu'à grand peine à ce réservat : ils prétendirent qu'on ne traitait pas leur Église sur le pied de l'égalité, et beaucoup ajoutèrent qu'ils ne tiendraient aucun compte d'une défense qui leur paraissait partiale et injuste; elle passa pourtant.

6° Ils ne virent pas avec moins de déplaisir l'article suivant, d'après lequel les sujets d'un seigneur pouvaient bien, à la vérité, embrasser la réforme luthérienne, mais le seigneur avait le droit de leur interdire, dans ses domaines, l'exercice de leur nouvelle religion; il devait seulement leur laisser la faculté d'émigrer, bien que cela dût amoindrir l'importance de son fief.

7° Des avantages politiques vinrent garantir cette liberté religieuse qu'obtenaient les protestants. Ainsi, dans la Chambre impériale, il fut convenu que les juges titulaires et les juges assesseurs seraient présentés par les deux partis. Les États catholiques étaient encore en plus grand nombre que les États protestants : la majorité, dans cette chambre, resta donc aux catholiques.

8° Les protestants eurent le droit d'inspecter la

Chambre impériale. Christophe de Wirtemberg, protestant estimé des deux partis, fut délégué pour cet office.

9° Jusqu'alors, dans la Chambre impériale, la formule du serment, exigé des juges, était : *par Dieu et les Saints*. Comme les protestants n'adoptaient pas toutes les idées de l'Église romaine sur la canonisation et sur les prérogatives qu'elle conférait à tous ceux qu'elle admettait dans le panthéon chrétien, on convint d'une autre formule, ainsi conçue : *Par Dieu et les saints Évangiles*.

10° Enfin il fut dit que les Zwingliens ou disciples de Zwingle, réformateur de la Suisse, les Calvinistes ou partisans de Calvin, réformateur français, et généralement tout ce qui était considéré comme secte par les deux partis qui en ce moment faisaient la paix, seraient exclus de la liberté religieuse et des avantages politiques qui y étaient attachés (1).

VII

Conséquences politiques et sociales de la paix d'Augsbourg.

Telle est la première loi de tolérance et de conciliation religieuse dont il soit fait mention dans les annales des peuples modernes. Jusque-là le

(1) Le P. Bougeant, *Hist. du traité de Westphalie*, t. I, l. 1 ; Schiller, *Guerre de Trente-Ans*, t. I, l. 1 ; Pfister, *Hist. d'Allem.*, t. VII, l. 3 ; comte de Garden, *Traités de paix*, t. I, p. 15.

bûcher avait été le dernier argument, opposé par les gouvernements catholiques à ceux qui n'acceptaient pas, en entier, la croyance officielle. La paix d'Augsbourg inaugurait une ère nouvelle : le régime de la liberté allait, après l'adolescence des peuples, remplacer celui de l'autorité qui avait présidé à leur berceau et à leur éducation ; l'esprit désormais pourrait sans crainte discuter la foi ; contre des crimes spiriritruels l'Église n'userait que d'armes spirituelles, sans jamais invoquer d'autres moyens; dans les choses où il est dit : « Faites-vous une « foi raisonnable, » les armes pacifiques de la raison, qui font les croyants sincères et sûrs, seraient préférées aux procédés violents et à la terreur, qui ne font que des hypocrites ou des esclaves ; enfin, à la grande joie des hommes modérés, on pourrait arriver peu à peu à une époque fortunée, où des rois très-chrétiens auraient impunément des protestants pour ministres, et où, chose plus merveilleuse, et que nous avons tous vue, que nous avons tous admirée, un digne prince de l'Église pourrait, sans scandale, embrasser de bonne amitié, sous les voûtes d'un château fameux, un intrépide émir des Arabes d'Afrique, un chef fanatique et nouveau de croyants musulmans!

Ajoutons une autre considération, une autre conséquence de cette paix d'Augsbourg. En l'an 800, lorsque la couronne d'empereur romain avait été posée sur le front de Charlemagne, la pensée du pape Léon III fut de n'établir dans tout l'ancien monde romain, accru de l'Allemagne et de tout ce qui pourrait y être réuni, qu'un seul chef temporel, de même qu'il n'y avait qu'un seul pape; et voilà pourquoi il chercha aussitôt à faire épouser à l'heureux représentant de ce système l'impératrice Irène, qui régnait dans l'empire romain d'Orient. Le pape donnait le sceptre impérial, l'empereur l'employait à défendre l'Église romaine, à en étendre la domination au dehors, à en protéger, par les meilleurs moyens, la doctrine et l'unité au dedans. C'était un plan magnifique. On appela cette organisation du monde et cette alliance des deux pouvoirs, destinés à le gouverner, le saint-empire romain. Tous les empereurs de Germanie n'avaient pas voulu accepter cette idée dans toute la réalité primitive de sa conception. Ni les Othons, ni les Franconiens, ni les Hohenstauffen, ne s'étaient souciés d'être les humbles vassaux du Saint-Siége; et l'on sait qu'ils cherchèrent au contraire, à partir d'Othon-le-Grand, à le mettre dans leur dépendance. La déposition de Frédéric II, en 1245, démolit tout ce qu'ils avaient bâti à cet égard; et, de concert avec le chef, complaisamment intéressé, d'une maison nouvelle, la maison de Hapsbourg ou d'Autriche, les papes rétablirent les choses sur l'ancien pied. Charles-Quint fut fidèle à cette politique du premier empereur de sa race; et le siége de Rome prouva qu'il n'entendait pas que, de leur côté, les souverains pontifes en eussent une autre que la sienne, et qu'il exigeait d'eux la réciprocité. Mais il lutta inutilement pendant un quart de siècle : les éléments, contraires à l'idée fondamentale de ce saint-empire, résistèrent à ses attaques. C'en était fait : le principe de la liberté religieuse, consigné, quoique partiellement, dans la paix d'Augsbourg, l'avait emporté sur le saint-empire romain ; et il n'était guère probable que, par voie d'autorité, on pût jamais relever dans le monde cette majestueuse, mais fort peu praticable idée (1).

(1) On comprendra cette appréciation sociale de la Réforme, aujourd'hui que la tolérance est devenue une loi de l'État. On peut en effet adopter le principe de la liberté religieuse, que la Réforme a produit, sans épouser, pour cela, les erreurs anticatholiques qu'elle a proclamées et les excès qu'elle a voulus ; de même qu'il est permis à un ami très-sincère, mais éclairé, de l'ordre, d'approuver bien des principes et bien des résultats de la Révolution française, sans amnistier pour cela les désordres, les cruautés, les crimes, dont elle se rendit ou coupable ou complice.

CHAPITRE VI.

Politique des successeurs de Charles-Quint, jusqu'à la guerre de Trente-Ans. — Lettres de Majesté, 1609, ou la première paix religieuse dans les États autrichiens.

Le génie de l'Espagne, qui était le génie de la résistance, s'était retiré de l'Allemagne avec Charles-Quint. L'âme de cet empereur, avec sa foi catholique, sa fermeté obstinée, mais quelque chose de plus sombre dans le caractère, de plus cruel dans les moyens, de moins chevaleresque, de moins grand, ne se retrouve que dans son fils l'Espagnol Philippe II. C'est lui qui, non plus en Allemagne contre la doctrine du Saxon Luther, mais dans les Pays-Bas, mais en France, mais en Angleterre même, contre les idées démocratiques et plus radicales du Français Calvin, s'oppose, comme une digue, au torrent de la réforme, combat, corrompt, massacre pour l'écraser, y met à profusion tous les trésors du Pérou, recule quelquefois, ne cède jamais, tient bon jusqu'à la fin, et meurt, bien près, à la vérité, d'être vaincu, mais sans avouer sa détresse, sans avoir capitulé ; plus Espagnol en cela que Charles-Quint lui-même, et emportant le surnom, assez mérité auprès des réformés, de Néron du Midi, mais aussi la gloire d'avoir, par lui seul, ou par lui surtout, maintenu la Belgique, la France, la Lombardie, la Navarre, tout le Midi catholique. Charles-Quint avait compris ce fils digne de lui, et il aurait bien voulu pouvoir lui transmettre toutes ses couronnes. Mais ses désirs n'avaient pas été couronnés de succès : la double unité politique et religieuse de son vaste empire était définitivement et légalement rompue.

I

La politique des successeurs de Charles-Quint, en Allemagne, devait être tolérante, sans cesser d'être catholique. Que firent à cet égard les deux premiers ?

Cela étant, quelle devait être, en Germanie, la conduite de ses successeurs? Ne pas trop s'opposer, sous peine de renouveler les troubles intérieurs, à une plus grande extension de la liberté religieuse, que d'autres sectes pouvaient réclamer comme les Luthériens et en vertu du même droit; mais, pour ne pas irriter outre mesure les catholiques, maintenir l'interdiction des sécularisations, nullement inhérentes à cette liberté, et contraires d'ailleurs aux intentions des donateurs primitifs de biens ecclésiastiques ; enfin, en bons princes orthodoxes, favoriser le catholicisme dans tout ce qui ne dérogeait pas à la tolérance religieuse, devenue une loi de l'État, voilà quelle devait être la politique des Empereurs d'Allemagne après Charles-Quint.

Examinons s'ils y conformèrent leur conduite; mais disons d'abord, tout en tenant compte de la difficulté des temps, que leur conduite à tous fut large avec excès dans la ligne de la tolérance, ou rigide avec témérité dans le système de la réaction.

Ferdinand Ier fit acte de sagesse, lorsqu'il accorda à un certain nombre de ses sujets autrichiens le calice, ou la communion sous les deux espèces. Le pape Pie V, en confirmant, sur ses instances, cette concession, sembla en reconnaître lui-même l'efficace utilité. Tout ce qu'il fit pour réformer la discipline ecclésiastique ou pour faciliter l'instruction religieuse du peuple, ne fut pas moins digne d'approbation. En Bohême, il chassa cent soixante-dix prêtres mariés. De ce nombre fut le docteur Pfauser, de Constance. Un acte non moins louable fut la visite des monastères des deux sexes dans ses États : seulement, comme il vit que le célibat y était généralement violé, il ne trouva d'autre remède au mal que de faire demander au Saint-Siége l'abolition même de ce célibat salutaire, adoptant ainsi une idée de Pfauser, et prouvant bien, comme il l'avouait du reste, que son esprit se ressentait encore des entretiens qu'il avait eus avec ce docteur (1). C'est aussi Ferdinand Ier qui favorisa la propagation du premier catéchisme catholique, composé à cette époque par le savant Canisius. Il ne mit non

---

(1) Tous ces détails dans Pfister, t. VIII, *Règne de Ferdin. Ier*.

plus aucun obstacle aux missions des Pères jésuites, ordre nouveau, comme il a été dit, fortement centralisé, partant du principe d'autorité et non du principe de liberté, et destiné à remplacer les anciens ordres religieux, qui, par leur costume ou leurs statuts, ne répondaient pas aux nouveaux besoins du temps. Tout cela était conciliant, impartial, et ne pouvait, raisonnablement, déplaire à aucun parti.

On ne peut porter le même jugement sur la conduite de ce prince dans un autre ordre de faits. Rien n'était plus désagréable aux protestants, dans la paix religieuse d'Augsbourg, que l'article de la *réserve ecclésiastique*, qui, prenant les dignitaires de l'Église romaine par l'intérêt, les menaçait de la perte de leurs bénéfices, s'ils passaient dans un autre camp et sous d'autres lois. La certitude de les conserver, et même héréditairement, après leur apostasie, avec tous les priviléges honorifiques et politiques, qui y étaient attachés, avait fait, tout d'abord, bon nombre de prosélytes à Luther parmi le haut clergé allemand. Ce n'était pas amour de la pauvreté primitive de l'Église, c'était cupidité; ce n'était pas un retour prétendu à son antique foi, c'était indifférence; ce n'était pas davantage le réveil de l'intelligence, le renouvellement d'un pur spiritualisme, mais le réveil de la matière, les clameurs impérieuses des sens, auxquelles on était pressé de se livrer! Voilà ce qui avait frappé le cardinal Cajétan, le fameux Aléandro, et ce qu'avait exprimé, sous une forme satirique, le célèbre Érasme de Rotterdam, en disant que la réforme était une comédie, puisque tout y finissait par un mariage. Et pourtant, comme s'il craignait de compromettre une sorte d'intérêt dynastique, Ferdinand laissait, par les infractions illégales et impunies de la réserve ecclésiastique, le haut clergé s'abandonner à ces entraînements de la convoitise et de l'ambition, dans des États immédiats de l'Empire, sur lesquels il avait une action directe et puissante. Une vingtaine d'archevêchés, d'évêchés et d'abbayes furent, d'après cela, sécularisés, les archevêchés de Magdebourg et de Brême, les évêchés de Lébus, Havelberg, Camin, Lubeck, Brandebourg, Naumbourg, Ratzebourg, Verden, Meissen, Minden, Halberstad, Schwérin, et les abbayes de Hirschfeld, Saalfeld, Walkenried, Quedlimbourg, Herforden, Gernroden (1). De son côté, son fils, Maximilien II, poussé par un intérêt plus personnel, marchait sur ces traces, et enchérissait sur cette tolérance trop grande envers les protestants. Jusqu'à l'âge de douze ans, par la faute de son père, il avait reçu les plus fâcheuses impressions du professeur Stiefel, plus connu sous le nom de Severus, élève de Mélanckton et de Luther. Aussi disait-il tout haut qu'il détestait les jésuites et la papauté. Roi de Bohême, du vivant de son père, qui voulait accoutumer les Bohémiens au principe d'hérédité, il prenait pour secrétaire particulier

(1) Le comte de Garden, *Traités de paix*, t. I.

un prêtre, luthérien caché, ce *même* Pfauser de Constance, dont nous avons parlé, puis il entretenait une correspondance suivie avec Mélanckton, et avec les principaux chefs du mouvement protestant, Philippe et Guillaume de Hesse, Auguste de Saxe et Christophe de Wirtemberg; et il paraît que, sans l'opposition de son père, il se serait fait protestant lui-même (1). Enfin, élu avec confiance roi des Romains par les Allemands, à l'âge de trente-cinq ans, il écrivait aussitôt, pour montrer quelles espérances on pouvait concevoir, au jeune landgrave de Hesse, en faisant allusion à la paix d'Augsbourg, que les promesses devaient ne pas être espagnoles, mais de bonnes et franches œuvres et paroles allemandes (2); et, empereur en 1564, au moment où se terminait le fameux concile de Trente, il fut fidèle à ses antécédents religieux. A Augsbourg, où il passa après son élection, il ne refusa pas d'aller à la messe, mais il ne permit aucune procession, parce que cela déplaisait aux protestants. A Vienne, son fils Rodolphe fit attaquer par des soldats une nouvelle église protestante : il est vrai que ce fut par des soldats espagnols et italiens, mais il faut dire aussi que l'on avait élevé cette église sans prendre l'agrément de l'empereur, ce qui était indispensable dans ses États particuliers. Maximilien fut si mécontent de cet acte, qu'il alla jusqu'à frapper Rodolphe au visage, et qu'aussitôt, pour en couvrir le mauvais effet, il accorda aux

---

(1) Pfister, *ibid.* (2) *Id.*

grands et aux chevaliers de l'archiduché d'Autriche la liberté religieuse, dès la première demande de leur part. Il ouvrit le Frioul aux réformés, et l'un d'eux, Bergerius, ex-évêque de Justinopolis, put y traduire, avec l'approbation de Maximilien, la Bible en langue vulgaire pour les Slaves de la Carinthie, de la Styrie, de la Carniole, qui aussitôt obligèrent leur souverain, l'archiduc Charles, de les laisser complétement libres dans le choix et l'exercice de leur foi. Ce n'était pas là la politique, à beaucoup d'égards impartiale, de Ferdinand Ier; c'était une politique protestante. Aussi Pie V, sans le prudent Commendoni, son conseiller, l'aurait-il excommunié et même déposé, comme l'avaient été autrefois Frédéric II et Louis de Bavière (1). Mais les réformés ne tarissaient pas d'éloges sur son compte, et ils appelaient sage un prince qui ne faisait que rendre la tâche horriblement difficile pour celui qui, sans s'écarter des règles de la tolérance, voudrait être pourtant équitable et juste.

Toutefois, pendant que la France, sous Catherine de Médicis, les Pays-Bas, sous Philippe II, l'Écosse, sous Marie Stuart, étaient déchirés par des dissensions religieuses, l'Allemagne conservait la tranquillité, que la paix d'Augsbourg, largement interprétée par Ferdinand et Maximilien, lui avait procurée. Mais les catholiques ardents frémissaient

---

(1) *Ibid.* L'autorité de Pfister, qui rapporte tous ces faits, ne peut être regardée comme suspecte.

de rage, et la nouvelle qui leur parvint du massacre de la Saint-Barthélemy, en 1572, leur donna plus de regret encore de ne pas avoir, en Allemagne, des princes capables d'en faire autant. Du moins auraient-ils voulu qu'on s'en fût tenu strictement aux dispositions de la paix d'Augsbourg. Mais tolérer tout, fermer les yeux sur tout, s'inquiéter de l'ancienne opposition protestante plus que des intérêts catholiques, était une chose qu'ils ne pouvaient supporter, et ainsi, en cherchant à éviter une nouvelle révolte protestante, Ferdinand Ier et Maximilien II couraient grand risque de provoquer une furieuse réaction catholique, de ne relever le char de la paix d'un côté que pour le renverser de l'autre.

II

Rodolphe II entre dans une vaste réaction contre la réforme, en 1576, l'année même de la Ste-Ligue en France. Mais d'abord il ne veut que la légalité d'Augsbourg, outre-passée sous ses prédécesseurs.

C'est Rodolphe II, leur successeur, qui eut à souffrir, le premier, de cette position fausse et périlleuse qu'ils avaient créée au pouvoir, mais en l'aggravant par des fautes personnelles d'une nature différente. L'année même où il monta sur le trône, en 1576, les jésuites, instruments passionnés et actifs de la cour romaine, venaient d'organiser, en France, la Sainte-Ligue; et bon gré mal gré le gouvernement français, dominé par cette vaste association populaire et religieuse, était rentré dans la voie violente, tristement marquée, quatre ans auparavant, par la Saint-Barthélémy. Aucun moyen, aucun espoir, pour les réformés d'Allemagne, d'entraîner, comme sous Henri II, la France à leur secours, s'ils étaient de nouveau attaqués. Ils devaient être réduits à eux-mêmes; et Philippe II était là pour les priver de l'appui des protestants des Pays-Bas, qui avaient assez à faire chez eux pour lui tenir tête. Ce prince en outre ne pouvait manquer, pour une cause, dont le succès, en Allemagne aussi bien qu'en France, lui ferait un bien immense dans les provinces huguenotes de la Néerlande, de donner l'argent dont on aurait besoin. Quelle magnifique occasion pour relever la tête, pour frapper un coup terrible sur les protestants, sur ces prétendus réformés, sur ces spoliateurs de l'antique Église de Charlemagne et d'Othon-le-Grand! Ajoutez que l'on avait dans Rodolphe II non pas un Charles-Quint, ni même un Philippe II, mais un prince sincèrement croyant, qui avait fait un voyage en Espagne et avait visité cette sombre et inanimée solitude de l'Escurial (1), où il s'était pénétré de l'esprit de l'inquisition; ajoutez qu'il avait été élevé par une mère profondément catholique; que, simple roi des Romains, il avait montré par des actes significatifs son zèle pour la foi de ses pères et toute son improbation pour la politique de Ferdinand Ier et de Maximilien II;

---

(1) Pfister, *ibid.*

et qu'enfin, tout occupé avec Kepler de recherches astrologiques, il était homme, malgré l'obstination jalouse de son esprit médiocre, à se laisser conduire et échauffer par ceux qui avaient ses sympathies : or, nul ne les possédait autant que les jésuites, les directeurs, les prédicateurs, les instituteurs, les agents diplomatiques, l'âme même du parti catholique (1). Donc, on résolut de ne plus capituler avec les réformés. On ne voulut pas toutefois demander la radiation de la paix d'Augsbourg de 1555; on procéda d'une façon plus légale : tout ce qui, depuis cette époque, pouvait n'être pas en parfaite conformité avec cette loi, outre-passée, mais non abolie, devait être révoqué comme non avenu.

III

Appréciation de cette rigidité légale, après vingt ans d'insoucieuse tolérance.

En 1576, il y avait vingt ans que la paix d'Augsbourg avait été signée; et les actes, qui étaient allés au delà de ses dispositions, avaient la sanction non pas d'un décret d'empire, mais de la volonté tolérante de deux empereurs. Quel danger, par conséquent, d'y toucher! Dans quel dédale, peut-être inextricable, d'embarras n'allait-on pas engager Rodolphe II! Ne valait-il pas mieux accepter le fait accompli de l'extension de la liberté

---

(1) Schiller, l. 1, p. 104, *Guerre de Trente-Ans.* In-8.

religieuse, la proclamer même comme une loi générale, interdire seulement à l'avenir les sécularisations, qui étaient une chose souverainement arbitraire et injuste, et, d'après ces bases, remanier la paix d'Augsbourg ?

En 1555, quand cette paix avait été conclue, n'avait-on pas accepté le fait accompli du Luthéranisme ? Pourquoi, en 1576, ne pas reconnaître aussi les autres sectes, dont la plupart pouvaient alléguer en leur faveur le fait d'une existence tolérée, loin d'être combattue, sous deux règnes consécutifs ? On ne le fit pas : l'entraînement *ligueur* de la France éblouit toutes les têtes catholiques en Allemagne, leur donna une confiance présomptueuse, une exaltation téméraire. Plus de Zuingliens, de Frères-Moraves, d'Utraquistes, surtout plus de Calvinistes en Allemagne, pas plus qu'en France, en Angleterre, dans les Pays-Bas, nulle part ; voilà le résultat qu'on voulait obtenir à la faveur de la neutralité de la France et du concours, au moins pécuniaire, de Philippe II. C'était une sainte-ligue générale ; les conducteurs étaient, les Guises en France, le vainqueur de Lépante, Don Juan d'Autriche, dans les Pays-Bas ; les partisans de Marie Stuart, en Angleterre, et Philippe II avec les jésuites, partout et par-dessus tous. En Allemagne, le pays de la légalité par excellence, on semblait vouloir faire grâce à l'hérésie luthérienne ; mais secrètement, on se promettait bien de l'attaquer elle aussi, sitôt qu'on aurait fait le vide autour d'elle. Malheureusement, Rodolphe II, l'un des chefs de ce grand mouvement contre-réformiste, était au-dessous du rôle qu'on lui faisait jouer, et il était bien à craindre qu'il ne devînt la victime et la risée d'ennemis insolemment vainqueurs. Toutefois, comme les protestants n'avaient pas, depuis Mulhberg, organisé de nouvelle association, et que d'ailleurs on était las encore des guerres intestines, Rodolphe II resta victorieux en maint endroit, et put croire un instant à la possibilité du triomphe.

IV

Actes de Rodolphe II : 1° Ordonnances en faveur du catholicisme.

Il déclara donc que le gouvernement ne reconnaissait d'autre loi religieuse que la paix d'Augsbourg : et en vertu de cette loi, il ordonna aux protestants de la noblesse et de l'ordre équestre de se renfermer, pour la pratique de leur culte, dans les limites de leurs domaines ; aux habitants des villes royales ou autrichiennes et à ceux de Vienne en particulier, de supprimer les écoles évangéliques, de refuser le droit de bourgeoisie aux non-catholiques, de ne plus fréquenter les temples réformés et de bannir tous leurs prédicants. Il décréta que désormais aucun professeur ne serait admis ou toléré dans l'Université de Vienne sans un certificat d'orthodoxie ; que les protestants, dans les endroits immédiatement dépendants de l'empereur, n'auraient plus le droit de réunion ; que les bénéfices ne seraient donnés qu'aux ecclésiastiques fidèlement soumis à l'Eglise, et que surtout la Réserve ecclésiastique serait sévèrement maintenue. Puis il assujettit les écoles de ses Etats à des règlements nouveaux, et défendit même de conférer des grades sans preuves de catholicité (1).

Jusque-là la loi était pour lui, bien que ces actes, à cause de la tolérance de Ferdinand Ier et de Maximilien II, parussent avoir un caractère rétroactif. Elle était pour lui aussi, lorsqu'il intervenait, en faveur du catholicisme dans les affaires de Cologne, de Strasbourg, d'Aix-la-Chapelle et de Donawerth.

2° Affaire de l'archevêque-électeur de Cologne, qui s'était marié.

A Cologne, en 1582, Gébhard Trutchess, comte de Walbourg et archevêque-électeur de Cologne, avait séduit une jeune Calviniste, Agnès de Mansfeld, appartenant à une des plus nobles familles d'Allemagne. Les deux frères d'Agnès ayant exigé une réparation d'honneur, Gébhard se décida à épouser cette jeune et belle dame ; et ne pouvant le faire sans changer de religion, il se fit, comme tant d'autres, Calviniste, pour satisfaire une coupable passion. Mais il n'entendait pas pour cela perdre son archevêché de Cologne, et il espérait être aussi heureux que l'avaient été, sous les deux règnes précédents, tous ces hauts ecclésiastiques qui avaient impunément, malgré la Réserve, sécula-

(1) Pfister, t. VIII, *Règne de Rodolphe*.

risé leurs évêchés ou leurs abbayes. Il se trompa ; l'empereur appuya et fit triompher Ernest, frère du duc de Bavière, qui avait été élu par les chanoines catholiques de Cologne, et Gébhard, vaincu à Burg, en 1584, se bannit d'abord de l'Allemagne, et alla ensuite, en 1601, mourir obscur à Strasbourg. Ainsi la réserve ecclésiastique avait triomphé à Cologne, et grâce à elle le culte protestant avait été complétement éliminé.

3º Affaire des chanoines protestants de Cologne, venus à Strasbourg.

A Strasbourg, ville impériale, même résultat. Trois chanoines protestants de Cologne, déposés en même temps que Gébhard, s'étaient retirés, en 1582, à Strasbourg, où ils possédaient aussi des prébendes. Mais les chanoines catholiques, alors en majorité, les empêchent de s'en mettre en possession. Vainement des chanoines de Strasbourg, qui, sous Maximilien II, n'en étaient pas moins chanoines, quoique protestants, soutiennent les nouveaux venus ; ils ne peuvent réussir dans leurs prétentions. La mort de l'évêque ne fait qu'ouvrir la source d'une nouvelle dispute. Les protestants, devenus plus nombreux, font passer leur candidat, Jean George de Brandebourg, un Luthérien ; les catholiques élisent de leur côté Charles de Lorraine, déjà cardinal-évêque de Metz. On se bat à outrance ; mais les catholiques et l'empereur tiennent bon : en 1604, le parti protestant est enfin vaincu.

4º **Affaire des réfugiés protestants à Aix-la-Chapelle.**

A Aix-la-Chapelle, en 1581, les réformés ne sont pas plus heureux. Aix-la-Chapelle était catholique, et, en qualité de ville libre et impériale, personne ne pouvait lui imposer sa religion. Mais quelques protestants réfugiés, la plupart Calvinistes, s'étaient glissés dans le conseil municipal et y faisaient la plus vive opposition. Ils allèrent jusqu'à demander le libre exercice de leur culte. On le refusa ; ils prirent la permission : mais alors la guerre éclata ; ils la soutinrent; ils se rendirent maîtres de la ville, repoussèrent les troupes espagnoles, envoyées pour les combattre, et ne s'arrêtèrent même pas devant le ban de l'Empire, décrété contre eux. Mais enfin, secondé par le duc de Juliers et l'électeur de Trèves, l'empereur l'emporta, et avec lui le catholicisme, qui proscrivit ses violents adversaires.

5º **Affaire de l'église de Sainte-Croix à Donawerth.**

A Donawerth, autre ville impériale, en 1606, le parti protestant avait pris tellement le dessus, que les catholiques n'avaient plus à leur disposition qu'une seule église, celle de l'abbaye de Sainte-Croix. Non contents de les avoir réduits à cette pénurie, les protestants, offusqués d'une procession publique, faite par l'abbé de Sainte-Croix, voulurent même les déposséder de cet unique lieu de prière et de réunion ; ils dispersèrent la proces-

sion, frappèrent et insultèrent tout le monde. « Ils
« ne méritaient pas de tolérance, dit Schiller lui-
« même, en faisant allusion à tous les actes des
« protestants en général, parce qu'ils ne l'exer-
« çaient pas envers les autres (1). » Mais, mise au
ban de l'Empire, en 1607, la ville de Donawerth
fut prise par Maximilien de Bavière, qui avait été
chargé de l'exécution de la sentence, et qui infli-
gea aux protestants la peine du talion (2).

V

Ces actes divers, entachés d'illégalités dans la forme, et faisant
trembler pour les libertés germaniques.

Toutes ces répressions de troubles partiels
étaient justes en droit, et la majorité des Luthériens avaient applaudi, en particulier, au succès
de l'empereur à Cologne et à Aix-la-Chapelle,
parce que le mouvement religieux y était dirigé
par des Calvinistes, pour lesquels une diète de
1566 avait, après celle d'Augsbourg, renouvelé un
vif sentiment de répulsion. Mais, dans la forme, il y
avait eu des illégalités et des actes d'arbitraire.
C'était le Conseil aulique, qui, au lieu de la Chambre impériale, où les réformés étaient devenus
nombreux, avait jugé les différends religieux de
villes libres et impériales, et avait porté contre elles
une sentence de ban (3). A Donawerth, Maximi-

(1) Schiller, l. 1, p. 60 à 67 de la *Guerre de Trente-Ans*.
(2) Ces quatre affaires, dans le même auteur, mais sans impartialité.
(3) Pfeffel, t. II, p. 244. et Schiller, l. 1, p. 68.

lien de Bavière ne s'était pas borné à la restauration catholique dont il était chargé ; il avait en outre, en vertu d'anciennes prétentions, réduit cette ville en son pouvoir; il en avait fait une ville municipale de la Bavière, et, pour consolider sa domination, il lui avait ôté ses priviléges de ville impériale, et y avait établi une municipalité composée de ses créatures.

Il était donc bien évident que, à la faveur des dissensions religieuses, on mettait en péril l'existence même des États germaniques, et que l'on concentrait toute l'autorité judiciaire entre les mains des hommes de l'empereur. Le système fédératif, qui protégeait l'indépendance des États particuliers, pouvait, par des altérations successives, s'en aller et se fondre dans le système monarchique, qui était le rêve des empereurs autrichiens.

VI

Henri IV. Retour de la France, dès 1594, à la politique extérieure de François Ier et d'Henri II. Il conseille une ligue générale de toutes les sectes.

C'est ce que vit de bonne heure Henri IV, qui, sur les ruines de la sainte-ligue, avait inauguré en France l'ère de la tolérance. Aussi malgré sa conversion, malgré les ménagements qu'il avait à garder envers le parti catholique, qui le regardait toujours d'un œil défiant, pressa-t-il, dès l'année

1594, les seigneurs allemands et les villes protestantes de se reconstituer en ligue, en association, de faire cesser toute rivalité de secte, d'accepter les Calvinistes aussi bien que les Luthériens, les nouveaux réformés comme les anciens, et de rajeunir par eux le fanatisme, qui pouvait s'être un peu affaibli dans l'Église luthérienne. Ces conseils, qui étaient non d'un catholique fervent, mais d'un homme d'État qui, sous le voile de la réaction catholique, apercevait parfaitement les desseins politiques des empereurs en Allemagne et plus tard hors de ce pays, ne furent pas donnés en vain. Renouvelée en 1594, la ligue protestante fut définitivement constituée et organisée en 1608, à Aschausen; Henri IV y accéda aussitôt (1) et, comme autrefois Henri II, il promit d'arriver bientôt pour achever d'écraser toutes les maisons d'Autriche, et, sur leurs ruines, refaire, d'après un plan de liberté religieuse, d'équilibre et d'amphictyonie européenne, la carte même de l'Europe.

Toute l'ancienne Franconie était dans cette ligue : Jean des Deux-Ponts, la maison d'Anhaldt, le comte Godefroy d'OEttingen, le Brandebourg, le landgrave Maurice de Hesse, les villes impériales de Strasbourg, Ulm, Nuremberg et les villes seigneuriales de Rothenbourg, Windsheim, Schweinfurth, Weissembourg en Franconie et Norlingue, Halle, Heilbronn et Memmingen avec Kempten. Elle était formidable, d'autant plus qu'il n'y en avait pas de

(1) Schiller, l. 1, p. 72.

semblable du côté des catholiques. La Saxe électorale seule, par antipathie contre la Franconie, n'en était pas.

VII

L'archiduc Mathias. Son rôle au milieu des embarras de Rodolphe II.

On voulut essayer d'une démarche officieuse, avant d'employer la voie des armes. Christian d'Anhaldt fut envoyé auprès de l'empereur pour se plaindre, au nom de l'Allemagne, de la manière dont avait été traité Donawerth. « Le mouvement « réformateur et insurrectionnel, dit-il à Rodol« phe II, qui refusait de lui répondre, est un volcan « qui s'étend jusque dans vos Etats héréditaires, et « que ni Stralendorf ni Hanniwald, vos ministres, « ne réussiront à éteindre. Prenez garde au sort de « César... (1) ! » Ces derniers mots, prononcés avec une fermeté hardie et un accent extraordinaire, frappèrent Rodolphe. Il promit de délivrer Donawerth dans quatre mois, et de donner satisfaction aux princes. Ainsi, dès les premières marques d'une opposition un peu considérable, un peu nationale, il capitulait, il se rétractait, il se montrait faible, il ne voulait plus ce qu'il avait voulu. Quel triste champion pour la lutte où on l'avait poussé ! Christian d'Anhaldt le quitta avec la conviction que, en lui faisant peur, on l'obligerait à tout ce qu'on vou-

(1) Schiller, l. 1, p. 73. Pfister, t. VIII, *Règne de Rodolphe*.

drait. Il était bien évident maintenant qu'on l'avait fourvoyé.

Pour surcroît de malheur, les frères-Moraves de Bohême avaient été, toujours très-légalement, exclus de la liberté de religion ; et les Utraquistes qui ne se distinguaient en rien de ces sectaires (1), étaient enveloppés dans la même exclusion, sans qu'on pût en donner une bonne raison, si ce n'est que cela aurait déplu aux catholiques et aux Luthériens, seuls auteurs de la paix d'Augsbourg. Tous réclamaient ce que les Luthériens possédaient, et se montraient disposés à l'exiger, les armes à la main. L'effervescence était grande et générale. D'un autre côté, la Transylvanie et la Hongrie, où l'esprit de réforme était venu fortifier le penchant très-prononcé de ces deux pays à la révolte, et où les Turcs favorisaient l'opinion protestante, s'étaient soulevées sous Boskoï, et tout était en feu. Que faire dans cette situation critique ? Comment défendre ses droits et sa couronne contre les Allemands et les Français ? Comment se soutenir même dans ses États héréditaires ?

Un archiduc, tout à fait dans les idées tolérantes de Ferdinand II et de Maximilien Ier, ayant du talent, de l'audace, surtout de l'ambition, et un peu jaloux de la prédilection que manifestait Rodolphe pour le jeune Ferdinand de Styrie, son neveu, se mit en travers pour protéger la maison d'Autriche contre les rebelles et contre Rodolphe lui-même :

---

(1) Schiller, l. 1.

c'est l'archiduc Mathias, secondé par son chancelier, l'évêque de Vienne, Clézel (1). Déjà, dans les Pays-Bas, révoltés contre l'Espagne, il avait fait opposition aux rois espagnols, ses parents, et les Flamands l'avaient un moment pris pour roi. Las d'une royauté, qui, au milieu des villes républicaines et marchandes de la Flandre, donnait peu de faste et encore moins de pouvoir, il n'avait pas tardé à rentrer en Allemagne. Là, voyant le danger partout, l'orage s'amonceler de tous côtés, la France de nouveau menaçante et même sous les armes, contrairement à l'attente des imprudents promoteurs de la contre-réforme, il fit de la tolérance; il attira à lui ceux qui voulaient la durée de la paix publique, et qui la voyaient dans une conduite opposée à celle de Rodolphe II; puis il réunit ses frères et cousins, leur montra la route périlleuse où était entré l'empereur, leur parla de sa faiblesse d'esprit, et, par cette espèce de conseil de famille, il lui fit retirer le pouvoir (2). Rodolphe résistait : Mathias parut avec une armée de 25,000 hommes, engagea sa parole auprès des Hongrois, auprès des Bohémiens, pour la pleine liberté de conscience, et, de vive force, obtint de Rodolphe la couronne de Hongrie et l'expectative de celle de Bohême.

(1) Pfister, t. VIII. Schiller, l. 1, p. 90, dit : Melchior Kiesel.
(2) Schiller, l. 1, p. 44-49.

1° Les Lettres de Majesté, 1609.

Que devait faire Rodolphe? Devait-il ratifier les promesses d'un frère rebelle, quels que fussent les graves motifs qui palliassent et légitimassent, en quelque sorte, son ambition? Son premier mouvement fut de refuser formellement. Mais les Bohémiens, sous le comte de Thurn, coururent aux armes, et le peuple de la Nouvelle-Prague, de Prague démocratique, s'agita furieux. Alors il céda, le 5 juillet 1609. Il signa les fameuses *Lettres de Majesté*, qui accordaient la liberté de culte aux Frères-Moraves, aux Silésiens, aux Lusaciens, mais avec cette restriction, que les sujets des seigneurs immédiats ne pourraient, sans l'agrément de ceux-ci, élever des églises sur leur territoire. Les villes immédiates ou royales de ces États avaient la même liberté religieuse que des seigneurs immédiats. Les Lettres de Majesté, données par Rodolphe, s'arrêtaient là, et n'avaient pas plus d'extension (1). Quelles que fussent ces restrictions, il n'en était pas moins vrai que les empereurs, vaincus en Allemagne en 1555, l'étaient également dans leurs États héréditaires, en 1609. La résignation à ce nouvel et plus dépitant échec était difficile : aussi dit-on que, lorsqu'il eut signé, il jeta son chapeau à terre et déchira avec les dents la plume qui venait de lui rendre un si humiliant office (2).

(1) Schiller, t. 4, p. 54 et 99.—(2) Pfister, t. V.

2º Affaire de la succession de Clèves et de Juliers, 1609.

Quoi qu'il en soit, la maison d'Autriche était raffermie chez elle. Mais restait la question de la réforme et des libertés germaniques, restait à compter avec l'Allemagne. Là, une nouvelle cause de troubles avait surgi. Les princes protestants de Brandebourg, de Saxe, de Neubourg, se disputaient la succession de Clèves, de Juliers, de Berg, de la Marche, de Ravensberg et de Ravenstein, vacante, en 1609, par l'extinction de la maison catholique de Juliers. Parents seulement par les femmes, ces princes devaient-ils recueillir un fief que plusieurs disaient masculin ? L'empereur, conseillé par Mathias lui-même, ne s'en souciait pas, parce qu'ils étaient protestants, et qu'ils auraient donné trop de force à leur parti. Il évoqua d'abord la cause devant son tribunal, remettant la succession, en attendant, entre les mains de l'archiduc Léopold, archevêque de Strasbourg et de Passau. Mais on se mit à dire qu'il voulait la garder pour lui-même (1). On s'arma, on battit cet archiduc; Henri IV fit marcher des troupes à la frontière, pour soutenir la succession protestante, excepté toutefois les droits de la Saxe, qui approuvait Rodolphe, espérant bien y trouver son profit. Mais le poignard de Ravaillac, en 1610, arrêta l'intrépide roi.

(1) Schiller, l. 4, p. 74 à 77.

3° Meurtre de Henri IV. Nouvelle réaction catholique en Allemagne.

Aussitôt, grande joie à Vienne, et nouvelle confiance. Une Sainte-Ligue, formée à Wurtzbourg, sous les auspices de Maximilien de Bavière, et avec Tilly pour général, redoubla d'ardeur. De plus, on crut le moment propice pour faire quelque chose en Bohême. On engagea Rodolphe à laisser ce royaume à son neveu Ferdinand, qui était bon catholique. Mais Mathias parut de nouveau, il fit capituler l'empereur devant un soulèvement réitéré des Bohémiens, alarmés de ce choix, et, en 1611, il obtint la cession de la couronne de Bohême : dernière humiliation, qui, en 1612, acheva de consumer les jours malheureux d'un prince que son parti avait perdu.

4° Empereur Mathias est moins tolérant, et cause le commencement de la guerre de Trente-Ans. 1618.

Du reste, Mathias tomba dans les mêmes embarras, et eut, en outre, une plus fausse position. Comme Rodolphe, son prédécesseur à l'Empire, il repoussa, pour Juliers, la succession protestante, et, à ce sujet, laissa le feu de la guerre embraser l'ouest de l'Allemagne ; comme Rodolphe, il ne se montra pas très-facile pour les Bohémiens, après leur avoir tant accordé. En 1618, il ordonna à ceux qui, sans l'agrément de leurs seigneurs, avaient bâti un temple protestant sur les terres de l'abbaye de Braunau et de l'évêché de Prague, à Clostergrab, de le démolir. Mais ses antécédents faisaient espérer mieux de sa part. Les Bohémiens se soulevèrent de toutes parts ; de la Bohême l'incendie se propagea bientôt vers l'Allemagne : une lutte nouvelle, une lutte plus générale, la guerre de Trente-Ans, commença. L'excessive tolérance des uns, les rigidités maladroites et intempestives des autres, en étaient la cause et devaient la rendre plus irrémédiable et plus acharnée.

CHAPITRE VII.

Situation respective des puissances européennes, au moment de la guerre de Trente-Ans.

Tous les historiens protestants d'Allemagne ne conviennent pas des torts réciproques des empereurs, qui régnèrent, pendant cette période, après Charles-Quint. La plupart attribuent à l'intolérance rétroactive de Rodolphe II le renouvellement des guerres civiles, qui, sans qu'il y eût pour cela un calme parfait, avaient pourtant cessé depuis plus de vingt ans, quand son obstination dans une légalité, tombée en désuétude, en ramena l'explosion. Mais l'un d'eux, plus impartial que les autres, et plus moderne aussi, reconnaît formellement que « Ferdinand I, et plus particulièrement, « Maximilien II, en cherchant à rapprocher les « deux Églises luthérienne et catholique *sans le* « *pape*, réveillèrent le fanatisme *des deux côtés* (1). »

(1) Pfister, *Hist. d'Allem.*, fin du t. VIII.

I

L'Union évangélique, avec un chef, non pas luthérien, mais calviniste.

Pour comble de malheur, les Luthériens, moins exclusifs qu'autrefois, grâce à l'excellent conseil d'Henri IV, n'avaient repoussé le concours d'aucune secte, dans la ligue d'Aschausen, renouvelée à Halle en 1610; ils avaient donné à cette association un nom, que tout le monde pouvait accepter et qui exprimait la fusion de toutes les Églises dissidentes, celui d'*Union évangélique;* et ils avaient pris pour chef un Calviniste, l'Électeur palatin, Frédéric V, pour rattacher bien solidement à leur cause le fanatisme plus jeune et plus ardent des sectes nouvelles, et faire en même temps de ce prince le symbole de l'esprit de conciliation qui les animait. Pour le moment, à la vérité, le Brandebourg et la Saxe électorale, en vue de la succession de Juliers, et pour divers autres motifs, n'étaient pas pour eux; ils ne pouvaient compter non plus sur le secours de la vaillante épée française, que le meurtre imprévu d'Henri IV avait fait, bien à propos pour le parti catholique, brusquement rentrer dans son fourreau. Mais, à défaut de la France, l'Angleterre, où régnait Jacques Ier, beau-père de Frédéric V, et les Pays-Bas, qui étaient gouvernés par son oncle, le stathouder Maurice de Nassau, pouvaient peut-être venir à leur secours. Aussi, même avant l'insurrection bohémienne de 1618, commença-t-on de se battre dans le duché de Clèves et Juliers, pour empêcher l'agrandissement de la maison d'Autriche, qui paraissait avoir le dessein de se substituer aux héritiers divers de ce fief considérable.

II

Traité de Santen 1614, terminant l'affaire de Juliers.

Il y eut à ce sujet quatre ans de discussions ou de guerre, après lesquels le traité de Santen, conclu en 1614, adjugea Clèves, la Marck et Ravensberg à Jean-Sigismond, électeur de Brandebourg, et le reste au comte palatin de Neubourg, qui, pour pouvoir épouser une fille de Maximilien de Bavière, du chef de la Sainte-Ligue allemande, avait consenti à abjurer le protestantisme, et avait fait à un légitime amour le sacrifice de sa foi.

III

Défénestration de Prague, 1618.

L'affaire de Clostergrab et de Braunau, en Bohême, fut plus terrible et eut de tout autres conséquences que cette guerre, constamment partielle et locale. Pour s'assurer la liberté religieuse sans restriction, qu'on leur refusait, les Utraquistes, les Frères-Moraves et autres voulurent affranchir la Bohême de la domination autrichienne. Toutes ces sectes devinrent un grand parti, et la politique prêta main-forte à la religion. « La couronne de « Bohême, s'écria-t-on, est élective de droit; c'est « la force des armes étrangères qui l'a rendue « héréditaire, et non un libre consentement « national. » Et tout le monde de prendre les armes au nom du principe électif, aboli par l'ambitieuse et oppressive maison d'Autriche. Mathias leur avait donné pour roi, de son vivant, l'archiduc Ferdinand de Styrie. Mais les Bohémiens le trouvent trop catholique, ils n'en veulent point. Mathias avait aussi investi le même prince de la couronne de Hongrie, les Hongrois n'en veulent pas davantage : ils déchirent le traité de Presbourg, qui, sous Charles-Quint, après la défaite de leur chef national, le brave Martinuzzi, en 1549, les avait enchaînés au frère de ce prince, et par lui à la maison d'Autriche. A leur tour, ils réclament la même libre disposition de leur couronne. Les protestants, dans l'intérêt de la liberté religieuse, les poussent à la révolte ; les Turcs, rivaux de l'Autriche, en font autant et promettent même du secours; enfin Bethlem Gabor, prince de Transylvanie, ambitieusement généreux, offre de se mettre à leur tête, et les engage de se joindre aux Bohémiens. Tout alors est en feu. Les jésuites, auxquels on impute tout (1), sont chassés ; les membres du conseil de gouvernement de Bohême sont saisis par le comte de Thurn, chef des insurgés, et précipités

---

(1) Schiller, l. 1, p. 104.

par les fenêtres du palais de Prague, pour avoir reçu la réponse de Mathias à leur demande de libre exercice du culte, au lieu de déclarer leur incompétence à cet égard, et de renvoyer la lettre impériale aux États assemblés (1).

Mathias étant venu à mourir en 1619, après cette *défénestration de Prague*, dont sa demi-tolérance était la première cause, l'avénement de Ferdinand II au trône impérial ne fait qu'envenimer la querelle, parce que ce prince n'étant gêné par aucune avance à l'égard des réformés, pouvait leur faire opposition sans se contredire, sans se démentir. « Allons jusqu'à Jérusalem, disent aussitôt et unanimement les révoltés, dans leur mysticisme symbolique, allons attaquer l'ennemi de la liberté (2). » Et les voilà qui courent, sous le comte de Thurn, assiéger Vienne elle-même, tandis que un autre chef calviniste, un parent de cette Agnès dont nous avons parlé dans l'affaire de Cologne, l'intrépide Ernest de Mansfeld, reste en Bohême pour défendre Prague contre les Autrichiens.

C'est en vain qu'ils sont vaincus à la Montagne-Blanche, en Bohême, par les généraux autrichiens Bucquoy et Dampierre ; c'est en vain que Ferdinand II, sans troupes, sans vivres, sans munitions, leur tient tête à Vienne, malgré seize barons autrichiens, qui envahissent sa chambre, et, lui présentant un édit d'union aux Bohémiens, lui disent avec

---

(1) Schiller, l. 4, p. 100.
(2) Pfister, t. VIII.

menace : « Signeras-tu (1) ? » C'est en vain que ce même empereur, par l'heureuse arrivée des deux généraux vainqueurs, leur fait lever le siége, au moment où ils entonnaient un chant de triomphe, 1620 ; ils ne rentrent pas pour cela dans le devoir. Le 17 août, en pleine diète de Bohême, de Lusace, de Moravie et de Silésie, ils déclarent Ferdinand II déchu du trône ; et, pour intéresser à leur cause l'Allemagne protestante tout entière, ils élisent roi de Bohême, l'Électeur palatin Frédéric V, le chef même de l'Union Évangélique de Halle. De leur côté, les Hongrois, suivant cet exemple hardi, se donnent pour roi leur protecteur, l'instigateur ambitieux de leur révolte, Bethlem Gabor. Partout le mouvement religieux amène une révolution politique. Mais toutes les chances de succès étaient du côté de l'empereur. D'abord, en Allemagne, outre l'armée permanente qu'avait autrefois établie Maximilien Ier, il est secouru par celle de la ligue de Ratisbonne, qui se prononce pour lui, aussitôt qu'elle voit la ligue opposée donner la main aux révoltés de Bohême. Puis, au dehors, les circonstances n'étaient pas les mêmes en Europe, que du temps de Rodolphe II. Les puissances sur lesquelles les rebelles pouvaient compter n'avaient plus, les unes la possibilité, les autres la volonté de les secourir.

(1) Pfister, t. VIII.

IV

Situation de l'Europe en 1618. 1º Angleterre : Jacques 1er, mauvais protestant, et procès de Walter Raleigh.

Pour parler d'abord des puissances protestantes, l'Angleterre aurait bien pris parti pour eux, si le parlement, surtout la chambre des communes, eût été le seul maître. Mais le roi, qui était alors Jacques 1er, le fils de la catholique et infortunée Marie Stuart, tenait secrètement, sans toutefois le donner jamais trop à connaître, à la religion qui avait été une des causes de la mort tragique de sa mère; et son principal ministre Georges de Villiers, créé duc de Buckingham, n'était pas non plus un protestant fort zélé. Ni l'un ni l'autre ne se souciaient nullement de secourir les réformés d'Allemagne, et de maintenir l'Angleterre à la tête du monde protestant (1). Ils publiaient que les Calvinistes de Frédéric V étaient semblables en tout aux presbytériens non reconnus par l'État, et qu'en les appuyant, il y aurait contradiction entre la politique extérieure du gouvernement et ses actes intérieurs envers une secte que l'Anglicanisme, religion essentiellement aristocratique et monarchique, ne voulait à aucun prix tolérer. Et puis une grave affaire, dont les historiens de la guerre de Trente-

---

(1) Schiller, t. I, l. 1, p. 123. Il ne parle pas du procès de Walter Raleigh, dans son tableau de la situation générale de l'Europe, au commencement du l. 2.

Ans ne tiennent pas compte, occupait le ministère anglais.

Un grand navigateur, Walter Raleigh, avait commencé sa fortune en Angleterre, en jetant son manteau sous les pieds de la reine Elisabeth, au moment où elle allait traverser un endroit fangeux. Chargé du commandement de quelques vaisseaux, il était parti pour l'Amérique du Nord, et, le premier, avait non pas colonisé, mais occupé un territoire, qu'il avait appelé la Virginie, du nom de son illustre et gracieuse souveraine. De retour en Angleterre, et devenu un personnage très-important et très-estimé à la cour, il avait pris part au procès du comte d'Essex, amant de la reine, et, rival peut-être de ce seigneur, il avait été pour beaucoup dans la sentence de mort dont il avait été frappé. Mais Elisabeth n'avait pas tardé à gémir du vide que la perte de son favori faisait autour d'elle, et voulant punir Raleigh de tout ce que souffrait son amour, elle l'avait fait enfermer dans une étroite prison. Heureusement pour lui, elle n'avait pas tardé à mourir, de regret, dit-on, et de douleur, et, à l'avénement de Jacques Ier, Raleigh, délivré de sa prison et rentré même en faveur, avait été renvoyé en Amérique. Là, n'écoutant que l'envie démesurée d'être utile à sa patrie, il avait, en pleine paix, et sans déclaration préalable de guerre, attaqué une colonie espagnole, Saint-Thomas-de-la-Guyane. Il paraît aussi qu'il avait refusé d'indiquer des mines d'or qu'il disait avoir découvertes. Son équipage irrité l'avait aussitôt ramené en Angleterre, et c'est en 1618, à l'époque des troubles de Prague, que s'instruisit son procès. Il fut condamné à la peine capitale, bien qu'il n'eût péché que par excès de dévouement pour son pays : c'était une victime qu'on accordait à la vengeance de l'Espagne (1). « Ce couteau est aigu, dit-il, en posant sa tête sur « le billot fatal ; mais c'est un remède pour tous « les maux. » On ne se contenta pas d'immoler à la haine des étrangers ce grand citoyen; on mendia une alliance matrimoniale avec eux, et l'on vit Buckingham s'en aller avec le jeune prince de Galles, celui qui fut Charles Ier, à Madrid même, pour lui faire briguer, à la façon des troubadours, le soir, la mandoline au cou, la main d'une infante d'Autriche.

Ce voyage se faisait en 1619, au moment où les Bohémiens se battaient à outrance contre Ferdinand II. Evidemment le gouvernement anglais, dans cette situation, ne pouvait se déclarer, en Allemagne, contre une maison qu'il redoutait et caressait en Espagne. Qu'était d'ailleurs Jacques Ier pour adhérer à une guerre quelconque ? Un vrai théologien scolastique du moyen âge, controversant à propos de tout, ergotant sur tout, mieux fait, comme on disait, pour diriger une université qu'un État, en un mot, selon l'expression spirituelle et plaisante de son contemporain Henri IV, *Capitaine ès-arts et Clerc aux armes*. Aussi, malgré les instances de son parlement, se contenta-t-il de

---

(1) Robertson, *Hist. d'Amér.*, l. 9, p. 161 à 164.

SITUATION DES PUISSANCES EUROPÉENNES. 163

négocier en faveur de son gendre Frédéric V, au lieu de combattre pour lui.

2° Pays-Bas : rivalité politique et religieuse des Arminiens et des Gomaristes.

Frédéric V avait-il plus d'espoir du côté des Pays-Bas, des sept Provinces-Unies? Là, la réalisation de ses espérances tenait à l'issue que pourrait avoir une grande lutte religieuse, dont les Pays-Bas étaient le théâtre, et sous laquelle se cachait une querelle politique. De la France, le Calvinisme s'était introduit dans les Pays-Bas, et là, comme ailleurs, avait déterminé une guerre civile, qui avait abouti à une séparation complète entre les Pays-Bas et l'Espagne, et à l'établissement d'une république fédérative. Mais, pas plus que dans d'autres pays, les réformés des Provinces-Unies n'avaient pu emprisonner la liberté d'examen, capricieuse et indépendante de sa nature, dans une seule et même opinion. Les *Arminiens*, ou partisans d'un théologien de Leyde, Arminius, né en 1560, appelés aussi *remontrants*, avaient refusé d'admettre un symbole de foi, malgré les instances de Calvin, hérésiarque très-centralisateur, disant que c'était contraire au principe même de la réforme, qui voulait que chacun fût juge du sens de l'Écriture et pût avoir sa religion (1).

---

(1) Schiller et le P. Bougeant, en traitant la même question, omettent cette rivalité religieuse.

Les plus illustres citoyens de la Hollande, le savant Grotius, pensionnaire ou premier conseiller de Rotterdam, Hogerbeets, pensionnaire de Leyde, et enfin Barneveld, grand-pensionnaire de Hollande et président des États-Généraux des Provinces-Unies, étaient dans ces idées et faisaient partie des Arminiens. La majorité des États-Généraux partageait, à cet égard, leur manière de voir; mais les *Gomaristes*, ou disciples d'un autre théologien de Leyde, nommé Gomar, contemporain d'Arminius, s'étaient faits les champions de la doctrine pure de Calvin; et les ministres, les prédicateurs, ainsi que le peuple, opposés à la haute bourgeoisie des États-Généraux, l'avaient aussi embrassée. On se disputa longtemps. Las de querelles infructueuses, les Gomaristes provoquèrent, en 1618, la convocation d'un synode général des Calvinistes de tous les pays, pour se prononcer entre les deux partis. Il se réunit à Dordrecht; il se prononça en faveur de l'opinion gomariste, et, pour preuve de son adhésion, publia un symbole, ou formule de foi, qui avait pour but de réunir et de fondre en une seule toutes les Églises réformées. Les Arminiens refusèrent de l'admettre. Leur opposition, toutefois, n'aurait eu pour eux aucun fâcheux résultat, si le stathouder de Hollande, qui, en qualité de capitaine-général, avait sous ses ordres la force armée, n'eût pris parti contre eux. Il les détestait, les regardant comme les partisans des États-Généraux et du régime fédératif, et non du pouvoir absolu et monarchique, auquel il aspirait. Il se prononça donc pour les Gomaristes, pour la masse du peuple, avec laquelle il espérait arriver à ses fins. Sous prétexte de conspiration, il fit un coup d'État des plus hardis. Le grand-pensionnaire Barneveld fut arrêté, et avec lui Grotius et Hogerbeets. Ces deux derniers furent dépouillés de leurs biens et condamnés à une prison perpétuelle. Quant à Barneveld, malgré ses cheveux blancs, ses services, la noblesse de son caractère, il porta sa tête sur l'échafaud, qu'arrosa bientôt après le sang de son fils (1).

Ces scènes avaient lieu aussi en 1619, en pleine guerre de Bohême. D'après cela, était-il plus possible aux Hollandais qu'au gouvernement anglais d'aller au secours de Frédéric V? Encore, si, avec ces coups d'État, avec ces cruautés arbitraires, Maurice d'Orange était parvenu à renverser la république dans les Pays-Bas : mais elle survécut à ses attaques; l'autorité du stathouder continua d'être limitée; et par conséquent Maurice, de 1619 à 1625, année de sa mort, ne put rien faire pour son royal neveu, pour le chef couronné de la révolte des Bohémiens.

(1) Pluquet, *Dictionn. des Hérésies*, art. ARMINIUS, p. 335, t. I; art. GOMARISTES, t. II, p. 78, et art. HOLLANDE, t. II, paragraphe : Des sectes qui se formèrent en Hollande depuis que le Calvinisme fut la religion nationale, p. 137 à 142.

3° Danemark et Suède, toujours en guerre.

Il ne fallait pas compter encore sur les Luthériens du Danemark, où le roi Christian IV, grand prince, grand protecteur des lettres et des arts, sortait à peine d'une guerre avec la Suède, terminée en 1613; ni sur les Luthériens de la Suède, où Gustave-Adolphe, malgré l'infatigable intrépidité qui le caractérisait, outre la guerre de Danemark, finie en 1613, venait d'en terminer une autre avec la Russie, en 1617, et en poursuivait une troisième avec la Pologne (1).

4° France. Influence de la maison d'Autriche, après la mort de Henri IV. Anne d'Autriche. Albert de Luynes rend la victoire des protestants allemands impossible.

Parmi les puissances catholiques, voyons ce qu'on pouvait espérer de la France, qui était la plus forte. Dans l'intérêt du développement de sa grandeur, et en vue de l'équilibre européen, elle avait souvent appuyé les adversaires protestants de l'Autriche. Mais, depuis le funeste coup de poignard de 1610, elle n'était pas disposée à suivre la même politique, ou du moins elle n'en avait guère la possibilité. La réaction ultra-catholique, le vieux parti de la Ligue, le parti espagnol, qui venait de s'immoler un roi aussi sage que grand, était au pouvoir. Un duc de Guise était devenu lieutenant général du royaume; une

---

(1) Schiller, l. 2, p. 158 à 164.

princesse autrichienne, une infante d'Espagne, Anne d'Autriche, de cette même maison que Henri IV brûlait d'attaquer, était devenue l'épouse du successeur, du fils même de ce roi, de Louis XIII, et plaidait pour la cour de Vienne; enfin, après le ministère avide de l'Italien Concini, le duc de Luynes préparait la guerre contre les protestants de France, l'année même 1618, l'année de la défénestration de Prague. Il ne fallait donc pas compter sur le secours de la France; que dis-je? il fallait compter plutôt sur son opposition. C'est elle en effet, c'est le duc de Luynes qui, en 1620, envoya en Allemagne une ambassade française : en Hongrie, cette ambassade fit conclure une trêve entre Bethlem Gabor et l'empereur Ferdinand; et à Ulm, ville impériale, elle persuada aux confédérés de l'Union-évangélique d'abandonner l'Électeur palatin Frédéric V, de ne pas se compromettre euxmêmes en se mêlant des mouvements de la Bohême, c'est-à-dire d'un État autrichien, dont les affaires ne regardaient que l'empereur. En sorte que, par cette double négociation, qui réduisait les Bohémiens à leurs seules forces, la France rendait la victoire de Frédéric V impossible (1).

5° Italie. Venise et ducs de Savoie, seuls pour les protestants. Pourquoi?

En Italie, les Farnèse de Parme et Plaisance, les Gonzague de Mantoue, la maison d'Este à Ferrare,

(1) Ce détail, dans le P. Bougeant, t. I. Schiller n'en parle pas.

à Modène et à Reggio, la famille de la Rovère à Urbin, les Médicis dans le grand duché de Toscane, la république de Gênes elle-même, qui avait assez affaire avec la maison de Savoie, fort désireuse d'avoir cette cité maritime, encore riche et brillante, ne songeaient guère aux événements d'Allemagne. On n'y parlait toujours, dans ces divers États, que de poésie et d'arts : à Florence, surtout, on ne songeait alors qu'à l'opéra, qui venait d'être créé, sous le règne du grand duc Ferdinand de Médicis, par les musiciens Jacques Péri et Jules Caccini, vers 1600 ; on s'y extasiait devant les chants sacrés, spécialement la *messe du pape Marcel*, de Palœstrina, surnommé le prince de la musique. Il ne fallait donc pas parler à ces États, où brillaient tout l'éclat et toutes les merveilles du génie italien, des dangers redoutés de la guerre, surtout d'une guerre en Germanie (1).

Il n'y avait que la Savoie et la république de Venise qui s'intéressassent à ce qui se passait au delà des monts. La Savoie, déjà riche du Piémont, de la Tarentaise au xie siècle, de Faucigny en 1220, du comté d'Asti en 1313, du comté de Nice, avec Tende et Beuil, en 1388, convoitait le duché de Montferrât. Elle ne tarda pas, en effet, pour l'obtenir, à se prononcer contre la maison d'Autriche ; mais elle le fit plus tard, lorsque la France fut revenue aux plans du chef de la dynastie des Bourbons. Quant à Venise, elle était alors en guerre

---

(1) Sismondi, *Hist. des républ. ital.*, t. VIII.

avec Ferdinand II, qui protégeait contre elle des pirates de l'Adriatique, appelés les Uscoques. Dans ce cas, c'était pour elle une bonne politique que de s'allier avec le parti de l'opposition, en Bohême, en Hongrie : elle envoya donc des munitions et de l'argent au comte de Thurn, à Ernest de Mansfeld, à Bethlem Gabor (1); et la conspiration du marquis de Bedmar, ambassadeur espagnol près le doge, contre cette république, en 1618, conspiration décrite si dramatiquement, mais parfois aussi d'une manière si peu véridique, par l'abbé de Saint-Réal, ne l'empêcha pas de persister dans cette politique protestante, dont, la première en Italie, elle prenait l'ostensible initiative (2).

V

Ruine du parti de Frédéric V, roi de Bohême.

Mais comment, avec les seuls secours pécuniaires des Vénitiens, l'insurrection bohémienne, circonscrite à la Bohême, pouvait-elle tenir tête aux Espagnols, chez lesquels Philippe III et son ministre le duc de Lerme avaient ranimé l'ardeur religieuse, en achevant, en 1609, même aux dépens de l'agriculture et de l'industrie de l'Espagne, l'expulsion des Maures, que poussaient à la révolte les agents secrets des Pays-Bas insurgés, et ceux de Henri IV, prêt à passer la frontière? Comment

---

(1) Daru, *Hist. de Venise*, 1. 31.
(2) Conspiration contre Venise, par Saint-Réal, p. 17.

pouvait-elle résister aux forces autrichiennes, à celles de la ligue catholique, et à la diplomatie française, qui, en ce moment, agissait contre elle? Ce n'était guère possible. Aussi Frédéric V, après le désastre de la Montagne-Blanche, s'enfuit-il précipitamment en Hollande, laissant les siens à la merci d'un ennemi vainqueur. Tout rentra dans l'ordre en Bohême, en Lusace, en Moravie, en Silésie. Dans les premiers jours de l'année 1622, Bethlem Gabor conclut aussi, à Niclasbourg, malgré les protestants, la paix avec Ferdinand II, qui lui fit une belle position en Transylvanie; et la Hongrie délaissée se soumit. Aucun des partisans de Frédéric V en Allemagne, ni Ernest de Mansfeld, ni Christian de Brunswick, malgré leur brillant courage, ne put rétablir la fortune de ce prince. Tilly, général de Maximilien de Bavière, conquit tout son Palatinat, Manheim, Francfort, que des troupes anglaises, *sur un ordre de Jacques Ier*, remirent aux Espagnols, et Heidelberg, dont les bibliothèques, alors les plus belles de l'Europe, furent en partie la proie des flammes; enfin lui-même, par un décret de la diète de Ratisbonne, 1623, convoquée sous la pression des circonstances du moment, et où la majorité, comme il était aisé de le prévoir, était catholique, fut mis au ban de l'Empire. Arrêtons-nous ici, et présentons, en les appréciant, tous les actes impériaux qui marquèrent cette première période de la

---

(1) Schiller, t. I, l. 2.

guerre de Trente-Ans, appelée communément période bohémienne ou bien encore palatine.

VI

Actes inconstitutionnels ou violents de Ferdinand II, après cette première période de la guerre de Trente-Ans; 1° Suppression de l'Electorat du Palatinat : 2° Partage du Palatinat. Politique de l'empereur dans ce partage.

Comme l'avait fait Charles-Quint à l'égard de Frédéric de Saxe, Ferdinand II dépouilla Frédéric V de la dignité électorale, et il la transféra à la branche cadette de Wittelsbach, représentée par le duc Maximilien de Bavière. Au moins Maximilien de Bavière ne l'acquérait-il pas, comme l'avait fait Maurice, chef de la branche cadette de Saxe, au prix d'une trahison et envers l'empereur et envers son parti. Par conséquent, la dignité électorale cessait d'être attachée au territoire du Palatinat, ce qui était contraire à la Bulle-d'Or. Voilà pourquoi, lors même que la diète qui autorisa cette innovation se fût trouvée assez impartialement composée, elle aurait eu pourtant des contradicteurs, qui auraient prétendu que, sans le consentement préalable de la majorité au moins des électeurs assemblés, elle ne pouvait faire un tel changement à la constitution de l'Empire.

Non-seulement le Palatinat fut dépouillé de son privilége, mais il fut démembré : le Haut-Palatinat fut donné à Maximilien de Bavière, le Bas-Palatinat au comte palatin de Neubourg, dont nous avons déjà parlé, et qui était son gendre.

Et remarquons ici la politique de Ferdinand II, en tout conforme à celle de Charles-Quint, son modèle, et basée sur cette maxime : *Diviser pour régner*. Par cette disposition en faveur de Maximilien de Bavière, les deux branches de la maison de Bavière ou de Wittelsbach étaient brouillées à tout jamais; et, l'une pour conserver, l'autre pour tâcher de recouvrer, elles devaient être portées à ne rien entreprendre contre la maison d'Autriche. N'était-ce pas là en grande partie le résultat qu'avait obtenu Charles-Quint, en dépossédant et en dégradant la branche aînée de Saxe, ou branche Ernestine, en faveur de Maurice, ou de la branche cadette, dite branche Albertine? Sous Ferdinand II, l'électeur de Saxe, Jean-George, par intérêt et par peur, était en effet enchaîné, quoique protestant, à la fortune de l'Autriche. Au surplus, ce n'était pas seulement envers la Saxe et la maison de Bavière, que l'on suivait cette politique à la Louis XI : Ferdinand II, dans une question de succession qui divisait la maison de Bade, avait adjugé le haut-margraviat de Bade à la branche aînée, de préférence à la cadette; de même, pour la maison de Hesse, il avait adjugé le comté de Marbourg au landgrave de Hesse-Darmstadt, ce qui l'avait attaché aux empereurs autrichiens, qui n'avaient alors contre eux que le chef de l'autre branche, Guillaume de Hesse-Cassel.

Une autre conséquence de cette translation de

l'Électorat palatin, c'est que dans le collége des électeurs il n'y en eut plus que deux protestants, celui de Saxe et celui de Brandebourg ; et comme ils n'osaient remuer, le collége électoral ne pouvait plus être d'aucun secours pour l'Allemagne protestante.

3° Lettres de Majesté révoquées.

L'unité catholique fut rétablie en Bohême, comme dans tous les États autrichiens. Les Lettres de Majesté furent abolies ; Ferdinand II les déchira de ses propres mains ; « mais il respecta les libertés « des Bohémiens, nous dit Schiller, entre autres le « droit de s'imposer eux-mêmes des taxes (1). » C'était le système de Rodolphe II. Appliqué par un homme plus fort, il pouvait durer plus longtemps ; mais ici-bas tout est fini et contingent : la force qui s'appuie sur la modération et la justice est seule éternelle.

4° Article des sécularisations. Vu la date ancienne de beaucoup, une indemnité eût été préférable à des restitutions violentes.

En Allemagne, en dehors de ses États immédiats, il n'abolit pas la liberté du culte réformé. Il ne s'attaqua qu'aux sécularisations, faites depuis la paix d'Augsbourg de 1555, c'est-à-dire depuis plus de soixante ans. Vainement, les détenteurs des biens ecclésiastiques sécularisés alléguèrent-ils

(1) Schiller, *Guerre de Trente-Ans*, t. I, l. 2.

en leur faveur la prescription; il n'eut égard à rien. Il avait des troupes espagnoles, des troupes victorieuses; il les employa à opérer par force la restitution de ces biens, à couvrir l'Allemagne de ravages et de ruines, à amonceler des orages de haine et de vengeance, qui devaient rendre la guerre interminable. C'était dur, à la vérité, de voir le diocèse de Minden, par exemple, appartenir aux fils de l'évêque apostat de cette ville, lequel s'était marié et avait très-injustement sécularisé cet évêché. Mais les révolutions offrent souvent des choses irremédiables, des faits irrémissiblement accomplis; il n'y a d'autre parti à prendre que de les accepter, tout en cherchant à concilier leur existence avec le droit, à les soumettre à certaines obligations, capables de les légitimer pour l'avenir. C'est là ce qu'il fallait faire pour l'article des sécularisations. Une indemnité suffisante, régulièrement imposée aux détenteurs de biens anciennement ecclésiastiques, eût été plus sage, plus politique et moins irritante qu'une restitution : l'Église aurait ainsi repris d'une main ce qu'elle aurait été forcée d'abandonner de l'autre. Ferdinand II ne le fit pas; il aima mieux s'armer d'une impitoyable légalité, et servir de justes, mais aveugles ressentiments, que d'agir en homme d'État conciliateur, en législateur ferme tout à la fois et pacifique, qui n'use de la victoire que pour rapprocher les personnes et calmer les passions. Accompagné des PP. Burlidius et Lamormaini, il crut se faire pardonner une rétroactivité, qui atteignait à plus d'un demi-siècle de date, en élevant partout, sur les domaines repris, des écoles ou des missions de jésuites : mais cela ne suffisait pas ; et cette légalité, avec laquelle il ruinait ou exterminait tant de monde, pouvait un jour retomber sur lui de tout son poids ; car, en le voyant promener, dans le Palatinat et ailleurs, la victoire et la violence, les cours étrangères et leurs agents diplomatiques en Allemagne concevaient des craintes sérieuses dans un autre ordre de faits. Elles pressentaient déjà, et non sans raison, que la restauration catholique, qui, grâce à l'abstention de la France, allait d'un si grand pas dans l'Empire germanique, ne serait, comme toujours, que le prélude d'une victoire monarchique sur les libertés féodales ou municipales de la Teutschland, et que Charles-Quint, qui revivait avec sa politique, son plan, son génie, son obstination, dans la personne de Ferdinand II, pourrait bien revivre cette fois pour ne jamais abdiquer (1).

(1) Pour ces actes de Ferdinand II, *voir* le P. Bougeant, t. I, l. 2 ; Schiller, t. I, l. 2.

CHAPITRE VIII.

Intervention des puissances protestantes du Nord dans la guerre de Trente-Ans ; conséquences religieuses et politiques qu'elle amène.

L'idée catholique servait le pouvoir impérial qui en était le soutien. Voilà pourquoi, nous dit le P. Bougeant, quand on apprit en Europe que Frédéric V et son parti étaient écrasés, et que les chefs protestants allaient s'humilier devant leurs vainqueurs pour que leurs États ne fussent pas la proie des Espagnols ou des soldats de la ligue, l'alarme fut générale; et des libelles, venant augmenter les craintes, publièrent partout que la maison d'Autriche ne se bornerait même pas à l'acquisition de tant de pouvoir en Allemagne, mais qu'elle voudrait encore se rendre maîtresse de toute l'Europe (1), ce qui signifiait des deux empires qui avaient autrefois formé l'empire romain. De leur côté, comme on le pense bien, les agents particuliers des princes vaincus ne faisaient rien pour atténuer ces alarmes, et en France, en Angleterre, en Danemark, en Hollande, en Savoie, à Venise, ils pressaient active-

(1) P. Bougeant, t. I.

ment, au nom de l'équilibre européen, lié au maintien des libertés germaniques, la formation d'une coalition. Partout on se montrait disposé à les seconder; seulement le concours de la France semblait indispensable pour pouvoir opposer à l'Espagne, qui fournissait à la cour de Vienne ses meilleurs et ses plus nombreux soldats, un pays, non moins fécond en intrépides guerriers. Mais on n'était qu'en 1622, et la France n'était pas encore gouvernée par Richelieu. L'Angleterre ne pouvait la remplacer dans une guerre en Germanie, c'est-à-dire, dans une guerre exclusivement continentale. D'ailleurs comment s'engager dans des complications extérieures, infailliblement très-longues, lorsqu'elle avait à craindre, chez elle, une lutte analogue à la guerre de Trente-Ans; lorsqu'elle avait à compter avec les puritains, avec toutes les sectes que repoussait l'anglicanisme; lorsque grondait au loin l'orage terrible, qui devait précipiter Charles Ier du trône sur un échafaud, et, pour la première fois, offrir, en Europe, le frappant spectacle d'un roi condamné à mort et exécuté par ses propres sujets !

1

Période danoise de la guerre de Trente-Ans. 1624-1629.

Les agents des princes allemands ne réussirent, dans leur pressante mission, qu'auprès de Christian IV, roi de Danemark. Duc de Holstein en même temps que roi des Danois, ce prince avait un intérêt personnel à protéger contre l'envahissement du pouvoir impérial les libertés germaniques, sans lesquelles son duché pouvait être, comme les autres petits États, englouti dans l'abîme commun ; d'un autre côté, rival du roi de Suède, Gustave-Adolphe, les lauriers, que ce jeune héros moissonnait dans la guerre pour la succession de Pologne, l'empêchaient, disait-on, de dormir. Enfin il aurait tenu beaucoup à séculariser et à avoir l'archevêché de Brême. C'est pour cela qu'il fit des conditions pas trop onéreuses aux Etats allemands, particulièrement au cercle de Basse-Saxe, dont il était le directeur, et dans lequel le Holstein se trouvait compris. Mais quel faible adversaire pour de si forts ennemis (1)! Il partit en 1624, et commença la période danoise de la guerre de Trente-Ans. Comme on devait s'y attendre, d'un bout à l'autre il n'eut presque jamais que des revers. Tilly, général de la ligue de Ratisbonne, le battit complétement à Lutter en 1626, et d'autres généraux envahirent ses États héréditaires. Aussi, en 1629, par la paix de Lubeck, se retira-t-il de l'arène, fort content de conserver, au prix de l'abandon de ses alliés, son royaume de Danemarck et son duché de Holstein. Son intervention et sa défaite n'avaient abouti qu'à avancer davantage encore le triomphe du principe catholique sur le principe protestant, sûr acheminement vers un triomphe d'une autre nature, non moins

---

(1) Mallet-Dupan, *Hist. du Danem.*, t. III, et Schiller, l. 2, p. 183.

désiré des empereurs autrichiens. Voyons, en effet, ce que l'empereur Ferdinand II avait déjà fait à cette occasion.

II

A cette occasion, organisation d'une armée impériale par Waldstein, à côté de l'armée de la Sainte-Ligue. Importance politique de ce fait.

Sous prétexte de renforcer l'armée de la Ligue contre cet auxiliaire zélé du protestantisme allemand, il se fit organiser, avec tous les mercenaires, croates, illyriens, dalmates, italiens, irlandais, écossais, espagnols, qui s'étaient donné rendez-vous en Allemagne, avides d'argent, de sang et de butin, une armée à lui. Il se servit pour cela, d'un seigneur bohémien, qui excellait à former ces sortes d'armées mercenaires, qui avait une valeur éprouvée, des talents militaires éminents, un zèle de nouveau converti pour le catholicisme (1); et qui enfin, malgré la puissance absolue qu'on lui donnait à la tête de son armée (2), devait être d'autant plus dévoué à l'empereur qu'il en attendait les satisfactions d'une immense ambition. Ce guerrier, déjà fameux, se nommait Waldstein. C'est lui qui, depuis 1625, année de la formation de son armée, avait envahi les États de Christian IV ; c'est lui qui avait poursuivi et battu partout les partisans obstinés de Frédéric V, Christian de Brunswick, Christian-Guillaume de Brandebourg, et même le

(1) Pfister, t. VIII. — (2) Schiller, l. 2, p. 187.

brave Ernest de Mansfeld qui, se rendant de la Hongrie à Venise pour rentrer de là, avec de l'argent, au sein de l'Allemagne, fut surpris par la mort en 1626, sur la côte de Dalmatie. Pressé par deux armées qui marchaient de concert, le protestantisme était écrasé de tous côtés entre ces deux forces puissantes. Voilà la première mesure à laquelle donna lieu l'intervention du roi de Danemark : mesure décisive, véritable coup de grâce pour la réforme, et qui, de plus, pouvait se tourner aussi contre les libertés germaniques. A Rome, quand Marius, Sylla, Pompée, César, purent avoir une armée à eux, on put dire : La république sénatoriale est vaincue, l'empire est fait. En France, au xv⁰ siècle, quand Charles VII eut une armée permanente à lui, entretenue par un impôt national, *la taille perpétuelle*, on put dire aussi : La féodalité est vaincue, la monarchie absolue est faite. En Allemagne, surtout avec l'ébranlement, la démoralisation, le désordre, qu'avaient portés dans les États de l'Empire les attaques du catholicisme armé, des troupes impériales et permanentes pouvaient amener le même résultat, pouvaient consommer, avec et par la restauration catholique, la victoire du pouvoir central sur les antiques libertés de la Germanie !

III

Le protestantisme perd d'autres positions politiques.

Mais ce n'est pas la seule mesure à laquelle donna lieu l'intervention du Danemark dans la guerre de Trente-Ans. Comme dans la période palatine le protestantisme perdit plusieurs de ses positions politiques au profit du catholicisme, qui alla ainsi, absorbant peu à peu, sous le rapport politique et territorial comme sous le rapport religieux, toute l'Allemagne protestante. Les ducs de Mecklembourg, Adolphe Frédéric et Jean Albert, du cercle de Basse-Saxe, avaient pris parti pour le roi de Danemark, au commencement de la guerre. Malgré leur soumission, assez prompte sans doute, mais qui ne pouvait pas effacer la tache de leur révolte, ils furent dépouillés de leurs États, qui étaient les duchés de Sagau et de Mecklembourg, ainsi que de leurs titres; et c'est à Waldstein, déjà créé duc de Friedland, que Ferdinand II les transféra; il le fit ainsi prince d'Empire, et il lui accorda, selon l'ancien privilége des souverains de ces duchés, la permission de se couvrir du chapeau ducal à la table impériale (1).

Christian-Guillaume de Brandebourg, qui était administrateur des évêchés d'Halberstadt, de Magdebourg et de l'abbaye de Hirshfeld, depuis leur sé-

(1) Pfister, t. VIII.

cularisation, ayant été déposé par le chapitre même de ces évêchés, comme traître envers l'empereur et l'Empire, pendant la guerre danoise, Ferdinand II disposa aussitôt de ces bénéfices en faveur d'un prélat catholique; et, dans une pensée d'intérêt monarchique, ce fut son propre fils, l'archiduc Léopold-Guillaume, à qui il les donna. Il le pourvut aussi de l'archevêché de Brême, entassant dans ses mains non suspectes les plus riches bénéfices de l'Allemagne.

IV

Fameux édit de restitution. Appréciation de cette mesure. 1629.

Il fit bien plus encore : profitant de la terreur inspirée par Waldstein, de l'accroissement de l'armée impériale, qui, grassement payée par le pillage ou par de fortes contributions de guerre, était montée jusqu'au chiffre de cent cinquante mille hommes, et de l'occupation d'une foule de villes de l'Allemagne par ses soldats, Ferdinand II songea de nouveau à ce que redoutait le plus le protestantisme allemand, aux biens ecclésiastiques, sécularisés, depuis et malgré la paix d'Augsbourg de 1555; et il voulut, dans un pays essentiellement formaliste, en amener le recouvrement, non plus par des moyens arbitraires, mais par l'emploi de la plus stricte légalité; scrupule dérisoire toutefois, puisque par ses soins la majorité, dans les grands pouvoirs de l'État, était catholique, et qu'ainsi les intéressés devaient être à la fois juges et parties. Néanmoins, il consulta le Collége des électeurs; et, sur leur avis, il publia son *Édit de restitution*, dont il fit aussitôt ordonner l'exécution par la Chambre impériale, qui était la grande cour supérieure de l'Empire : 1° tous les biens ecclésiastiques, médiats, c'est-à-dire ne relevant pas directement de l'empereur, sécularisés depuis la convention de Passau, en 1552, devaient être rendus aux catholiques; 2° tous les évêchés immédiats, dont la sécularisation n'était pas non plus antérieure à cette époque, devaient être occupés par des prélats catholiques; 3° permission était donnée aux États de l'Empire d'interdire la liberté de religion à leurs sujets, sauf la liberté laissée à ceux-ci d'émigrer avec un dédommagement convenable de la part de leur gouvernement; 4° cette permission n'était accordée qu'aux États catholiques; 5° les protestants de la Confession d'Augsbourg, ou bien les Luthériens, jouissaient néanmoins de la liberté religieuse; mais tout ce qui était appelé *secte* par les deux partis en était exclu (1).

Telles étaient les dispositions de ce fameux édit. Relativement aux sécularisations, un équivalent légalement réglé eût été préférable à une brutale restitution; en second lieu, la rétroactivité de la loi, embrassant un espace de soixante-dix-sept ans, dépassait toute mesure, et pouvait en outre frapper les dé-

(1) Comte de Garden, t. I; Schiller, p. 211-212; Bougeant, t. I; Alzog, *Hist. de l'Eglise*, t. II; Pfeffel, t. II, p. 306.

tenteurs non pas dans leur personne, mais souvent dans leur seconde ou même leur troisième génération. A la rigueur pourtant, ces articles n'avaient rien d'injuste; mais ils étaient outrés dans leur caractère de justice, et, en abolissant les actes révolutionnaires des réformés, au lieu de les réglementer, ils perpétuaient la révolution elle-même. Les dispositions concernant la liberté religieuse étaient plus blâmables encore, parce qu'elles étaient, sans autre motif que celui d'une volonté arbitraire, marquées au coin d'une inique partialité.

Malgré ces deux vices incontestables, l'Édit fut exécuté, au grand triomphe des catholiques exaltés, qui respiraient enfin, et qui, en ne faisant que rentrer dans leurs biens, avaient l'air d'exercer des représailles et d'assouvir une ardente vengeance. On le remit à Waldstein, et l'on pense bien que, entre les mains d'un homme comme lui, il eut des suites promptes, rapides, et qui ne laissèrent rien à désirer. En un instant, en effet, une quantité innombrable de monastères fut arrachée aux protestants, et on les accumula parfois sur la tête d'une même personne. Le fils de l'empereur reçut, à lui seul, assez de bénéfices pour avoir cinq voix dans l'ordre des princes d'Empire. Mais Waldstein fut plus qu'expéditif; il mit aussi dans l'accomplissement de sa mission une barbarie à laquelle il était aisé de s'attendre de la part d'un dur soldat, laissé à lui-même, d'un homme de parti triomphant, d'un ambitieux, qui voulait se rendre indispensable par le mal même, d'un parvenu enfin, désireux de faire taire les jaloux parmi les siens, en satisfaisant toutes leurs passions. Sa conduite révolta tout le monde, et, assure-t-on, les catholiques eux-mêmes; d'autant plus que, dans un pays aussi esclave de la lettre que l'était l'Allemagne, il usa d'un arbitraire qui irrita les esprits encore plus que sa cruauté. Ainsi, d'après Pfister(1), il paraît que l'Édit de restitution n'était pas applicable au Wurtemberg, parce que là les sécularisations avaient été faites avant la convention de Passau de 1552 : néanmoins Waldstein y opéra les restitutions légales, aussi bien qu'ailleurs, et mit les jésuites, selon leur désir, en possession de l'université de Tubingue, qui dépendait de ce duché, et qui était le centre de l'enseignement et de la doctrine évangélique. A ces actes divers et doublement répréhensibles, Waldstein joignit, pour l'entretien d'une armée, déjà immense et qui s'augmentait chaque jour, d'effroyables contributions de guerre : 40 millions de florins sur le Brandebourg, 10 millions sur le Mecklembourg-Schwerin, 7 sur le landgraviat de Hesse-Cassel, un impôt mensuel de 120,000 écus sur le Wurtemberg, et de 20,000 sur la ville impériale de Nuremberg, etc. Waldstein faisait tout ce qu'il voulait. L'Édit de restitution lui avait fait donner sur l'Empire un véritable pouvoir discrétionnaire : aussi les mécontents ne le désignaient-ils que sous le nom de dictateur de l'Empire, *dictator Imperii*. Toutefois on ne pouvait

---

(1) Pfister, *Hist. d'Allem.*, t. VIII.

pas dire que la constitution de l'Empire fût détruite; l'aspect extérieur était seul changé par le retour brusque et violent de presque toute l'Allemagne à l'état d'unité et d'harmonie religieuse où elle était avant Luther. Sans doute, dans les diètes, dans le Collége des Électeurs, dans les différents Ordres de l'Empire, les catholiques avaient recouvré une forte majorité ; mais ceux que l'on avait mis à la place des protestants dépossédés des biens ecclésiastiques, le duc de Bavière, le nouveau duc de Mecklembourg, etc., jouissaient chacun, dans la classe à laquelle ils appartenaient, des mêmes droits et priviléges que leurs prédécesseurs, électeurs, ducs, évêques, abbés.

V

En vue de la ruine des libertés germaniques, Ferdinand II travaille à la dissolution de l'armée de la ligue catholique.

Mais cette constitution, qui était debout encore, Ferdinand II, conformément aux traditions de sa maison, en méditait la ruine, aussi bien que celle de la réforme, et voulait les envelopper l'une et l'autre dans la même proscription. C'est avec cette arrière-pensée qu'il s'était fait une armée à lui; et quelques indiscrétions, échappées à l'arrogante présomption de Waldstein, ne permettaient aucun doute à cet égard. Plusieurs prétendaient qu'il avait dit qu'on n'avait plus besoin ni d'électeurs ni de princes; qu'il fallait leur retirer, à tous, leurs priviléges ; et que, de même qu'en France et en Espagne on ne voyait que le roi seul, ainsi, en Allemagne, il ne devait y avoir qu'un maître (1). Mais comment toucher à cette constitution, à ce palladium des libertés germaniques, tant que serait sur pied l'armée de la ligue catholique de Ratisbonne? Docile à l'empereur dans la question religieuse, le duc Maximilien de Bavière, de qui cette armée dépendait uniquement, devait-il se prêter aux plans politiques de l'empereur? Pouvait-on espérer, malgré toute la reconnaissance qu'il pouvait avoir pour celui qui l'avait fait électeur, qu'il sacrifierait les priviléges de la Bavière, c'est-à-dire tout ce qu'il était, aux volontés de Ferdinand II? La première pensée d'un homme qui reçoit un bienfait, c'est de le conserver même contre son bienfaiteur : Maximilien devait-il faire exception à cette habitude générale de l'égoïsme humain? Ferdinand II avait trop d'esprit et d'expérience ; il se souvenait trop de la conduite de Maurice de Saxe, l'électeur qu'avait fait Charles-Quint, pour le penser. Aussi préféra-t-il travailler à la dissolution même de l'armée de la ligue. Il dit aux confédérés que c'était assez pour les États allemands de nourrir l'armée impériale, l'armée de Waldstein, qu'ils étaient incapables de nourrir deux armées à la fois, et que le bon ordre et la victoire du catholicisme pouvant être sans difficulté maintenus par sa propre armée, ils devaient,

---

(1) Schiller, t. I, p. 215.

eux, licencier la leur. Mais Maximilien de Bavière ne fut pas dupe de l'astucieux empereur; il pénétra sa secrète pensée, et, loin d'obtempérer à ses désirs, il convoqua les députés des Etats catholiques confédérés, à Heidelberg, en 1630; il fit décider par cette diète que la ligue ne désarmerait pas, qu'elle tiendrait au contraire sur pied 27,000 hommes d'infanterie et quatre régiments de cavalerie, et qu'elle le ferait jusqu'à la paix générale. De plus, on exprima des plaintes contre la toute-puissance de Waldstein et contre la manière dont il en usait; et comme l'empereur avait parlé d'une diète électorale, pour faire élire son fils Ferdinand III roi des Romains, on en demanda, mais dans un tout autre but, la prompte convocation.

On ne conçoit pas comment Ferdinand II voulut aussi, à l'instar de Charles-Quint, et malgré la leçon que ce prince avait reçue, tout faire à la fois; ni comment il trahit ses desseins contre les libertés germaniques, en 1629, à une époque où la France venait de renverser la citadelle du parti calviniste et républicain, la Rochelle, et où, malgré d'impuissantes conspirations, excitées et soldées par l'Espagne et par un prince du sang, elle pouvait passer le Rhin et prendre part aux affaires du dehors; à une époque où, à défaut de la France, la Suède était toute prête à marcher, à renouveler en Germanie l'invasion des Goths, comme disaient les Allemands en parlant des Suédois. Le baron de Charnacé en effet était allé en Suède, et de la part de Richelieu avait proposé au roi de Suède, Gustave-Adolphe, un traité d'alliance contre l'Autriche, avec 400,000 écus de subside annuel et des munitions (1). Une trêve de six ans avec la Pologne, ménagée par Richelieu, permettait à Gustave-Adolphe de se rendre aux désirs de ce ministre. De leur côté, tous les mécontents de l'Allemagne, qui étaient allés chercher un asile en Suède, ne cessaient de le presser. Enfin la ligue de Bavière, peu contente de l'empereur, et moins encore de Waldstein, devait rester neutre ou même se joindre aux Suédois. Du moins est-il certain que, dans le premier moment, le duc Maximilien de Bavière ne s'était pas montré éloigné de suivre à cet égard les conseils de Richelieu (2), qui, en récompense, lui avait fait accorder par les Suédois une garantie pour ses États (3). L'empereur n'ignorait pas tout cela, et pourtant, égaré sans doute par l'orgueilleux Waldstein, qui ne parlait qu'avec dédain de Gustave-Adolphe, de *cet écolier*, de *ce roi de neige*, et trop confiant dans cet appui, il ne craignit pas, en menaçant les libertés germaniques, de s'aliéner la ligue catholique elle-même, au moment où il allait avoir le plus besoin de son concours. Voici ce qui en résulta.

(1) Geyer, *Hist. de Suède*, chap. 17, *Mémoires de Richelieu*; Schiller, t. I, p. 230, l. 2; Pfeffel, t. II, p. 316.
(2) P. Bougeant, t. I. — (3) Pfeffel, t. II, p. 324.

VI

Maximilien de Bavière, nouveau Maurice de Saxe. P. Joseph. Renvoi de Waldstein.

A la diète électorale, qui se tint à Ratisbonne, Maximilien de Bavière se fit l'organe des électeurs contre Ferdinand II, et l'orateur des Allemands, des princes protestants eux-mêmes, contre la tyrannie de Waldstein. Demander le renvoi de l'*Exacteur* de l'Empire devint le cri universel. On ne voulut pas s'occuper de l'élection d'un roi des Romains, tant que celui qui devait servir d'instrument aux vues despotiques de Ferdinand II serait au pouvoir. Vainement Waldstein, avec son armée formidable, s'avança-t-il jusqu'à Memmingen en Souabe, non loin de Ratisbonne, faisant dire à l'empereur par Metternick, président du conseil-aulique de Mayence, que de là, après avoir pacifié l'Allemagne, il se proposait, suivant sa promesse, d'aller contre les Turcs, pour les chasser de l'Europe, pour joindre Constantinople et l'empire d'Orient à l'empire d'Occident que possédait l'Autriche (1); vainement aussi déploya-t-il dans cette localité un grand appareil militaire : l'assemblée électorale ne se laissa pas intimider ; elle tint ferme, elle fit écrire à l'empereur par le premier

---

(1) Pfister, t. VIII, et P. Bougeant surtout, t. I, pour les intrigues de la France auprès de Maximilien de Bavière.

des électeurs, l'archevêque de Mayence, que, si Waldstein n'était pas renvoyé, la diète se séparerait sans avoir rien fait. Un agent très-adroit de Richelieu, le père capucin Joseph du Tremblay, se joignit aux électeurs, et assura à Ferdinand II que, s'il consentait à leur demande, très-certainement ils éliraient son fils roi des Romains, et que la France n'y mettrait pas d'obstacle. Ferdinand II céda enfin ; il se brisa lui-même : il retomba presque dans sa première impuissance, car, avec le renvoi de Waldstein, il accorda aux électeurs le licenciement de la majeure partie de son armée. Il ne garda que 29,000 hommes : c'était moins que n'en avait la ligue de Ratisbonne, qui reprenait ainsi sa supériorité sur l'empereur, et qui, en outre, d'odieuse qu'elle était à beaucoup d'Allemands, devenait populaire, en prenant le rôle de protectrice des libertés de la Teuthsland Ferdinand ne put pas même faire confirmer par la diète à Waldstein la possession du Mecklembourg. Les électeurs traitèrent ce général d'intrus, d'insolent parvenu; ils ne voulurent pas le reconnaître pour duc de Mecklembourg, et il fut obligé d'aller s'enfouir dans ses terres de Bohême, dans la vie modeste et retirée de simple citoyen bohémien, après avoir eu tout l'empire et l'empereur lui-même à ses pieds ! Il supporta avec calme cette chute si complète. « Vous pouvez voir, dit-il aux
« envoyés de l'empereur, en leur montrant une
« prédiction ou horoscope de son astrologue, l'Ita-
« talien Zenni, que les astres m'avaient annoncé

« d'avance ce que vous venez m'apprendre, et
« que l'étoile de l'électeur de Bavière domine
« celle de l'empereur. D'après cela je ne puis
« accuser l'empereur. Quelque affligé que je sois
« que sa majesté ait si peu tenu à moi, j'o-
« béirai (1). » Ce sacrifice, cette concession si
capitale, faite aux électeurs, profita-t-elle du moins
à l'empereur pour l'objet qu'il poursuivait, et qui
était l'élection de son fils en qualité de roi des Romains? Nullement. Joseph du Tremblay l'avait
complétement joué. La diplomatie française avait
toujours cherché à faire sortir le sceptre des mains
de l'Autriche. Conformément à cette politique, le
P. Joseph intrigua tellement auprès des électeurs,
que ceux-ci, sous prétexte que les 29,000 hommes
de l'armée de Waldstein étaient trop près de Ratisbonne, se séparèrent sans faire d'élection, disant
seulement qu'ils s'assembleraient prochainement
à Francfort (2).

VII

Période suédoise de la guerre de Trente-Ans. Rappel de Waldstein, 1630 à 1635.

Ferdinand II n'eut qu'à dévorer son dépit : car
déjà Gustave-Adolphe avait mis le pied en Allemagne ; déjà, avec un courage de héros, une

(1) Schiller, t. I, p. 223, et Pfister, t. VIII.
(2) L'abbé Richard, *Hist. de la vie du P. Joseph Leclerc du Tremblay*, p. 200 ; P. Bougeant, t. I, et Schiller, p. 219, 220, 221.

science stratégique nouvelle, une grande ardeur religieuse, il avait commencé sa croisade contre le catholicisme impérial. Que faire dans cet état de choses? Ferdinand II avait besoin d'appui : il parut se résigner à tout; il laissa même tout le fardeau de la guerre à l'armée de la ligue, à Maximilien de Bavière, à Tilly. Mais, quand il apprit que Tilly avait été vaincu à Leipsick, en 1631, par Gustave-Adolphe, il essaya de nouveau de faire des propositions à Waldstein, qui était resté en bons termes avec lui, et qui savait bien que l'empereur l'avait mis momentanément en disponibilité et non en disgrâce; puis, l'année suivante, il ne sut pas plutôt que Tilly avait été tué au combat du Leck, le 16 avril 1632, que, deux jours après, le 18 avril, il rappela Waldstein, et lui rendit le commandement de ses mercenaires, avec les mêmes pouvoirs et avec l'assurance formelle d'avoir : 1° un État héréditaire dans les possessions d'Autriche; 2° la suzeraineté sur un des pays allemands qu'il conquerrait (1). Cette fois, à son tour, Maximilien de Bavière ne murmura point : l'intérêt national, la haine de l'étranger, parlaient plus haut que sa jalousie contre Waldstein.

(1) Schiller, *ibid.*, p. 448-419, l. 3.

VIII

Rôle suspect de Waldstein. Preuves nombreuses.

Du reste, dans la position qu'on lui rendait, Waldstein parut plus occupé de lui-même, de ce qu'il ambitionnait pour lui, que des projets politiques de Ferdinand II, et il trompa les espérances qu'on fondait sur ses fausses promesses de dévouement. A la bataille de Lutzen, livrée en 1632, Gustave-Adolphe, sans qu'il soit certain que ce fût par trahison, fut enseveli dans son triomphe, et ne put former, comme le pensait le sénat de Stockholm, et comme il le projetait peut-être lui-même, de concert avec ses partisans, un empire protestant (1) : on vit aussitôt Waldstein faire un peu la cour aux Allemands, qui l'avaient tant détesté, parler de paix religieuse, s'éloigner de ce qu'on appelait déjà le parti-prêtre, le parti des jésuites, insinuer aux protestants qu'ils pouvaient espérer des conditions avantageuses, enfin, de Prague où il résidait avec une armée, trancher du maître, et vouloir imposer à l'empereur sa manière de voir. Il noua aussi des relations avec Richelieu, lui demandant, pour prix de la paix qu'il s'engageait à faire conclure, un million de livres.

(1) Cette question des grands projets de la Suède au XVIe siècle est traitée plus amplement d'après les historiens suédois et allemands et d'après les Mémoires du chevalier de Terlon, dans l'histoire diplomatique des États slaves et scandinaves, qui formera le volume suivant.

A cette époque Frédéric V venait de mourir, le 13 avril 1633, et comme il était regretté en Bohême, Waldstein avait l'intention de prendre la couronne de Bohême pour lui, en s'appuyant, comme autrefois l'archiduc Mathias, sur l'opposition religieuse, tout en restant catholique (1). Il voulait en outre détruire en Autriche l'influence espagnole, qui lui portait ombrage. Mais les Espagnols, mais les Italiens avaient l'œil sur lui : ce sont eux qui poussèrent l'empereur à imiter le roi de France Henri III en face de l'ambitieux et puissant duc de Guise, à frapper Waldstein. D'abord on le destitua ; puis l'Espagnol Gallas, officier supérieur très-distingué, eut ordre de le faire arrêter et tuer. Il en chargea l'Irlandais Buttler et l'Italien Géraldino, qui l'assassinèrent dans sa chambre (1). Ainsi finit le Friedlandais, celui qui pendant longtemps avait été la terreur de l'Allemagne, qui en dernier lieu avait fait trembler l'empereur lui-même, mais n'avait su être ni modéré dans la victoire, ni modeste dans la grandeur, ni désintéressé dans ses sages pensées de paix religieuse, ni fidèle dans le pouvoir.

(1) Pour tout ce qui concerne Waldstein, *voir* les historiens allemands, surtout Schiller, p. 540, 553, 554, 558, 569.
(2) Pfister, t. VIII. Schiller dit, l'Irlandais Deveroux, p. 569.

IX

Grande victoire de l'armée impériale à Nordlingue, 1634. Modération de l'empereur.

Toute la faveur passa dès lors aux généraux espagnol et italien, Gallas, Piccolomini; ils prirent seuls la direction de la guerre, avec l'archiduc Ferdinand, fils de l'empereur; ils lui conservèrent mieux son caractère de réaction à la fois catholique et monarchique; ils lui donnèrent aussi une impulsion stratégique différente, plus en rapport avec les progrès de l'art militaire, et plus propre à rappeler enfin la victoire dans un camp qu'elle avait depuis longtemps déserté. Waldstein, en effet, n'était en quelque sorte qu'un ravageur de nations : ceux-ci furent des tacticiens; ils mirent à profit la révolution stratégique, opérée par Gustave-Adolphe, dont les brigades légères étaient, pour les lourds régiments impériaux, ce qu'avaient autrefois été les légions romaines pour la phalange macédonienne (1); ils combattirent à armes moins inégales avec les élèves de ce roi grand capitaine, Bernard de Weymar, Banner, Tortenson, Oxenstiern, qui étaient aussi d'habiles et même plus expérimentés tacticiens. Ils apportèrent tant d'attention à cette guerre d'un genre nouveau, et qui devait faire plus d'honneur à leur génie, sans faire du tort à leur valeur, que, en 1634, à la sur-

---

(1) Heeren, *Manuel du syst. polit. des peupl. moder.*, t. I, pér. 3.

prise de tous les Allemands, et de concert avec l'archiduc Ferdinand, qui avait le titre de généralissime, ils gagnèrent sur les généraux suédois, sur ceux que l'on n'appelait que les *Fléaux de l'Allemagne*, la grande bataille de Nordlingue : triomphe inattendu et qui amena dans la politique de Ferdinand II un changement plus inattendu encore; car, revenant aux idées de pacification qu'avait, en dernier lieu, émises Waldstein, il s'aboucha avec un prince qui avait vu dans le temps, avec peine, Gustave-Adolphe faire des conquêtes sur le Rhin, au lieu de poursuivre sa marche sur Vienne, et qui, d'ailleurs, toujours jaloux d'être le principal chef de l'opposition religieuse et féodale en Allemagne, n'avait embrassé le parti des Suédois que par force (1). Ce prince était Jean-George, électeur de Saxe. C'est avec lui que Ferdinand II fixa les bases de la paix religieuse de Prague. Ce fait était grave, c'était un événement! arrêtons-nous-y un instant, pour en rechercher les motifs et en mesurer la portée.

(1) Schiller, p. 587, l. 5.

CHAPITRE IX.

Politique de Richelieu et plan de campagne des Français dans la guerre de Trente-Ans. 1635 à 1648.

I

Paix religieuse de Prague (1635), donnant plus d'extension à celle d'Augsbourg.

Ce fut, quoi qu'en dise Schiller, une noble et patriotique démarche que celle de l'empereur Ferdinand II, après la bataille décisive de Nordlingue, gagnée par son fils en 1634. En possession d'une puissance plus grande encore qu'avant la retraite de Waldstein, parce que, depuis la mort de Gustave-Adolphe, la lassitude de l'opposition était centuplée par le découragement, il renonçait aux avantages de sa victoire, et, pouvant jouer le rôle de vainqueur impérieux, il aimait mieux remplir celui de généreux pacificateur. Touché et indigné tout à la fois de voir l'Allemagne, par suite de ses divisions plus encore que de sa position centrale, devenir le champ de bataille de l'Europe, des Danois, des Suédois, bientôt des Français, tous peuples, qui sous le nom de libérateurs cachaient celui d'avides conquérants, il semblait renoncer à ce qui avait fait l'objet constant de ses préoccupations, à son projet de réforme monarchique, même à son plan d'unité religieuse, pour rallier tout le monde à lui, pour réunir toutes les forces sociales contre le danger commun, le danger le plus grand, la présence de tant d'étrangers armés au sein de la Germanie. Il disait à tous, amis et ennemis, de rejeter l'esprit de parti qui divise, pour n'écouter que le patriotisme qui unit; il disait aux protestants de la Confession d'Augsbourg, et à eux seulement, de renoncer à toutes les conquêtes, faites, depuis l'entrée de Gustave-Adolphe en Allemagne; de garder pendant quarante ans les biens, sécularisés depuis la paix de Passau, pourvu qu'ils l'eussent été avant l'année 1627, 11 novembre, et, à ce prix, de recevoir la paix (1). Tels avaient été les principaux articles du traité de Prague, en 1635; et aussitôt, pour consolider cette paix, il avait gagné par des bienfaits les deux électeurs, les plus versatiles pendant la période suédoise, Jean-Georges de Saxe et Jean-Sigismond de Brandebourg, après les avoir favorablement disposés par ces grandes et pressantes considérations. Au premier il avait donné la Lusace, avec l'expectative de l'archevêché de Magdebourg pour son second fils; à l'autre, il avait assuré par écrit la succession éventuelle de la Poméranie.

(1) Schiller, l. 5, p. 593; Bougeant, t. I, et Pfeffel, t. II, p. 329.

II

Cette paix encore trop exclusive. — Appel à la France par les réformés exclus.

Mais, dans l'intérêt du but que Ferdinand II poursuivait alors, on eut tort de laisser peser toujours une exclusion injurieuse sur ce que les deux Églises appelaient secte, et notamment sur la famille de l'Électeur palatin, sur le landgrave de Hesse-Cassel, sur le margrave de Bade et sur le duc de Wurtemberg. Ceux-ci implorèrent l'assistance d'un pays voisin, qui déjà avait à ses gages l'armée suédoise, et qui, tout en montrant le plus grand zèle pour l'équilibre européen, dépendant de l'abaissement de la maison d'Autriche, voulait y trouver son profit et tâcher d'arriver tout à fait à ses frontières naturelles, le Rhin et les Pyrénées. Ce pays, qui n'était autre que la France, ils l'attirèrent à eux par le protectorat qu'ils lui donnèrent sur l'Alsace, Brisach et les villes du Haut-Rhin, et qui était une cession déguisée, 1635.

Ce n'est pas la seule faute que commit Ferdinand II. L'électeur-archevêque de Trèves, usant de ses droits de souveraineté, s'était en 1632, avant la bataille de Lutzen, placé sous le protectorat de la France contre les Suédois, auprès desquels elle était en effet très-influente; et il avait permis à Richelieu d'envoyer des garnisons à Havenstein et dans les autres places de son électorat, 1635.

L'empereur, qui avait vu de mauvais œil cette démarche de l'électeur de Trèves (1), laissa les Espagnols s'emparer de sa personne, le conduire prisonnier à Bruxelles, et chasser les garnisons françaises. Cette violence détermina, de la part de la France, contre la maison d'Autriche espagnole, une déclaration de guerre, qui, trois ans après, 1632, fut formellement étendue à la maison d'Autriche allemande, et devint le signal d'un embrasement général et définitif (2).

III

Période française de la guerre de Trente-Ans. — Son caractère européen.

Ce fut la période la plus imposante de la guerre de Trente-Ans, et le moment le plus critique pour la maison d'Autriche. Jamais cette guerre n'eut des proportions plus vastes, jamais l'édifice colossal de la puissance autrichienne ne fut battu en brèches de tant de côtés à la fois, jamais tant de science militaire ne fut déployée de part et d'autre, jamais la lutte n'eut autant d'extension. Germanique jusqu'alors, et n'offrant que l'antagonisme de l'Allemagne féodale et municipale contre l'Autriche envahissante et monarchique, de l'Allemagne protestante contre l'Autriche orthodoxe,

---

(1) *Mémoires de Richelieu* et le Bougeant, t. I.
(2) P. Bougeant, fin du t. I et t. II.

elle perd pour ainsi dire ce caractère, à cause de l'importante paix de Prague ; c'est l'Europe maintenant qui prend l'Autriche à partie, partout où elle a un pouce de terrain sous sa domination : la lutte germanique devient la lutte européenne, et une question de pouvoir absolu et d'unité religieuse en Allemagne devient une question brûlante d'équilibre européen.

Nous nous arrêterons donc sur cette phase suprême de la guerre de Trente-Ans, non pas tant pour énumérer tous les brillants faits d'armes qui illustrèrent les guerriers français, que pour retracer la politique extérieure et le plan de campagne qui les préparèrent et qui forcèrent la vieille maison d'Autriche à capituler.

IV

Politique de Richelieu dans la guerre de Trente-Ans.
1o Divers traités d'alliance ou de subsides.

Imitant les Romains, qui toujours se procuraient des alliés auprès de leurs ennemis, Richelieu contracte des alliances partout où se trouvent des possessions de la maison d'Autriche, dans le nord et le sud de l'Italie, dans les Pays-Bas et le Portugal contre l'Espagne ; dans l'Allemagne et la Transylvanie contre l'Autriche ; et il le fait dès l'année 1635.

Un traité conclu à Paris avec les Sept-Provinces-Unies, menacées de nouveau, règle entre cette république et la France la conquête et le partage des Pays-Bas espagnols. Un traité analogue, celui de Rivoli, avec le duc de Savoie, Victor-Amédée, époux de Christine de France, sœur de Louis XIII, assure à ce prince des agrandissements dans le Milanais et le titre ambitionné de roi de Lombardie.

2º La Suède étroitement liée à la France.

En Allemagne, le premier acte de Richelieu, c'est de renouveler avec Oxenstiern, chancelier et ministre dirigeant en Suède, sous la reine Christine, et avec Bernard de Saxe-Veymar, généralissime des Suédois, le traité d'alliance et de subsides. Il donne même immédiatement, et en plus de la somme annuelle, 500,000 livres, que Weymar réclamait. La seule condition qu'il exige en retour, mais condition importante, indispensable, c'est que la Suède ne traitera pas sans la France (1). Grâce à ces arrangements, les généraux et les soldats français seront guidés par les Suédois, qui sont plus forts qu'eux, qui connaissent les lieux et ont une longue expérience de la guerre d'Allemagne; ils se formeront à leur école; ils apprendront à vaincre, à voler de leurs propres ailes, et au besoin à se passer de leurs premiers maîtres. Ainsi se formera le maréchal de Guébriant, ainsi, Turenne, qui, parmi les fondateurs de la stratégie moderne, prendra sa place à côté de Gustave-Adolphe lui-même. Un traité semblable unit à la France Guil-

(1) Schiller, l. II, p. 262.

laume V, landgrave de Hesse-Cassel, et après lui l'intrépide régente de Hesse, sa veuve Élisabeth-Amélie de Hanau, qui s'engagèrent à fournir dix mille hommes, moyennant une somme annuelle de 200 000 rixdalers. Voilà les adversaires que Richelieu pouvait opposer à ceux de Ferdinand II, en 1637.

3° Il tâche d'isoler l'Autriche, en occupant l'Espagne chez elle.

Fort de ces alliés, Richelieu tâcha par tous les moyens possibles d'empêcher la jonction des Espagnols, dont l'infanterie était encore si redoutable, avec les Impériaux, qui, réduits ainsi, en Allemagne, à leurs seules forces, furent presque partout inférieurs aux troupes combinées de la Suède et de la France. Pour retenir les Espagnols chez eux, il attaqua toutes leurs possessions à la fois, principalement dans l'Italie et dans les Pays-Bas; il maintint les Grisons en possession de la Valteline, dont, sous prétexte d'en éloigner la réforme, ils avaient voulu, en 1626, s'emparer, afin d'avoir les communications libres entre Vienne et Milan; enfin, pour leur ôter la possibilité de se défendre chez eux avec toute la liberté d'esprit et toutes les troupes nécessaires, il poussa à la révolte, en 1640, et les Catalans et les Portugais.

En vertu de ses *fueros*, ou priviléges particuliers, la Catalogne payait au gouvernement un tribut, qui était appelé *don gratuit*, et qui était réglé par les États de la province. D'après ces mêmes libertés, les Catalans étaient dispensés du service militaire hors de leur pays. C'est dans les limites de leur province qu'était circonscrit leur étroit esprit national. Il en était de la Catalogne et de la plupart des provinces espagnoles, comme autrefois des provinces françaises, qui, au moment de leur réunion au domaine royal, avaient stipulé le maintien scrupuleux de leurs libertés, de tout ce qui en faisait des petites nationalités à part, unies plutôt que fondues dans la France royale, parce qu'elles n'étaient pas encore habituées à regarder tout le territoire qui appartenait au roi commun, comme la commune et unique patrie. Mais le comte-duc Olivarès, qui gouvernait alors l'Espagne sous Philippe IV, depuis 1621, avait besoin d'hommes et d'argent pour tenir tête aux Français, qu'on rencontrait partout, et parmi lesquels les protestants, les huguenots, étaient très-acharnés contre l'Espagne et enchantés de prendre sur elle leur revanche des guerres religieuses de France. La Catalogne fut donc requise de faire passer six mille hommes en Italie et de payer une contribution fixée par le gouvernement. Elle se souleva avec les provinces du Roussillon et de la Cerdagne, auxquelles les ordres d'Olivarès s'appliquaient aussi; et, à la première demande, la France prêta aux insurgés de Barcelone, où était le centre du mouvement, un appui considérable. Une armée française alla s'emparer de Perpignan : l'occasion était trop belle pour compléter, du côté des Pyrénées, l'acquisition de nos frontières naturelles. Le moyen employé, toutefois, avait quelque chose d'odieux; mais il devait trouver, aux yeux des Espagnols, son excuse au moins, sinon sa parfaite justification, dans les révoltes féodales qu'eux-mêmes n'avaient cessé et ne cessaient tous les jours d'exciter en France, avec le concours si peu patriotique de ce turbulent frère de Louis XIII, Gaston d'Orléans. Sous un autre rapport, Philippe IV et le Comte-duc eurent leur la Rochelle dans Barcelone.

Ils n'avaient pas assez de monde pour réduire cette ville immense, populeuse, habitée par des négociants riches, hardis, amis de la liberté. Ils voulurent y employer les Portugais, qui, depuis Philippe II, comme nous savons, dépendaient de l'Espagne, ou plutôt étaient uniquement obligés de reconnaître le même roi que l'Espagne. Mais des agents français étaient là, qui, depuis longtemps, cherchaient à irriter l'opinion publique contre le gouvernement espagnol, qui, dans les réunions secrètes, rappelaient aux Portugais et les tracasseries des ministres espagnols, entre autres de Michel Vasconcellos, créature d'Olivarès, et les pertes que, sous un gouvernement trop occupé au dehors, les Hollandais leur avaient fait éprouver sur mer, perte de toute la côte du Brésil, depuis San-Salvador jusqu'à l'Amazone, en 1637, perte de Pontogale et de Negombo, dans l'île de Ceylan, en 1640; et les impôts qui pesaient sur eux, depuis que les trésors du Pérou, non remplacés en Espagne par les revenus de l'industrie et du commerce, n'alimentaient plus le trésor royal;

et enfin les droits qu'avait au trône du pays Jean de Bragance, qui, au moins, était un prince national. Émus de ces raisons, les Portugais répondirent au comte-duc Olivarès par un refus; et aussitôt, à l'instigation de l'archevêque de Lisbonne lui-même, ils se soulevèrent de toutes parts, et la France, sollicitée, se hâta de les secourir. Les Hollandais leur prirent encore Malacca en 1641; mais Jean de Bragance, élu roi cette année, conclut avec les Sept-Provinces-Unies un traité d'alliance contre l'Espagne; et dès lors, tranquilles du côté de leurs nombreuses colonies, les Portugais poussèrent avec vigueur une lutte qui devait affaiblir l'Espagne au profit de leur indépendance et des armes françaises.

4° Il soutient les Hongrois et les Transylvains.

Si de la maison d'Espagne nous passons à la maison d'Autriche allemande, nous trouverons aussi des circonstances favorables, préparées par la politique de Richelieu. Depuis l'année 1631, il soutint contre l'empereur Ferdinand II, Georges Ragotski, que les Transylvains avaient choisi pour leur prince, à la place d'Étienne Gabor, parent de Bethlem. En 1637, après l'avénement de Ferdinand III, le vainqueur de Nordlingue, il appuya aussi les Hongrois protestants, qui s'étaient soulevés, et leur ménagea le secours du prince transylvain (1).

(1) *Mémoires de Richelieu.*

L'Autriche ne pouvait être aidée par personne hors de l'Allemagne, par l'Angleterre, son alliée sous Charles-Quint, moins que par tout autre. Charles I*er*, qui régnait alors dans ce pays, était en effet lié aux intérêts de la France par l'influence de sa femme, Henriette de France, autre sœur de Louis XIII, dont Richelieu avait fait le mariage en 1625; d'un autre côté, en 1640, le Long-Parlement, en se déclarant indissoluble, venait de commencer cette révolution presbytérienne et démocratique, qui, en Angleterre, aboutit aux mêmes vicissitudes d'actes régicides, d'anarchie républicaine et de dictature militaire, qu'une révolution plus fameuse amènera plus tard en France. Ainsi, l'Angleterre, qui, avec un peu de tranquillité au dedans, aurait pu intervenir dans les affaires de l'Allemagne, et dire même, comme du temps de François I*er*: *Qui je défends est maître*, avait assez affaire chez elle. Richelieu, d'ailleurs, n'était pas étranger à la continuation de troubles qui arrangeaient ses affaires sur le continent, et qui permirent bientôt aux Français, commandés par le grand Condé, de prendre aux Espagnols, en regard de l'Angleterre, jalouse, mais impuissante, le port de Dunkerque (1646).

V

Plan de campagne des Français, calqué sur celui de Gustave-Adolphe, et consistant à marcher droit sur l'Autriche, par l'Elbe et le Danube. — Curieuse lettre d'Oxenstiern.

Le plan de campagne contre l'Autriche répondait à cette bonne politique. Richelieu n'en était pas l'inventeur; c'était celui de Gustave-Adolphe. Nous le trouvons exposé dans une lettre que rapporte Éric-Gustave Geyer, à la date de 1647, dans son *Histoire de Suède*, et qui est adressée au général suédois, Hermann Vrangel, par Oxenstiern : « Gus-
« tave-Adolphe, est-il dit, en se présentant sur le
« sol de l'Allemagne, *dirigea tous ses projets contre*
« *l'empereur et ses États héréditaires*, pour con-
« jurer le danger qui pouvait résulter de la trop
« grande influence de la maison d'Autriche. Une
« seule fois, après la bataille de Leipsick, lorsque
« l'ennemi se retira dans l'intérieur de l'Allema-
« gne avec toutes ses forces, le roi l'y poursuivit
« et *s'empara de Mayence et des bords du Rhin.*
« *Ce fut une chose fâcheuse et qui fit beaucoup*
« *de tort aux Suédois, en Allemagne.* Aussi, après
« la mort du roi, chercha-t-on toujours à porter
« la guerre sur le territoire ennemi, et l'on opéra
« en Silésie et sur le Danube, jusqu'à ce que la
« malheureuse journée de Nordlingue vint dé-
« truire tous les projets des Suédois... Nous nous
« livrons à ces réflexions, surtout afin que vous
« sachiez que Sa Majesté est toujours dans l'inten-

« tion d'agir contre l'empereur et son principal
« allié, le duc de Bavière, *en éloignant*, autant
« que possible, *la guerre des États allemands*,
« afin de ne pas réveiller la jalousie des alliés
« puissants (électeur de Saxe, électeur de Bran-
« debourg), jalousie que le *feu roi s'attira en se*
« *fixant sur le Rhin*... (1). »

1° Weymar. Son rôle vers le Danube.

Après avoir fait la guerre à l'Espagne dans les Pays-Bas et dans l'Italie, Richelieu, du consentement des États allemands ses alliés, et avec le secours puissant du plus habile des généraux suédois, l'Allemand Bernard de Weymar, s'assura des bords du Rhin, de l'Alsace, de la Lorraine; puis il se mit à suivre ce plan, qui allait droit au but, droit au colosse qu'il fallait renverser. L'on voit ce même Bernard de Weymar, pendant que, vers la Silésie, des corps suédois occupent des places fortes et gardent les passages pour aller à Vienne par le Nord, on le voit s'avancer jusqu'en Bavière, et prendre à travers ce pays subjugué la route du Danube, pour aller joindre, sur la même capitale, les autres détachements de l'armée d'invasion. Malheureusement la mort l'enleva en 1649, à l'âge de 36 ans, au milieu d'exploits qui faisaient concevoir les plus belles espérances, mais aussi au

(1) *Hist. de Suède*, par Geyer, ch. 19, p. 419.

milieu de pensées ambitieuses, qui auraient nui à la marche des choses. Weymar était le Waldstein des Suédois, pour l'ambition comme pour le talent : il voulait, en Alsace, se faire une principauté indépendante ; et, par de faciles conquêtes, il se serait rapproché de la régente de Hesse-Cassel, dont il recherchait la main (1). La mort l'enleva à temps pour le succès de la guerre ; peu s'en fallut même qu'elle ne vînt pas assez tôt pour sa gloire.

2º Banner et ensuite Tortenson, sur l'Elbe et la Moldau, pendant que le général français Guébriant, et, après lui, Turenne et Condé, s'avancent vers le Danube.

Après lui Banner, qu'on surnommait le second Gustave, dirigea la guerre avec plus de désintéressement. Pendant que le général français, de Guébriant, tenait le Rhin et cherchait à pénétrer en Bavière, lui, il pénétrait en Autriche par la Bohême. Mais arrivé vers la Bohême en 1640, il fut obligé de rebrousser chemin, et vint mourir à Alberstadt en 1641, de fatigue ou d'un poison lent. Mais Tortenson, ce général goutteux et presque paralytique, qui pourtant étonnait l'Europe par la rapidité de ses marches, le remplaça, et il reprit l'expédition de Banner en Autriche, par les vallées de l'Elbe et de la Moldau. Pendant que Guébriant gagnait la bataille de Kempen, 1642, sur le Rhin, s'emparait de Rotweill et menaçait la Bavière, Tortenson, non loin de l'Elbe, battait l'archiduc

(1) Schiller, l. 5, p. 362.

Léopold et Piccolomini à Leipsick, la même année, et paraissait quelques jours après devant Prague. Vainement l'empereur Ferdinand III fomenta-t-il alors entre Christian IV, roi de Danemark, alarmé de tant de succès, et la reine Christine de Suède une guerre très-vive, et qui arracha Tortenson au théâtre de ses victoires et l'Autriche à un péril imminent : cette interruption de l'expédition contre Vienne, à travers la Bohême, ne fut pas de longue durée; d'ailleurs deux généraux français, l'un tacticien profond, l'autre général d'inspiration, n'étant jamais avare du sang des soldats et mettant par conséquent plus de hardiesse dans ses attaques, le sage Turenne, le brave et brillant duc d'Enghien, qui fut le grand Condé, s'ouvraient, après avoir écrasé l'infanterie espagnole, en 1643, dans les champs de Rocroi, la route de la Bavière par le Danube. A Fribourg, derrière la Forêt-Noire, aux sources mêmes de ce fleuve, dans le duché de Bade en 1643, ils battaient le Bavarois Mercy; puis, s'avançant vers le Danube, ils écrasaient de nouveau et tuaient à Nordlingue, en 1645, le même général, et découvraient ainsi la frontière de la Bavière. De son côté, Tortenson revint du Danemark en 1645, avec de nouveaux lauriers, avec l'impatience extrême de reprendre son expédition interrompue, avec une ardeur accrue par le dépit et le ressentiment. Il eut bientôt forcé de nouveau les portes de la Bohême, et la bataille de Jankowitz ou de Jankau, en 1645, signala son retour : sur le Danube comme sur l'Elbe l'invasion allait grand train.

Vers la ville de Vienne on devait être rejoint par George Ragotzki, dont la marche, par la Hongrie, en remontant le Danube, coïncidait avec celle des Français et des Suédois. Déjà Tortenson était dans l'archiduché et s'emparait, comme en courant, au nord de Vienne, de Znaïm, de Krems, de Kornenbourg, prenait le fort du Pont-du-Loup, à trois ou quatre lieues de Vienne, passait le pont et opérait sa jonction avec Ragotzki; déjà l'empereur avait quitté sa capitale, s'en était allé à Grätz avec toute sa famille : c'en était fait de la maison d'Autriche, lorsque Ragotzki, gagné par l'empereur et craignant chez lui une invasion des Turcs, partisans de la maison de Bethlem Gabor, fit tout à coup défection ; de plus, les Français, arrêtés en Bavière par Piccolomini, malgré le courage du Suédois Vrangel et de Turenne, n'arrivent pas. Pour surcroît de malheur, la peste apportée par les Transylvains, et les maladies, occasionnées parmi les Suédois, parmi les hommes du Nord, par l'usage immodéré des fruits du pays (1), déciment l'armée de Tortenson. Au moment de couronner sa marche toujours victorieuse par un suprême succès, il est obligé de s'arrêter, il est obligé de reculer devant la nouvelle armée qu'a formée la vigilante activité de l'archiduc Léopold, et de se replier sur la Bohême, où, par excès de fatigue et de contrariété, il se démet du commandement en faveur de Vrangel. Dès lors, c'est Vrangel et Turenne qui font des prodiges sur

(1) Pfister, t. VIII et Schiller, p. 668, l. 5.

le Rhin et le Danube supérieur, tandis que Kœnigsmark reprend le projet de Tortenson en Bohême. Turenne et Vrangel battent et tuent Melander à Sommershausen en 1648, ravagent la Bavière le long du Danube; et Piccolomini a beaucoup de peine à les arrêter. De son côté, Kœnigsmark arrive devant Prague, prend la Nouvelle-Prague, qui était hostile à l'empereur, occupe la citadelle et menace la Vieille ville. Les mêmes dangers que du temps de Tortenson vont reparaître. Les Espagnols ne pouvaient rien, ayant sur les bras deux révoltes nouvelles, celle du Pécheur-Roi, Mas Aniello, après lequel le duc de Guise se présente à Naples, 1647 à 1648, et celle du tireur d'or, Joseph d'Alessio, à Palerme, la même année. Aucune des conspirations qu'ils ont fomentées et secourues en France ne leur a réussi, ni celle de Montmorency, pourtant si terrible, en 1632, ni celle de Cinq-Mars en 1642 ; les troubles de la Fronde, qu'ils attisent aussi en 1648 contre Mazarin, héritier des vues de Richelieu, ne leur servent pas davantage. L'archiduc Léopold est obligé de se joindre à eux. Fiers de cet appui, ils veulent encore en Flandre tenter un dernier effort, tant il leur en coûte que l'empereur subisse la paix, au lieu de la dicter. Ils combattent donc à Lens en 1648 : mais le grand Condé les écrase, et, au même moment, la Vieille-Prague est sur le point de tomber au pouvoir de Kœnigsmark. Aussitôt la paix de Westphalie est signée, et des courriers viennent de toutes parts faire déposer des armes qui, par la France du xviie siècle, ont consommé, contre la maison d'Autriche, l'œuvre commencée par la France du xvi⁰ : l'équilibre européen et la paix du monde (1).

(1) P. Bougeant surtout, pour la période française, t. I et II.

CHAPITRE X.

Négociations du traité de Westphalie, 1640 à 1648.
Difficultés dans leur marche.

Ce n'est pas en 1648 qu'on avait commencé de parler de paix, mais bien déjà en 1640. A cette époque, fatigués de dissensions qui ne profitaient qu'aux étrangers, les Allemands appelèrent de tous leurs vœux la fin des hostilités, et Ferdinand III, cédant à leurs instances, avait entamé des conférences de pacification avec ses ennemis; car alors l'occasion de terminer la lutte, sans trop de dommage pour lui, n'était pas défavorable.

I

Pourquoi Ferdinand III commence les négociations pour la paix, en 1640.

La France n'avait pas encore de généraux d'un grand mérite; et Banner, généralissime des Suédois, depuis la mort de Weymar, avait quitté la Bohême et battait en retraite vers Halberstadt, traînant une maladie de langueur, attribuée à un poison lent, qui l'emporta en effet l'année suivante. A cette insuffisance de la France, à cette impuissance de la Suède se joignaient des circonstances intérieures non moins propices. Quoique vainqueur à Nordlingue de l'opposition allemande, Ferdinand III avait épargné ses ennemis; il les avait traités comme un père traite des enfants indociles : il leur avait donné la paix de Prague; il les avait intéressés au sort de cette patrie commune et sacrée, que l'étranger profanait de son pied; il avait tenu une conduite, digne du chef de l'Empire, et, à l'exception de quelques princes, rejetés volontairement, il avait rallié tous les Allemands à lui, comme au drapeau et au rempart de l'intégrité territoriale et de l'indépendance de la Germanie. La maison d'Autriche, regardée presque comme étrangère à la Teutshland, avait conquis, pour ainsi dire, son droit de bourgeoisie; elle n'avait jamais été plus allemande.

Fort de cette union, Ferdinand III se présentait donc à ces conférences avec des chances d'obtenir une paix satisfaisante, sinon avantageuse. Comment en effet les deux puissances étrangères, qui guerroyaient contre l'Autriche, secondées seulement par une minorité de trois ou quatre princes, peu puissants ou proscrits, et placées dans les conditions où elles se trouvaient en 1640, eussent-elles pu obtenir de démembrer l'Allemagne ou d'abattre la maison d'Autriche, que défendait la grande majorité des Allemands, unis avec leur souverain?

II

Les puissances belligérantes cherchent chacune une situation favorable pour traiter.

Mais la Suède et surtout la France étaient éloignées de la paix, ou du moins ne montraient pas à cet égard beaucoup d'empressement, par les mêmes raisons qui faisaient que l'Autriche y était portée. « La cour de France, dit le P. Bou-
« geant, était bien aise de profiter de tout pour
« éloigner la conclusion du traité (1), » et plus loin il ajoute : « La Suède ne voulait pas traiter
« sans la France. » L'une et l'autre voulaient être, pour traiter, dans des conditions meilleures. La bataille de Kempen en 1642, gagnée sur les bords du Rhin par le maréchal de Guébriant, et la victoire de Leipsick, que remporta le Suédois Tortenson, la même année, à l'entrée de la Bohême par la vallée de l'Elbe, les leur procura ; et la bataille de Rocroi, où l'infanterie espagnole perdit sa vieille réputation d'invincible, malgré le secours des Impériaux, sembla mettre le comble à leurs vœux. Mais alors l'Autriche cessa de vouloir la paix autant qu'auparavant, espérant que la fortune favoriserait ses armes et lui rendrait la position qu'elle avait perdue. Comment n'aurait-elle pas eu cet espoir ? Richelieu, si redouté, n'était plus ; et

---

(1) P. Bougeant, t I, l. 7, p. 454, ann. 1641.

le cardinal Mazarin, malgré son habileté et sa finesse tout italienne, ne passait pas pour le valoir. La France avait un roi, dont le règne avait été inauguré par de brillants lauriers ; mais c'était un roi enfant ; elle allait retomber, comme après le meurtre d'Henri IV, dans une fâcheuse minorité ; et la régence allait être exercée par une Autrichienne, par cette même Anne d'Autriche, que Richelieu avait accusée d'être d'intelligence avec la maison de Hapsbourg, et dont il avait fait fouiller les papiers au Val-de-Grâce, fondation de cette princesse et sa demeure de prédilection.

III

La journée de Rocroi moins funeste à l'Autriche que les batailles allemandes.

Remarquons bien d'un autre côté, que la journée désastreuse de Rocroi n'avait guère frappé que l'Espagne ; et qu'elle n'avait pas ébranlé l'union de l'Allemagne et de l'Autriche ; il y avait eu pour la France, sous ce rapport, plus d'éclat que de gain. L'événement d'ailleurs parut confirmer les espérances de l'Autriche. L'année même de la bataille de Rocroi, le 24 novembre 1643, cinq ou six mois après, l'armée française du Rhin, privée du maréchal de Guébriant, qui, la veille, avait été tué en prenant Rotweill, fut complétement battue à Duttlingue par les Bavarois, dans une de ces batailles allemandes, que l'empereur Ferdinand III aimait ou redoutait au même degré, et qui étaient le véritable baromètre de la fortune autrichienne (1). Aussi, vainement, en 1644, Mazarin envoya-t-il à Munster, lieu où se tenaient les conférences pour la paix, deux négociateurs français, d'Avaux et Servien, que l'on y attendait depuis quatre ans, et que la mort de Richelieu et celle de Louis XIII, disait-il, avaient retenus à Paris : comme l'Autriche venait de se débarrasser des Suédois, de l'invasion étrangère par la Bohême, en mettant les Suédois et Tortenson aux prises avec Christian IV de Danemark, elle tint bon, elle voulut attendre encore, se flattant toujours que l'horizon s'éclaircirait et laisserait briller de nouveau le soleil autrichien. Vainement aussi la bataille de Fribourg, derrière les sources du Danube, et aux portes de la Bavière, qui était le bras droit de l'Autriche, vint-elle, en 1644, l'avertir de ne pas trop compter sur son étoile, et ébranla même les Espagnols, qui firent des propositions, regardées par plusieurs comme raisonnables : l'empereur Ferdinand III, plus Espagnol que les Espagnols eux-mêmes, ne voyant pas que le redouté Tortenson en eût fini encore avec le Danemark, ne voulut entendre à rien de ce qu'on lui proposa.

(1) Pfister, t. VIII, et P. Bougeant, l. 7.

IV

Lettre importante de d'Avaux aux différents Ordres de l'Allemagne, et ses suites.

D'Avaux alors, par une lettre personnelle, c'est-à-dire adressée en son nom, et non pas au nom de Mazarin, à la diète convoquée à Francfort, réussit à persuader aux électeurs, aux princes, aux villes impériales, d'envoyer, chacun pour son compte, des députés au congrès, comme si l'Allemagne était indépendante de l'empereur, et qu'elle n'eût pas lieu de se fier à lui. Cette lettre avait pour but de jeter la zizanie entre les États allemands et l'Autriche. Elle disait : « Depuis longtemps le bruit
« court que l'*Autriche vise à la monarchie uni-*
« *verselle,* et que la base de ce plan, c'est *sa sou-*
« *veraineté sur l'Allemagne, point central de toute*
« *l'Europe...* que les États s'empressent donc d'en-
« voyer leurs plénipotentiaires, pour travailler, de
« concert avec nous, à la sûreté commune... S'ils
« refusent d'écouter un roi ami..., ce sera en vain
« qu'ils invoqueront plus tard et la Bulle-d'Or, et
« les constitutions impériales, et le traité de Passau,
« et la capitulation d'élection, et le serment même
« de l'empereur... Car n'est-ce pas lui qui est cause
« de tous les délais qu'éprouve la paix? N'est-ce
« pas à lui qu'il faut imputer cette suite de guerres,
« qui désolent depuis longtemps le monde chré-
« tien? Qui est cause enfin que l'honneur et les
« droits des États de l'Empire ont été violés, que

« leur territoire et leur liberté leur ont été ravis,
« si ce n'est la trop ambitieuse maison de Haps-
« bourg... (1)? » De telles paroles firent réfléchir
la diète, et amenèrent, pour les négociations, un
commencement de séparation entre les États et
l'empereur, une première scission, tout à fait contraire au projet d'union, que Ferdinand III avait
constamment poursuivi en Allemagne, et qu'il avait
accompli; mais elles ne firent pas sortir la maison
d'Autriche de son attitude expectante ; et la victoire inattendue de Mariendal, remportée en 1645
sur Turenne lui-même, et où le maréchal de Grammont fut fait prisonnier, non loin du Rhin, la confirma dans cette voie de résistance obstinée.

V

Avances de la duchesse de Bavière aux Français pour la paix.
Négociateurs qu'elle emploie.

Les choses changèrent de face, lorsque le grand
Condé courut au secours de Turenne vaincu, et
que Tortenson, de retour du Danemark, se fut
élancé de nouveau, avec sa surprenante rapidité,
dans les vallées de l'Elbe et de la Moldau. Le premier gagna la célèbre bataille de Nordlingue, où
le comte bavarois, de Gléen, fut pris, et qui mit la
Bavière à la merci du vainqueur, 1645. Le second

---

(1) *Mémoires de d'Avaux*, lettre du 9 juin 1644.

vainquit les Impériaux à Jankowitz en Bohême, et parut, peu de jours après, non loin des murs de Vienne, avec le Transylvain Ragotzki, la même année et dans le même temps. La Bavière alors prit le devant, et, dût-elle se séparer de l'Autriche, pour laquelle elle subissait une solidarité trop désastreuse, elle fit à la France des propositions de paix. L'agent fut un Français, le maréchal de Grammont, qui avait obtenu sa liberté par un échange avec le comte bavarois, de Gléen. La duchesse de Bavière, qui était pourtant une sœur de l'empereur Ferdinand III, fit prier le maréchal de passer à Munich, avant de retourner en France. Là elle le supplia de s'employer en faveur du duc, son mari, auprès de Mazarin et d'Anne d'Autriche, qui, régente, était devenue si Française. « La « reine de France, lui dit-elle, m'apprend par son « exemple à préférer les devoirs de mère aux sen- « timents d'une sœur. » Et immédiatement après cet entretien, elle fit partir pour Paris, sur les pas du maréchal de Grammont, M. Krebs et quelques autres députés bavarois, qui promirent à la France, de la part de leur duc Maximilien, toutes les satisfactions qu'elle demanderait, même la restitution du Palatinat, pourvu toutefois qu'il fût payé des frais de la guerre, ce qui était la raison, disait-on, pour laquelle l'Autriche lui avait fait don de cet État. Mais ni Mazarin ni les négociateurs français de Münster ne croyaient Maximilien sincère; et cela se vit bien, lorsque Gallas et l'archiduc Léopold, alarmés de la situation et de la conduite de la Bavière, accoururent au secours de Maximilien, lui refirent son armée, et, avec lui, forcèrent Turenne, par une prompte retraite, à évacuer la Bavière (1).

VI

Les Impériaux plus traitables après la journée de Jankowitz, 1645.

De leur côté, les Impériaux, après Jankowitz, s'étaient aussi montrés plus abordables. Ils n'avaient cependant pas proposé la paix, ils n'avaient parlé que d'un armistice. Ils faisaient cette concession aux Cercles, qui ne voulaient plus de la guerre. Ainsi, même après Jankowitz, ils ne se souciaient pas de convenir encore de la paix, dans les conditions où cette journée les avait placés : leurs bonnes dispositions d'autrefois avaient suivi la même progression décroissante que leur fortune; plus celle-ci empirait, plus ils redoutaient une paix, imposée par la victoire et qui les eût achevés. Mazarin s'emporta. « La France, leur fit-il dire, ne « veut ni armistice, ni neutralité, ni concession « quelconque. Elle veut une paix générale. » « Eh « bien, s'écria aussitôt Wolmar, envoyé autrichien, « en répondant à d'Avaux, il faut combattre, « mourir ou servir, car le couteau est à la gorge. » La défection de Ragotzki, la retraite forcée de Tor-

(1) Tous ces détails, avec la lettre de d'Avaux, dans le P. Bougeant, t. I, p. 584, et t. II, p. 54.

tenson, parallèlement à celle de Turenne en Bavière, maintenaient à l'Autriche ce ton si fier, ce ton de Romain, qui cachait mal pourtant son désespoir, et qui, après tant de coups du sort, tant de meurtrissures et d'ébranlements, n'était pas de la confiance, mais le cri d'une âme qui s'emporte, qui se dépite, qui se débat contre un fatal destin.

VI

Wolmar et d'Avaux dans l'église des Capucins de Munster.

Cet abattement dissimulé, mais réel, était d'autant plus grand, que les plaintes des Cercles ne permettaient pas de résister davantage à la paix. La cour de France le comprit bien, puisqu'elle fit partir alors pour le congrès de Münster Louis d'Orléans, duc de Longueville, le seul qui fût chargé de pleins pouvoirs et qui pût à la fois et traiter et signer. La cour de Vienne, de son côté, ne tarda pas à envoyer aussi son véritable ministre plénipotentiaire. « Le jour de Pâques, 1645, Isaac Wolmar
« alla de grand matin se confesser aux Capucins.
« Il était à genoux à l'autel, lorsque arriva le
« comte d'Avaux, qui s'agenouilla de l'autre côté.
« Wolmar se lève aussitôt et va le saluer. D'Avaux
« lui rend le salut et lui souhaite en français un
« heureux jour de Pâques. « Puisque nous nous
« trouvons ici, répond Wolmar en latin, en ce jour
« consacré tout entier à l'Ange de paix, efforçons-

« nous d'amener encore plus l'esprit de paix dans
« nos conférences. » D'Avaux, montrant le saint
« ciboire, dit en latin : « J'atteste Dieu que je n'ai
« rien tant à cœur, et certainement vous recevrez
« nos propositions cette semaine. » « Parole remar-
« quable! reprit Wolmar, que la paix règne donc
« parmi nous, et que Dieu en soit témoin (1)! »
Et ils se séparèrent dans ces dispositions. Quelques
jours après, la Suède et la France envoyèrent en
effet leurs propositions. Mais l'Autriche, en se
montrant disposée, comme le voulaient ces deux
puissances, à revenir à la constitution germanique, refusa : 1° de rétablir, suivant leur demande,
les choses sur le pied où elles étaient en 1618,
à l'époque où la maison palatine, que protégeait la
France, avait la dignité électorale, et où l'électeur de Trèves, autre protégé des Français, n'était
pas prisonnier contrairement à toutes les lois de
l'Empire; elle y consentait seulement, en prenant
pour point de départ l'année 1630; 2° d'accorder
aux deux couronnes un dédommagement territorial ; 3° de promettre sa neutralité dans les démêlés subséquents entre la France et l'Espagne, à
moins que la France n'en voulût faire autant pour
les différends entre l'empereur et l'Empire (2).
Ainsi la cour de Vienne, malgré les bonnes paroles
d'Isaac Wolmar, ne voulait pas la paix, puisque,

---

(1) Woltmann, p. 51, *Hist. du traité de Westph.* à la suite de Schiller.
(2) *Acta pacis Westph.*, l. 5, § 1-4, l. VI, § 19 ; P. Bougeant, t. I, p. 482 et 523.

bien que vaincue, elle la voulait sans sacrifices. Pourtant, comme les demandes de dédommagement territorial, au préjudice de l'Empire, avaient fait ouvrir les yeux aux États germaniques sur les sentiments peu désintéressés de leurs protecteurs, et que ces États fort mécontents s'étaient rapprochés de l'empereur, la cour de Vienne, sur la fin de l'année 1645, fit partir pour le Congrès son chargé de pleins pouvoirs, le comte de Trautmandorff, le Metternich de l'Autriche au xviie siècle. Pour lever tout obstacle aux négociations, elle rendit même, comme l'exigeait la France, la liberté à l'électeur de Trèves.

VIII

Arrivée de Trautmandorff, premier plénipotentiaire autrichien. Ses négociations.

Trautmandorff, avant d'entamer la discussion sur une paix générale, chercha à conclure des paix particulières, en détachant la Suède de la France (1). Pour cela, il prend à part l'envoyé suédois Salvius. Il savait que cet ambassadeur était jaloux de son collègue Oxenstiern, qu'il avait eu quelques démêlés avec d'Avaux sur des questions d'étiquette, et que, sans que Oxenstiern le sût, il commençait à être tourné contre la France par le comte de Peñaranda, premier plénipotentiaire espagnol. Trautmandorff le flatte donc, le caresse, lui dit que

(1) Woltmann, l. 2, p. 93. L'ouvrage est tout consacré aux négoc.

l'Autriche ne confondait pas les Suédois avec les Français, qui voulaient la ruine de cette maison ; que des indemnités territoriales leur seraient accordées ; que les Allemands enfin avaient incomparablement moins d'éloignement pour la Suède que pour la France (1). Il était sur le point de réussir, car Oxenstiern, avec qui il eut aussi un entretien particulier, était ébranlé ; mais la connaissance qu'eut Oxenstiern des rapports secrets de Salvius avec les Espagnols, fit qu'il donna au comte de Trautmandorff une réponse négative. Il n'obtint pas plus de succès que n'en avaient eu les Espagnols, dans une récente tentative pour détacher la Hollande de la France. La Suède et la Hollande sentaient trop combien elles seraient peu capables, dans un traité de paix, de défendre seules leurs intérêts, sans l'appui de la France, sans le concours de ceux qui avaient à la fois vaincu et les Espagnols et les Impériaux.

Malgré cet échec, Trautmandorff reculait toujours devant la conclusion d'une paix générale, et c'était en vain que les ambassadeurs français cherchaient à le flatter lui-même, en lui disant que toute l'Europe avait les yeux fixés sur lui, et qu'on pensait partout qu'il n'était venu au congrès que pour y acquérir le titre de fondateur de la paix du monde : ils ne pouvaient l'ébranler. Mazarin alors, pour déconsidérer Trautmandorff et ses collègues

---

(1) *Négociat. secrètes du traité de Westph.*, t. II, p. 242, et Woltmann, p. 75.

en Allemagne, et faire croire aux Cercles, impatients de voir la paix, qu'eux seuls étaient cause du délai qu'elle éprouvait, donna ordre à ses agents de s'installer à Munster, comme s'ils devaient y séjourner encore longtemps (1). Ceux-ci se mirent donc aussitôt à agrandir ou à embellir leur logement.

L'empereur, il est vrai, présenta tous ces travaux aux États de l'Empire comme un stratagème des Français, et leur dit : « Les deux couronnes ne « veulent pas certainement la paix, la conduite « de leurs plénipotentiaires le prouve : l'un, le duc « de Longueville, fait venir de France son épouse, « qui n'entreprend pas un si long voyage pour « s'en retourner le lendemain ; un autre fait bâtir « une maison, et le troisième fait dessiner un « jardin, sans doute pour en jouir encore quelques « années (2). »

Mais cette manière de présenter la chose ne convainquit pas tout le monde; les murmures contre l'Autriche éclatèrent çà et là plus forts que jamais, comme le prouve une lettre de Mazarin, où il est dit : « On croirait difficilement le bon effet qu'a « produit de toutes parts la nouvelle que le duc « de Longueville fait bâtir, dans sa maison à Muns-« ter ; et partout on s'étonne que ce prince, qui « pourrait jouir à Paris de tous les agréments de la « société, au milieu de ses nombreux amis ou pro-« tégés, se livre assez sérieusement aux affaires

---

(1) Woltmann, p. 150.
(2) Woltmann, p. 151-152, et *Négociations secrètes*, t. III, p. 7-10.

« pour ne pas s'apercevoir des incommodités de
« son triste séjour, et ne pas penser à l'époque
« où il abandonnera ce climat rigoureux (1). »

IX

Rôle peu honorable de Maximilien de Bavière. Il s'entend avec Mazarin.

A ces murmures se joignit la détermination, prise par le duc Maximilien de Bavière, de rechercher à tout prix l'amitié de la France, afin que son duché ne souffrît pas des difficultés et des lenteurs de l'Autriche. Il alla, pour atteindre à ce but, jusqu'à faire à Mazarin, qui en instruisit les plénipotentiaires français de Munster, des révélations et des propositions des plus fâcheuses. En 1646, au commencement de l'année, il écrivit au nonce Bagni à Paris, puis à Mazarin, que l'empereur lui avait dit à lui-même qu'il accorderait tout, s'il ne pouvait détacher la Suède de la France, et que Trautmandorff lui-même, malgré ses airs hautains et son caractère si rétif, avait un violent désir de conclure la paix ; enfin que la Bavière contracterait volontiers une alliance secrète avec la France, ce qu'elle fit bientôt en effet par le traité d'Ulm, qui lui accorda la sécurité d'un État neutre (2).

Le mystère, dont on couvrit cette conduite si déloyale, n'empêcha pas la cour de Vienne d'en

---

(1) Woltmann, p. 151, et *Lettres de Mazarin*.
(2) Pfeffel, t. II, p. 353-354.

avoir connaissance (1), c'est ce qui fit qu'elle pressa Trautmandorff de se montrer définitivement plus accommodant. Alors seulement commencèrent, d'une manière sérieuse et suivie, les négociations.

X

Organisation sérieuse et définitive des congrès de Munster et d'Osnabruck en 1646.

Munster et Osnabruck, deux villes qui n'étaient qu'à six lieues de distance l'une de l'autre, restèrent le lieu des conférences. Les plénipotentiaires de la Suède étaient à Osnabruck, et ils avaient un résident ou assistant à Munster; les plénipotentiaires français siégeaient à Munster, et ils avaient des résidents à Osnabruck. Les deux couronnes l'avaient ainsi réglé, afin que, quoique traitant en commun, l'une n'eût pas l'air d'être subordonnée à l'autre. Ceux qui étaient alliés à la fois de la Suède et de la France, ou ceux qui avaient à régler avec les deux puissances, avaient des plénipotentiaires aux deux endroits; les alliés de l'une d'elles n'en avaient que dans une seule ville. L'empereur, comme étant celui qui avait à compter avec tous, et d'ailleurs en qualité d'empereur, avait des plénipotentiaires à Osnabruck comme à Munster. Les puissances médiatrices n'étaient pas les mêmes qu'à

---

(1) Dans Bougeant. t. II, l. 1; dans Woltmann, p. 149, *Négociat. secret.*, t. III, p. 2, 7-12; un mot seulement dans Schiller, qui ne s'est pas du tout occupé des négociations, p. 682.

l'époque des premières ouvertures pour la paix. La Suède, qui depuis avait été en guerre avec le Danemark, avait fait retirer aux Danois le titre de médiateurs qu'on leur avait donné. Ce titre appartint dès lors à Venise, représentée par le chevalier Contarini, et au pape Urbain VIII, que représentait Fabio Chigi, noble Siennois, évêque de Nardo, le même qui devint pape en 1655, sous le nom d'Alexandre VII, et qui était le principal médiateur. Après ces ministres, les plus considérables étaient Antoine Brun, ancien procureur-général au parlement de Dôle en Franche-Comté, et membre de l'ambassade espagnole; François-Guillaume de Bavière, évêque d'Osnabruck, chef de la députation du collége électoral; Adrien Paw, qui était à la tête des huit envoyés des Provinces-unies, et Adami ou Adam, l'un de ceux qui représentaient les abbés et abbesses, les princes et princesses de l'Empire, et qui a été l'historien du congrès. À Munster on traitait par médiateurs, à Osnabruck, directement (1).

Dès qu'il fut plus sérieusement question d'une paix générale, il y eut comme un instant de sursis aux hostilités contre l'Autriche. Toute l'Europe fut en suspens, et l'on suivit avec anxiété toutes les vicissitudes de la lutte, non pas armée, non pas sanglante, mais diplomatique, qui devait terminer chez des peuples civilisés de si longues commotions et en prévenir le retour.

---

(1) Comte de Garden, t. I, d'après le P. Bougeant, t. II.

CHAPITRE XI.

Intérêts des puissances représentées au congrès de Munster et Osnabruck.

Le P. Bougeant a donné un état nominatif des puissances qui étaient représentées au congrès de Munster et Osnabruck, et de leurs plénipotentiaires et résidents (1). D'après ce tableau fort curieux pour connaître la géographie politique de l'Europe à cette époque, et en particulier celle de l'Allemagne, toute l'Europe, à l'exception de la Pologne, de la Russie et de la Turquie, pour la partie orientale, des duchés de Parme, de Ferrare et de Gênes, pour les États du sud, de l'Angleterre pour l'occident, et de la Suisse pour le centre, s'y trouvait représentée. Jamais on n'avait vu d'assemblée diplomatique aussi universelle, de même qu'il n'y en avait pas encore eu d'aussi imposante par la grandeur des intérêts qu'on allait y discuter. Les conciles œcuméniques, qui représentaient toute la chrétienté, avaient eu seuls jusqu'alors ce caractère d'universalité.

---

(1) P. Bougeant, fin du t. III, et, d'après lui, comte de Garden, *Traités de paix*, t. I, p. 80.

I

Composition du congrès de Munster et Osnabruck. Son caractère d'universalité.

Le congrès de Munster et Osnabruck était véritablement les États-Généraux de l'Europe, un tribunal suprême, un sénat européen, une parfaite réalisation de la grande pensée d'Henri IV, qui se proposait d'employer ce moyen pour réformer, sur la base de l'équilibration des forces, la carte de l'Europe.

On y voyait cinquante-cinq députations d'États, sans compter le Saint-Siége et Venise, qui n'avaient que des médiateurs. Elles se composaient, en réunissant les plénipotentiaires et les résidents, de cent quarante-cinq députés, formant deux réunions distinctes, mais devant s'entendre pour un traité unique ou du moins commun.

Quels États ou quelles villes y étaient représentés? C'étaient l'Empire, la France, l'Espagne, la Suède, le Danemark, le Portugal, les Sept-Provinces-Unies, la Savoie, le duché de Mantoue, le grand-duché de Toscane; les trois électorats ecclésiastiques de Mayence, de Cologne et de Trèves; le duché de Bavière, l'électorat de Saxe, l'électorat de Brandebourg, les États autrichiens, l'évêché de Bamberg, le cercle de Franconie, l'évêché de Constance, l'archevêché de Magdebourg, l'évêché de Wurtzbourg, l'archevêché de Salzbourg; les évêchés de Prisingue, de Minden, de Verden, de Munster, d'Hildesheim, de Paderborn et d'Osnabruck; le duché de Saxe-Altenbourg et Cobourg; les duchés de Saxe-Eisenac, de Saxe-Veymar, de Saxe-Lauenbourg, de Lunebourg-Zell, de Lunebourg-Grubenhagen, de Lunebourg-Wolfenbuttel, ou de Brunswick, de Lunebourg-Calenberg, de Wirtemberg, de Poméranie, de Mecklembourg-Schwerin, de Gustrow et de Lorraine; le margraviat de Brandebourg-Culmback, le margraviat de Brandebourg-Onolsback, le landgraviat de Hesse-Cassel et celui de Hesse-Darmstadt; la principauté d'Anhalt; les margraviats de Bade-Dourlach et de Baden-Baden; le comté de Neubourg, les comtés de Nassau-Saarbruck, de Nassau-Dillembourg, de Zutphen et d'Egmont; la Vétéravie, le comté d'Oldenbourg; la république de Strasbourg et les villes de Spire, Weissembourg sur le Rhin, et Landau; la république de Ratisbonne, la république de Nuremberg; Winsheim et Schweinfurt; la république de Francfort-sur-le-Mein, avec la partie protestante d'Augsbourg et le comté d'OEttingen; la république d'Ulm et les villes de Giengen, Alen et Bopfingen; les dix villes libres d'Alsace : Landau, Schelestadt, Wissembourg, Haguenau, Colmar, Oberenheim, Keisersberg, Munster-au-Val-Saint-Grégoire, Rosheim et Turkheim; la ville impériale de Dortmond; les villes impériales de Esslingen, Reutlingen, Nortlingue, Halle en Souabe, Heilbronn, Lindau sur le lac de Constance, Kempten, Weissembourg en Norgau, Wimpsen; la république de Brême; les villes hanséatiques Hambourg, Brême et Lubeck, et la province de Catalogne.

Exposons maintenant les intérêts des principales puissances contractantes ou intéressées, et suivons-en la discussion jusqu'à la fin des négociations qui concernaient chacune d'elles. Le traité de Westphalie nous fera connaître ce qui fut décidé pour les États subalternes.

II

Discussion des intérêts importants de la France.
1° Mazarin veut l'Alsace et la Lorraine.

Abaisser les maisons d'Autriche, soit en démembrant leurs États au profit de la sûreté de nos frontières ou au profit de nos protégés, soit en occupant au cœur même de ces États des positions importantes pour la surveillance ou l'attaque, tel est le but que s'était proposé Richelieu, et que, d'après ses plans, poursuivit le cardinal Mazarin. Dans les instructions qu'il remit à d'Avaux et à Servien, il demandait que l'empereur et l'Empire cédassent à la France, déjà maîtresse de Brisach, la haute et la basse Alsace, et le Sundgaw; il était recommandé aux plénipotentiaires, pour disposer les États de l'Empire à cette cession, d'invoquer l'intérêt même de l'Allemagne. En présence d'une maison aussi envahissante que l'était la maison d'Autriche, n'importait-il pas aux Allemands d'être protégés par une puissance qui l'égalât en force?

Or, quel était le moyen de rendre cette protection éternelle? N'était-ce pas d'y intéresser la puissance qui l'offrait, par la possession d'un territoire allemand? Ils devaient surtout faire valoir cette raison au duc de Bavière, dont les domaines étaient comme investis et pressés de tous côtés par ceux de la maison d'Autriche. Mais là ne se bornaient pas les exigences de la France. Les armées françaises s'étaient emparées de la Lorraine, province convoitée par les Français dès l'origine de la dynastie capétienne; elles avaient voulu par là punir le duc de Lorraine, Charles IV, qui, pendant la période française de la guerre de Trente-Ans, était passé tour à tour d'un camp dans un autre avec la légèreté d'un esprit sans consistance et craintif. Mazarin prétendit la garder, aussi bien que les Trois-Évêchés, à charge par la France de payer à l'empereur, pour les frais de la guerre, la part qui était due par le duc de Lorraine.

2° Avec droit de suffrage aux diètes.
La France aurait par là rendu la Prusse impossible.

Mazarin aurait aussi désiré obtenir un privilége politique, dont la concession aurait pu nuire à l'Autriche pour l'avenir, beaucoup plus que l'abandon de ces territoires, c'était que la France eût, aux diètes de l'Empire, les voix de la Lorraine; et, pour gagner l'empereur, il offrait de payer le double de l'argent dû par la Lorraine pour les frais de la guerre (1). Quelle influence n'aurait pas acquise immédiatement en Allemagne un État comme la France, ayant des territoires allemands, ayant des alliés, étant le centre d'une opposition qui avait vaincu l'Autriche ! La France eût remplacé le parti saxon ou féodal en Allemagne, ce parti saxon dont les chefs habituels, les électeurs de Saxe, s'étaient ralliés au pouvoir impérial et à la maison d'Autriche. C'est précisément en représentant ce parti saxon, délaissé par ses antiques chefs, que la Prusse, de nos jours, s'est élevée en Allemagne au niveau de l'Autriche ; c'est en s'identifiant avec cette opposition politique, devenue aussi un antagonisme religieux, que la Prusse a pu former, comme autrefois Gustave-Adolphe, le projet d'établir en Allemagne un empire protestant, opposé à l'Empire autrichien ou catholique : et ce projet, par l'élection de Frédéric-Guillaume IV en qualité d'empereur héréditaire, en 1848, s'était enfin réalisé, et il aurait consommé, pour longtemps peut-être, la séparation de l'Allemagne protestante et de l'Autriche catholique, sans les menaces de la Russie qui, suivant les instructions du czar Pierre, toujours liée aux intérêts de l'Autriche, renversa à l'instant l'édifice que l'ambition avide de la Prusse avait adroitement élevé. Pour rappeler un souvenir de l'antiquité à côté de ce fait d'histoire contemporaine, l'admission de la France dans les diètes germaniques aurait pu avoir pour l'Allemagne, si

(1) P. Bougeant, t. II et t. I, p. 583, Woltmann, p. 150 à 160.

morcelée et si désunie, les mêmes résultats qu'eut autrefois pour la Grèce, également divisée, l'admission de l'ambitieux et rusé Philippe de Macédoine, avec les voix des Phocidiens, dans le conseil amphictyonique, qui était la diète suprême de la Grèce. La France aurait fini par tout conduire en Allemagne, et dans tous les cas, elle eût rendu la Prusse impossible. Que répondit Trautmandorff à ces demandes personnelles de la France?

III

Réponse de Traustmandorff.

D'abord il affecta à son égard une indifférence et une inflexibilité extrêmes. Tout au plus s'il voulait confirmer la France dans la possession des Trois-Évêchés, qui était pourtant un fait accompli depuis longtemps; quant à tout le reste, surtout à l'admission de la France dans les diètes germaniques, il refusa d'introduire le loup dans la bergerie, et il déclara que l'empereur ne pourrait jamais y consentir.

IV

Révélation des propos confidentiels de l'empereur par Maximilien de Bavière.

Mazarin se doutait bien, d'après les dernières révélations de Maximilien de Bavière, que les ordres de la cour de Vienne étaient tout le contraire de ses affirmations. Mais comment amener la manifestation de ces ordres secrets, de ces instructions véritables, et obliger ainsi, par les murmures de l'Allemagne, qui voulait la paix à tout prix, la maison d'Autriche à céder? Mazarin fit dire à d'Avaux, à Servien et au duc de Longueville de donner à entendre qu'on pourrait bien se contenter de la Haute et de la Basse-Alsace, du Sundgaw et des forteresses de Brisach et de Philipsbourg; et en même temps, comme il pensait que le duc de Bavière savait aussi à quoi s'en tenir sur cet autre point des intentions réelles de l'Autriche, il ordonna au maréchal de Turenne, qui était vers le Haut-Rhin avec une armée, de se mettre en marche vers la Bavière, afin d'obliger, par l'intimidation, le duc Maximilien à dire, à la face de l'Allemagne, tout ce qu'il savait. Effectivement, menacé par l'invasion française, Maximilien de Bavière déclara hautement aux électeurs, que, d'après des communications confidentielles de l'empereur, il pouvait affirmer que Trautmandorff ne se conformait point à ses instructions, et que la France, paraissant vouloir rabattre de ses prétentions, il n'y avait d'autre obstacle aux satisfactions de cette puissance que le mauvais vouloir d'un ministre, ridiculement jaloux de faire le maître (1).

(1) Woltmann, p. 160, et P. Bougeant, t. I, p. 482 et t. II, p. 52 et suiv. *Négociat. secrètes*, t. III, p. 2-7-12.

V

Trautmandorff cède pour l'Alsace et le Sundgaw.

Le coup porta juste, comme il était aisé de le prévoir. Après une telle révélation, il n'y eut plus moyen de reculer. Trautmandorff envoya donc aussitôt aux deux médiateurs le comte de Nassau et le docteur Wolmar. Ils déclarèrent que l'empereur consentait à céder en toute propriété aux Français la Haute et la Basse-Alsace, ainsi que le Sundgaw, avec les dix villes libres de l'Alsace, dites la préfecture d'Haguenau, excepté Strasbourg, sur laquelle le roi de France n'aurait que les droits qu'exerçaient les empereurs sur les villes impériales. Mais ils ajoutèrent que leur maître était inflexible sur l'article de Brisach et de Philipsbourg, aussi bien que sur le droit de séance et de vote dans les diètes. Il dit aux plénipotentiaires que l'empereur, s'il abandonnait Brisach, renoncerait par cela même à tout le Brisgau, dont cette ville était comme la capitale; ce qui ne pouvait pas être, puisque le Brisgau n'était pas en question. « Mais,
« répondit Servien, qui était le plus acharné à
« la vouloir, nous ferons la guerre cent ans plu-
« tôt que de vous la rendre. — Eh bien, répliqua
« Trautmandorff aux médiateurs, qui lui rappor-
« tèrent ces paroles, si les Français veulent faire
« la guerre avec l'empereur, uniquement pour la
« forteresse de Brisach, nous sommes prêts à nous

« défendre à outrance. » Mais cette bravade ne servit de rien. Les Français savaient, par le duc de Bavière, que l'Empereur voulait qu'à toute extrémité on cédât également pour Brisach (1). Aussi, est-ce en vain qu'on offrit de donner Philipsbourg, sur la rive droite du Rhin, en place de Brisach : les médiateurs répondirent que les Français ne voulaient pas démordre de leurs prétentions, et Brisach fut accordé.

VI.

Servien prend sur lui d'exiger en outre Philipsbourg, pour y tenir garnison à perpétuité.

Mais tout n'était pas fini. Les Français voulurent avoir le droit de tenir garnison dans Philipsbourg, bien que à la cour de France, on parût satisfait des cessions déjà faites. C'est Servien, celui qui était le plus au courant des intentions de Mazarin (1), dont il était particulièrement affectionné, qui réclama ce droit ; ses deux collègues n'étaient pas aussi exigeants. Se sentant soutenu et approuvé d'avance par Mazarin, il fit tant, par la rudesse et la violence de son langage, par des menaces de guerre, regardées de sa part comme sérieuses, que les Impériaux, dans l'intérêt de la paix générale, se virent contraints d'accorder, sur ce point aussi, à la France, ce qu'elle demandait, et de l'accorder à perpétuité (2).

(1) Woltmann. p. 162.—(2) *Négociat. secrètes*, t. III, p. 166-167.

VII

Impossible d'obtenir droit de vote.

Mais il fut déclaré que les pays concédés cessaient d'être allemands, c'est-à-dire que tous les liens, qui les rattachaient à l'Empire, étaient rompus ; que la France, pour ces pays, n'aurait par conséquent aucune voix dans les diètes ; que les habitants de ces pays devenaient sujets français, et ces pays mêmes, incorporés définitivement à la monarchie française. Telle était la pensée de Trautmandorff et de Wolmar. Dans tous les cas, il n'en pouvait être décidé autrement sans le consentement des États de l'Empire, assemblés en diète. L'Empereur en effet ne pouvait, pour ce qui regardait l'Alsace, que faire l'abandon des droits de propriété qu'il pouvait avoir sur certaines parties de cette province, comme chef de la maison de Hapsbourg, qui était d'origine alsacienne. Mais le roi de France, tout en réclamant la souveraineté et la possession inaliénable de l'Alsace, voulait la tenir comme fief de l'Empire, et à ce titre intervenir, comme les princes de l'Empire, dans les affaires de la Germanie. Ce fut là une difficulté, qu'on trancha plus tard, par la renonciation de la France à une prétention qu'il était si difficile d'admettre. En attendant, assez satisfaite, la France seconda l'Autriche dans ses négociations avec les Suédois ; et les trois plénipotentiaires français partirent aussitôt, 7 septembre 1646, pour Osnabruck.

VIII

Intérêts de la Suède. La France lui procure, outre un territoire allemand, les droits de vote qu'elle n'a pu avoir elle-même.

Il paraît que dès lors les puissances protestantes, représentées au congrès, craignirent que la France, contente d'avoir obtenu de l'Empereur ce qu'elle désirait, ne favorisât les États catholiques. Voilà pourquoi leurs ambassadeurs se hâtèrent de suivre à Osnabruck les plénipotentiaires français, afin de combattre, au besoin, leur influence, si elle ne s'exerçait pas dans un sens conforme au but de l'intervention étrangère. Leurs craintes ne furent pas justifiées par l'événement. Sans doute les Français ménagèrent un peu l'Autriche catholique, mais dans un esprit de conciliation, et non d'indifférence envers les États protestants, leurs alliés. Ils firent même tous leurs efforts pour que Salvius, le plus actif et le plus intraitable de la députation suédoise, obtînt, en Poméranie, tout ce qu'il demandait pour la Suède, et ils le firent, malgré l'opposition de Frédéric-Guillaume, électeur de Brandebourg, à qui l'Empereur, depuis l'extinction récente de la famille des ducs de Poméranie dans la personne de Bogeslas XIV, avait promis la succession de ce duché. Avec cet appui, Salvius obtint tout ce qu'il voulut; il fut même plus heureux que la France, puisqu'on accorda aux Suédois le droit de suffrage en Allemagne (1). D'Avaux insista pour que, à défaut de la France, la Suède eût ce privilége, si incommode pour l'Autriche, et si important pour les adversaires de cette maison. Les Suédois, sauf ratification de la diète germanique, eurent donc la Poméranie citérieure, avec les villes de Stettin, de Gartz, de Dam et de Golnau, les îles de Wollin et de Rügen, le fort de Walfisch et le port de Wismar, ainsi que les deux abbayes de ces villes; l'archevêché de Brême, qu'avait autrefois tant envié le roi de Danemarck, l'évêché de Verden, avec les territoires ecclésiastiques, à titre de principautés séculières, et, de plus, tous les droits politiques attachés à ces divers fiefs, c'est-à-dire séance et voix à la diète. Comment l'Autriche y avait-elle consenti? Une terrible campagne de Turenne et de Vrangel en Bavière, en 1647, entreprise pour rendre service aux Suédois, et contre le gré, dit-on, de Mazarin, qui avait des obligations à ce pays, avait été suivie de la conclusion d'un armistice entre les Français et le duc Maximilien, et de la neutralité de l'électeur de Mayence et du landgrave de Hesse-Darmstadt : voilà ce qui avait déterminé l'Autriche, ainsi abandonnée successivement de tous ses alliés, à tout accorder aux Suédois.

(1) Woltmann, p. 164.

IX

Intérêts du Brandebourg et du Brunswick, corruption en grand, pratiquée par les petits princes allemands.

Ces indemnités territoriales, accordées aux Suédois, nuisaient aux intérêts de deux princes allemands, l'électeur de Brandebourg et le duc de Brunswick. L'électeur de Brandebourg ne devait plus songer à la Poméranie citérieure ou Basse-Poméranie; le duc de Brunswick perdait les espérances que pouvait lui donner une coadjutorerie, qu'un prince de sa maison possédait à Brême (1). La France proposa de donner en dédommagement à l'électeur l'évêché d'Halberstadt et l'archevêché de Magdebourg, que l'on détacherait des trop nombreux bénéfices ecclésiastiques de l'archiduc Léopold-Guillaume. L'électeur voulait en outre les évêchés de Minden et de Camin, et le comté vacant de Schauembourg : mais pour ceci il rencontra l'opposition du duc de Brunswick, que protégeait l'Autriche, et pour lequel se prononcèrent aussi la France et la Suède. Le duc de Brunswick disait que des princes de sa famille possédaient des coadjutoreries ou des prébendes à Magdebourg et à Halberstadt, et qu'en dédommagement il voulait Hildesheim, Minden et Osnabruck. C'était demander beaucoup. Le savant

(1) Bougeant, t. III.

luthérien Lampadius, plénipotentiaire du Brunswick, chercha à soulever contre l'électeur de Brandebourg, qui était calviniste, de vieilles antipathies de religion (1). Il ne put réussir dans sa négociation. Au milieu de tous ces petits princes de l'Allemagne, s'il faut en croire Woltmann, et avant lui, Puffendorf (2), les plénipotentiaires influents, ceux de la Suède surtout, vendaient leur protection au plus offrant, et en faisaient un trafic des plus scandaleux. Oxenstiern, le fils du célèbre chancelier de ce nom, ne se montrait pas, assure-t-on, plus scrupuleux et plus délicat que son collègue Salvius; en sorte que tout l'art des princes allemands consistait à qui corromprait le mieux. La cour de Berlin ou du Brandebourg apprit ou se douta que les Suédois avaient reçu 20,000 thalers du Brunswick. Aussitôt, *d'après le conseil du comte d'Avaux*, elle en offrit autant à Salvius, et en paya 10,000 sur-le-champ; puis, *sur l'avis de Salvius*, qui recommanda toutefois qu'on ne le trahît pas, elle en offrit 20,000 autres à Oxenstiern (3). Dès lors, le procès du Brandebourg fut gagné. Il eut Minden, il eut Camin, avec la seule condition de la réversibilité à la Suède, à l'extinction des mâles du Brandebourg : en un mot, excepté le comté vacant de Schaumbourg, il eut tout ce qu'il voulut. Le pauvre duc de Brunswick, ainsi vaincu, numéraire-

(1) Bongeant, t. III.
(2) Puffendorf, *De Rebus Gest., Frid. Guill. M.*, l. 3, § 12 et 13.
(3) Voir, sur cette vénalité des principaux plénipotentiaires étrangers, Woltmann, p. 175, 179.

ment, par Frédéric-Guillaume de Brandebourg, plus connu sous le nom de Grand-Électeur, jeune prince qui possédait au plus haut degré l'art de corrompre, dut se contenter de l'expectative du siége d'Osnabruck à la mort de François-Guillaume de Bavière, qui en était évêque. On devait, dans ce cas, alterner entre un prince catholique et un prince protestant du Brunswick; clause monstrueuse, s'il en fut jamais, au point de vue religieux.

Ainsi le Brandebourg, que nous pouvons déjà appeler la Prusse, s'agrandissait par Minden, par la succession partagée de Clèves et de Juliers, dans la Westphalie, qu'il devait un jour posséder tout entière, sous le nom de Prusse Rhénane; ainsi, dans sa politique prévoyante, le Grand-Électeur reliait son électorat à ses possessions rhénanes, 1647, 13 mai (1).

X

Intérêts du Mecklembourg.

Les ducs de Mecklembourg, réintégrés depuis la paix de Prague, qui suivit de près la mort de Waldstein, avaient à souffrir aussi des avantages faits à la Suède; ils perdaient la ville de Wismar, qui leur appartenait. Ils ne dirent pas grand'chose, trop heureux d'avoir recouvré leur duché. Ils demandè-

---

(1) Puffendorf, *De Rebus gestis Frid. Guill. Magni*, l. 3; § 13.

rent seulement et obtinrent la possession des évêchés de Schwérin et de Ratzebourg, sécularisés depuis quelque temps.

XI

Intérêts du landgraviat de Hesse-Cassel. L'habile landgrave Elisabeth-Amélie et le duc de Longueville.

Après les ducs de Mecklembourg, il fallut satisfaire la landgrave de Hesse, Élisabeth-Amélie, le plus acharné des adversaires de l'Autriche. Les deux couronnes de France et de Suède appuyaient vivement les prétentions de cette alliée; il fallut donc que l'Autriche subît encore l'humiliation de payer à ses ennemis, en Allemagne, leurs frais de révolte et d'opposition. On n'accorda pourtant pas à la landgrave tout ce qu'elle demandait; mais elle eut les quatre bailliages de Schaumbourg, Buckebourg, Sachsenhagen et Stadthagen. Les anciens évêques de Minden, ayant quelques prétentions sur ces villes, protestèrent : ce fut inutilement ; car, il faut le dire, la France elle-même faisait bon marché des droits du clergé, du moment où elle avait obtenu tout ce qu'elle désirait. Au sujet de l'abbaye de Hirhsfeld, située dans l'électorat de Mayence, et que la landgrave réclamait pour elle à titre de principauté séculière, l'évêque François-Guillaume d'Osnabruck, dans la salle du congrès, s'adressait à la conscience religieuse du duc de Longueville, et lui disait, « qu'abandonner ces fon-

« dations ecclésiastiques à Hesse-Cassel, c'était
« ôter sa robe à la mère de Dieu pour en revêtir
« une hérétique. — On ne saurait trop faire, ré-
« pondit le duc de Longueville, pour mériter les
« faveurs d'une dame aussi vertueuse que la land-
« grave de Hesse. Ainsi, Messieurs, dit-il aux au-
« tres plénipotentiaires, surpassez-vous vous-mê-
« mes, et donnez toutes les satisfactions qu'elle
« désire. » Elle avait su gagner et charmer ce
prince; il disait, quelques jours après, à des États
catholiques : « La landgrave de Hesse m'a témoi-
« gné tant d'amitié, que je ne puis parler pour elle
« qu'avec passion (1). » On sécularisa donc l'abbaye de Hirchsfeld, et on la lui adjugea. C'est ainsi
que cette femme habile remit à son fils, après sa
célèbre régence, le landgraviat fort agrandi. Il va
sans dire qu'on lui assigna pour le payement des
milices hessoises, comme on le fit à l'égard de la
Suède, une somme considérable, 600,000 thalers,
à prendre encore sur des biens ecclésiastiques,
Mayence, Cologne, évêchés de Paderborn et de
Munster, et abbaye de Fulde. La succession de
Marbourg, en litige, fut partagée entre elle et
Hesse-Darmstadt.

L'affaire de la maison Palatine vint ensuite.

---

(1) Woltmann, p. 187, 188, 189.

XII

Affaire de la maison Palatine.

Comme on n'ôtait pas au duc de Bavière la dignité électorale, et qu'on lui laissait, en outre, le Haut-Palatinat, il se montra assez disposé à la réintégration de la famille de l'électeur-palatin Frédéric V, représentée par le jeune Charles-Louis, et même à la création d'un huitième électorat, attaché à la possession du Bas-Palatinat, en faveur de ce jeune prince. L'Autriche ne se souciait pas trop de cette dérogation au nombre sacré de sept électeurs, d'autant plus qu'il y avait un motif religieux qui n'était pas de son goût, celui d'opposer un électeur protestant à l'électeur catholique qu'elle avait créé. Elle céda pourtant; car, malgré cela, la majorité restait encore aux catholiques : elle était de cinq contre trois.

XIII

Intérêts du margrave de Bade-Dourlach.

Le margrave de Bade-Dourlach, seigneur protestant, demandait la restitution du bas margraviat; il l'obtint. Mais il ne put avoir le haut margraviat, ou margraviat supérieur de Baden-Baden, quoiqu'il prétendît que son neveu Guillaume, héritier de cette partie du margraviat, n'était pas habile à succéder, parce que sa mère, qui était une demoiselle d'Eyken, n'était pas d'une haute noblesse. Il ne réussit pas : la branche de Baden-Baden, qui était catholique, conserva sa part.

XIV

Du duc de Wurtemberg.

Le duc de Wurtemberg, autre prince, proscrit, comme les précédents, pour cause de connivence avec les étrangers, recouvra aussi son duché. En un mot, tout ce qu'avait fait l'empereur par la paix de Prague de 1640, ou depuis, était défait par le congrès, dans lequel l'esprit d'opposition contre l'Autriche présidait à toutes les décisions.

XV

Divers autres intérêts.

L'affaire de Donaverth, ni celle de Juliers et Clèves, ne furent pas décidées. Donaverth ne put de longtemps obtenir sa liberté. Quant à la succession de Juliers, elle ne fut terminée définitivement qu'au xviiie siècle.

Le congrès régla le sort des Autrichiens qui avaient pu se révolter : on leur fit accorder une amnistie pour leurs personnes, vies, renommée et honneur, mais non pour leurs biens, à moins qu'ils n'en eussent été dépouillés que depuis 1630, depuis l'entrée des Suédois en Allemagne. On s'occupa aussi des treize cantons suisses, dont l'existence politique n'avait jamais été reconnue par l'Autriche. La France, leur alliée depuis déjà François Ier, fit reconnaître solennellement leur indépendance (1).

D'après tous ces actes, on le voit, la défaite de l'Autriche ne pouvait pas être plus complète, et jamais État n'avait subi, plus qu'elle, l'impitoyable loi des vainqueurs. Cette monarchie universelle, ce rétablissement de l'ancien empire romain, qui était son idée fixe, comme il avait été celle des grandes maisons impériales qui l'avaient précédée, restait à l'état de projet, de prétention, de rêve. Pour comble de malheur, au-dedans, des règlements faits ou provoqués par le congrès l'obligèrent aussi de faire à peu près l'entier abandon de ses plans de monarchie absolue et d'unité religieuse, dans l'empire, irrémédiablement divisé, du Deutschland.

(1) Voir, pour ces satisfactions, les traités mêmes de Munster et d'Osnabrück, fin du t. III du P. Bougeant, et Pfeffel, t. II, p. 356-57-58, et Woltmann, qui a donné une analyse succincte de ces traités à la fin de son *Histoire des négociations des traités de Westphalie*.

CHAPITRE XII.

Organisation politique de l'Allemagne par le congrès d'Osnabruck.

I

A la vue du démembrement de l'Empire, indignation des vrais Allemands. Paroles éloquentes de Woltmann.

A la vue de cette dureté avide, avec laquelle, tout en voulant n'abaisser que la maison d'Autriche, on démembrait l'Allemagne, les publicistes allemands, ceux même qui montrent le plus d'opposition à la politique autrichienne, ne peuvent se défendre d'un sentiment d'indignation contre les étrangers qui, avec le titre fort prôné d'amis, touchaient à l'intégrité territoriale de la Germanie. « Les Al-
« lemands, dit Woltmann, organe de ce sentiment
« pénible, avaient eu, dans cette longue guerre
« civile, leur période d'énergie et de gloire, et
« leur période de lassitude et d'abaissement moral.
« Ils avaient entendu Gustave-Adolphe leur dire
« souvent : Allemands, même sans moi, vous

---

(1) Voir le traité lui-même (*Traité d'Osnabruck*), fin du t. III du P. Bougeant.

« êtes toujours braves. Au contraire, les Suédois,
« sans moi, ne peuvent exécuter rien de grand.
« Mais à Munster et à Osnabruck, sur une terre
« allemande, des étrangers, non l'épée à la main,
« mais sans armes, insultaient à leur mauvaise
« fortune et triomphaient de la Germanie tout
« entière. Vous ordonnez, nous sommes là; vous
« parlez, nous vous écoutons comme des oracles;
« vous promettez, nous ajoutons foi à vos promes-
« ses comme à celles des dieux eux-mêmes; vous
« menacez, nous tremblons comme des esclaves.
« Tel était leur langage, telle était leur attitude.
« Un simple billet, arrivé de Paris ou de Stockolm,
« portait-il quelques marques de faveur ou de co-
« lère, non pas d'un redoutable souverain, mais de
« deux capricieuses reines; ô abaissement incon-
« cevable, les Allemands étaient remplis de joie ou
« de tristesse! Que leur manquait-il dans leur avi-
« lissement, si ce n'est la mort? Les étrangers dis-
« posaient de nous en notre présence, de l'Alle-
« magne, au sein de l'Allemagne, ou plutôt *des*
« *dernières volontés de ce grand État, car il n'exis-*
« *tait déjà plus.* Ils décidaient ce qu'il fallait lui
« enlever ou lui laisser; quelles plumes ils arra-
« cheraient à notre aigle, pour les donner à la
« France; ce que notre aigle offrirait au lion de
« la Scanie, et ce que celui-ci voudrait bien lui
« laisser; ce qu'il nous serait permis de prendre,
« quitte à l'exiger plus tard eux-mêmes; ce qui
« leur convenait en ce moment, pour le rejeter le
« lendemain avec mépris. Et l'Allemagne, réduite

« à la dernière extrémité, alors qu'elle abandon-
« nait, pour ainsi dire, toute son existence, offrait
« encore le désolant spectacle d'une nation presque
« en tous points désunie (1). »

II

Division des esprits en Allemagne. Les armes décident de tout.

Comment, avec cette division des esprits, pouvait-on espérer la prompte conclusion de la paix et un terme prochain aux humiliations de l'Allemagne ? Dans l'impossibilité de s'entendre, on était obligé de tout remettre à la fortune des armes. Vrangel, en Bohême, était-il arrêté devant Egra, avait-il ordonné la retraite ; aussitôt les impériaux respiraient, et leur résistance aux propositions des plénipotentiaires de la Suède et de l'Allemagne protestante se ressentait de ce retour de confiance. Mais annonçait-on au congrès que Vrangel et Turenne avaient opéré leur jonction sur le Rhin, qu'ils marchaient vers la vallée du Danube, qu'ils allaient attaquer la Bavière, qu'ils avaient battu en 1648, à Summershausen, les impériaux de Melander et qu'enfin, d'un autre côté, le grand Condé, après avoir échoué en Catalogne, au siége de Lérida, venait d'écraser les impériaux et les Espagnols réunis, en Flandre, près de Lens, la même année

---

(1) Woltmann, l. 6, p. 302, 303, 304.

1648; aussitôt moins de confiance amenait, chez les plénipotentiaires impériaux, moins de roideur et d'opiniâtreté.

Un seul, Trautmandorff, ne démentit jamais la fermeté digne, la grandeur de caractère, comme aussi l'intégrité incorruptible, qu'on lui avait reconnues dès l'ouverture des négociations avec lui ; il représentait noblement l'illustre maison de Hapsbourg. Fiers d'avoir tout obtenu dans l'article des indemnités territoriales, les Suédois voulaient en outre dicter la loi à l'Empereur pour tout ce qui regardait la constitution religieuse et politique d'après laquelle, à l'avenir, se régirait la Germanie. Soutenant que chacun est juge dans les choses de la foi, ils voulaient que l'Empereur stipulât, dans le traité définitif, la concession de la liberté religieuse à ses sujets mêmes, dans ses États héréditaires, comme on avait dessein de l'établir dans les États allemands. Cette exigence le trouva inflexible ; et comme Oxenstiern et surtout Salvius revinrent plus d'une fois à la charge, il s'impatienta, frappa avec vivacité la table autour de laquelle ils étaient rangés, leva brusquement la séance, et, muni d'une autorisation impériale, il monta aussitôt dans sa voiture de voyage. « Actuellement, « dit-il publiquement, nous pouvons remettre les « affaires entre les mains de la Providence. » Et avec l'air de la plus vive gaieté, accompagné d'une suite nombreuse, et particulièrement des envoyés des électeurs, il passa au milieu de la haie formée par la milice bourgeoise, au bruit de décharges d'artillerie, et se mit en route pour Vienne (1). Mais, au désespoir que fit naître son brusque départ dans l'âme de ceux qui, de toutes parts, souhaitaient la paix, succéda bientôt une nouvelle confiance. Après l'affaire d'Égra, la campagne de Turenne et de Vrangel vers le Danube et la Bavière ne tarda pas à s'ouvrir, et alors l'Autriche, menacée de la défection du duc de Bavière, qui par d'indignes indiscrétions trahissait sa confiance avant de trahir sa cause, ordonna à Wolmar, resté à Osnabruck, d'en finir le mieux qu'il pourrait, dût-on être obligé de céder pour l'article de la liberté religieuse dans les États autrichiens.

III

Règlements divers du congrès: 1º sur la Chambre impériale; 2º sur le Conseil aulique; pouvoir impérial encore considérable. Conflit inévitable de ces deux cours, devenues égales.

Le premier règlement qui parut fut celui de la justice, 1648. L'administration judiciaire centrale était représentée dans l'Empire par deux cours suprêmes, la Chambre impériale pour l'Empire, et le Conseil aulique pour les États héréditaires d'Autriche, la première, établie sous Maximilien Ier d'Autriche, la seconde, réorganisée par lui. Les plénipotentiaires suédois et allemands firent porter le nombre des membres ou assesseurs de la Chambre impériale à cinquante, sans compter le grand juge

---

(1) Woltmann, p. 347 à 350.

et les quatre présidents de chambre, ou, comme on disait, des sénats; puis ils firent adopter que deux présidents et certains des assesseurs seraient protestants; enfin, que tous seraient nommés, comme auparavant, par les États. Ils obtinrent aussi que dans les cas où les catholiques et les protestants cesseraient de s'entendre, chaque culte enverrait à la Chambre impériale un nombre égal d'assesseurs, pour mieux garantir l'impartialité des jugements. Mais il pouvait s'élever un doute sur le sens de la loi, c'est-à-dire de la constitution de l'Empire ou d'un recez impérial. Dans ce cas, c'est à la diète elle-même, juge souverain pour tout ce qui intéressait la constitution, qu'il appartenait de décider. Il pouvait arriver aussi qu'une affaire fût mal jugée par erreur ou par malice : c'est pour cela qu'il fut réglé qu'on pourrait faire appel des sentences de la Chambre impériale; mais, non à l'Empereur : on devait s'adresser à une commission dite de révision, composée de jurisconsultes, qui n'avaient pas pris part au jugement dont on appelait. Ainsi les plénipotentiaires d'Osnabruck donnaient aux libertés germaniques, victorieuses de la centralisation monarchique, des garanties judiciaires qui supposaient même comme reconnue la liberté religieuse, bien que le règlement là-dessus n'eût pas été encore rédigé, et qu'on ne s'entendît que sur la question de principe. Mais, toute favorable que paraissait être cette organisation judiciaire pour l'Allemagne et pour le protestantisme, l'Autriche avait pu faire passer certaines modifications qui conservaient au pouvoir impérial une action puissante, et au catholicisme, sinon son ancien triomphe, du moins la supériorité.

I. C'était l'Empereur, qui, dans la Chambre impériale, nommait le grand juge et les quatre présidents. Parmi les assesseurs catholiques, dont la nomination était répartie sur les divers États catholiques de l'Empire, deux étaient aussi nommés par lui. Sans doute on y voyait des protestants; mais ils n'étaient en majorité, ni parmi ceux qui composaient la haute direction de la cour, parce que le grand juge, dont la nomination ne regardait que l'Empereur, était toujours catholique, ni parmi les conseillers ou assesseurs, dont vingt-six sur cinquante devaient appartenir à ce culte.

II. La position nouvelle qu'on fit au Conseil aulique procurait au pouvoir impérial une autorité judiciaire bien plus grande. Bien que l'Empereur en nommât tous les membres, et que ce tribunal siégeât, non pas à Spire, dans une ville allemande, comme la Chambre impériale, mais à Vienne, dans une ville autrichienne, et qu'il fût pour le pouvoir central ce que la cour du roi ou le parlement de Paris avait été, en France, pour les Capétiens, c'est-à-dire le tribunal suprême du domaine, des États héréditaires, Isaac Wolmar fit tant, qu'en vertu de certains précédents, dont les protestants s'étaient plaints pourtant pendant la guerre et même avant qu'elle éclatât, le Conseil aulique fut déclaré cour *concurrente* de la Chambre impériale. Les Allemands, aussi bien que les sujets autrichiens, furent libres, dans leurs différends, d'*opter entre ce tribunal et l'autre*. On crut, ou l'on voulut bien croire, sur l'insistance du docte Wolmar, que Maximilien I*er* l'avait entendu ainsi, que, selon son fondateur, le Conseil aulique jugeait *cumulativement* ou bien concurremment, et non *abdicativement*, ou à défaut de la chambre impériale, cette dernière cour faisait alors double office, c'était une superfétation. D'ailleurs, les affaires s'y décidaient avec moins de célérité et souvent moins d'impartialité qu'au Conseil aulique, dont les membres, nommés par l'Empereur seul, étaient moins sujets aux influences locales et n'avaient pas à ménager cette foule d'États qui nommaient à la Chambre impériale, et qui, à chaque affaire, venaient prier les leurs de ne pas les traiter avec toute la rigueur de la loi. Aussi, la plus grande partie des causes entre les États étaient-elles portées devant le Conseil aulique. Un tribunal essentiellement monarchique et autrichien marchait donc de pair avec une institution libre et plus germanique, plus nationale, en attendant de la supplanter, en attendant que les empereurs pussent effectuer, eux aussi, ce que les Capétiens avaient accompli, lorsque à la cour des pairs ils avaient substitué la cour du roi ou le parlement, et que, à la place d'un tribunal indépendant et féodal, basé sur le principe du jugement par ses égaux, ils avaient mis, moyennant quelques insignifiantes formalités, un tribunal dépendant, procédant du roi, essentiellement monarchique, et basé sur le principe, tout à fait contraire, du jugement par les hommes du roi.

Pour contre-balancer tous ces inconvénients, et empêcher la même révolution judiciaire qu'en France, les plénipotentiaires suédois et allemands avaient fait passer, au congrès d'Osnabruck, quatre articles. Le premier portait qn'un certain nombre de protestants serait appelé au Conseil aulique lui-même, comme à la Chambre impériale, et que, dans les cas où l'accord serait impossible, comme dans les affaires purement religieuses, on établirait la parité de religion entre les membres. On s'en rapportait pour cela à l'empereur, qui, en effet, mais seulement en 1654, sur les plaintes des États, publia un décret qui, sur dix-huit places au Conseil aulique, en donnait six aux protestants. Le deuxième article exigeait que les membres protestants fussent tirés des États de l'Empire, puisque ce tribunal, comme la Chambre impériale, avait autorité sur les États allemands aussi bien que sur les États autrichiens. Le troisième voulait que l'archevêque électeur de Mayence, en sa qualité d'archichancelier de l'Empire, pût inspecter le Conseil aulique aussi souvent qu'il lui plairait. Le quatrième enfin stipulait le recours à la diète, pour les affaires où le sens de la constitution ne serait pas compris, et donnerait lieu à des interprétations contradictoires. Une réflexion se présente naturellement à l'esprit : c'est que, en s'occupant si fort de ce tribunal, en se prémunissant si soigneusement contre ses envahissements, on augmentait son importance, et soi-même on l'élevait dans l'opinion publique à la hauteur d'un tribunal national.

III. L'administration de la justice par l'Empereur n'avait pas fait moins de progrès dans les provinces qu'au centre de l'État. De même que les Capétiens avaient établi partout des baillis ou juges royaux, pour faire concurrence aux justices seigneuriales, et, par les appels, les absorber insensiblement, ainsi les empereurs germains avaient organisé çà et là des tribunaux provinciaux, où les juges étaient nommés par eux, et qui exerçaient une juridiction de première instance, concurremment avec les cours seigneuriales, ou avec celles des Cercles. Cette institution remontait au moyen-âge, à une époque où le besoin d'un tribunal juste et fort, bien que non établi du consentement de la diète, faisait passer sur l'illégalité constitutionnelle de son établissement; et elle n'avait pas été abolie par les réformes judiciaires de Maximilien Ier. L'un de ces tribunaux siégeait à Rotweill, en Souabe, l'autre tenait ses assises douze fois par an, dans chacune des petites villes d'Ysni, Wangen, Altorf et Ravensberg. Les Allemands du congrès d'Osnabruck auraient bien voulu les faire supprimer; mais celui de Rotweill, qui exerçait une juridiction de plus en plus étendue en Souabe, et occasionnait, de la part des États, le plus de murmures, était sur un terrain appartenant en propre à la maison d'Autriche. On laissa donc cette affaire à la décision de la prochaine diète, qui, malgré le péril qui pouvait en résulter pour les libertés germaniques, ne toucha point à cette antique institution.

Sauf la coexistence de deux tribunaux suprêmes, faisant même office, cherchant à s'exclure réciproquement, et nécessairement rivaux, l'un émanant d'un principe républicain et fait pour une république fédérative, comme l'était l'Allemagne, l'autre représentant un principe contraire et planant sur l'Allemagne comme un instrument toujours debout de centralisation monarchique, sauf cette source subsistante de nouveaux troubles, le règlement judiciaire ne pouvait guère être meilleur ni plus conciliant. « Aussi, dit Woltmann, lorsque les « plénipotentiaires, après des débats qui duraient « depuis près de huit ans, échangèrent les copies « signées qu'ils en avaient faites, ils éprouvèrent « une si vive impression de joie, qu'ils ne purent « s'empêcher de verser des larmes. Ils se disaient « mutuellement, que la sainte justice était la pre- « mière base des États, et que c'était aussi le pre- « mier point sur lequel, après de nombreuses luttes « et beaucoup de sang répandu, ils s'étaient enfin « accordés; et ils ajoutaient qu'ils avaient l'en- « tière confiance que la postérité ne laisserait pas « périr leurs précieux travaux. » Cette émotion, cet attendrissement, qu'éprouvaient surtout les plénipotentiaires des États de l'Empire, plus désireux de la paix, furent partagés par les Allemands, qui, du sein de leur détresse et de leur misère, entrevirent, dans le rétablissement de la justice, l'aurore d'un jour meilleur, le droit remplaçant la force, la faiblesse protégée, la violence proscrite, l'oppression enchaînée, la sécurité succédant à la crainte, le respect de la propriété au pillage, la culture paisible des champs au sinistre fracas des armes, la paix enfin à la guerre, un ordre durable à une longue et cruelle anarchie. Mais ne perdons pas de vue que, malgré le caractère nouveau du Conseil aulique, ce n'est pas le pouvoir qu'on entendait relever, mais l'Allemagne républicaine et féodale qu'on voulait garantir contre les tendances centralisatrices du pouvoir; ce n'est pas un État moderne, basé sur l'uniformité de lois et sur l'égalité civile, qu'on avait dessein de constituer; mais un État, tel qu'il en avait existé partout au moyenâge, avec des villes libres, des principautés féodales, une foule d'États dans l'État, c'est-à-dire la négation de toute grandeur, de toute force, la négation de tout grand État : en un mot, on voulait constituer par des lois la division politique, avec laquelle les Puissances devaient être en sécurité du côté de la Germanie, et non l'unité, qui eût donné trop de force à un empire, déjà si redoutable par ses tendances et sa situation.

Pour sauvegarder cette œuvre antimonarchique, il fallait mettre des entraves à la perpétuité de la couronne dans une même maison, d'où, par une longue habitude, pouvait naître, et même passer dans les mœurs, le principe alarmant d'hérédité à la place du principe tutélaire de l'éligibilité. En se plaçant au point de vue de ce qu'on appelait les libertés germaniques, n'était-ce pas assez, n'était-ce pas souvent trop, que le pouvoir fût à vie?

Or il existait une institution, qui tendait à perpétuer le sceptre dans la même famille, et pouvait, comme le titre d'associé au trône chez les premiers Capétiens, conduire à l'hérédité une institution qui autrefois avait fait la durée de la maison des Hohenstauffen, à qui on la devait, la durée de la maison de Luxembourg, et actuellement maintenait celle d'Autriche : c'était l'institution du roi des Romains, élu toujours du vivant de l'empereur, qui avait, comme on le conçoit, une influence très-grande sur ce choix, et faisait toujours élire quelqu'un des siens. Les deux colléges supérieurs, représentés à Osnabruck, celui des Électeurs et celui des Princes, convinrent d'un règlement à cet égard, mais sans pouvoir le faire adopter comme article du traité de paix qu'on préparait.

Les plénipotentiaires autrichiens firent renvoyer ce point à la prochaine diète. Ils voulaient gagner du temps. Cette institution fut donc maintenue ; seulement, il fut dit qu'on n'élirait pas trop facilement un roi des Romains, que même on n'en élirait pas, si ce n'est pour cause d'une longue absence, de l'âge avancé, ou d'une infirmité permanente du chef de l'Empire. Il n'avait pas été difficile aux agents impériaux de démontrer au bon sens des Allemands, qui, sans sacrifier les libertés germaniques, voulaient pourtant un ordre continu, l'utilité de cette institution, pour éviter des interrègnes toujours fâcheux.

Le congrès d'Osnabruck ne se prononça pas d'une manière plus décisive dans la question de la *proscription*. En vertu de cette mesure, moyennant l'approbation du seul Conseil aulique, toujours complaisant quand il s'agissait des intérêts du pouvoir, les empereurs Charles-Quint, Ferdinand II, avaient proscrit des princes d'Empire, l'électeur de Saxe, le landgrave Philippe de Hesse, l'électeur Palatin, les ducs de Mecklembourg, et disposé de leurs titres et de leurs États, sans même consulter le plaid ou réunion des princes, comme les anciens empereurs l'avaient toujours fait. Avec la juridiction souveraine du Conseil aulique, ou du tribunal de l'empereur, avec l'institution *stabilisante* du roi des Romains, enfin avec le droit arbitraire de proscription, qui pouvait conduire à ce droit de confiscation, par lequel les Capétiens avaient absorbé dans leurs domaines tant d'États féodaux, la question de l'empire monarchique, ce rêve constant de l'Autriche par rapport à l'Allemagne, ne pouvait-elle pas être remise sur le tapis, et arriver à une favorable solution? On voulait donc régler que ces proscriptions ne pourraient se faire sans l'agrément des diètes. Mais, ici encore, l'opposition d'Isaac Wolmar et de ses collègues l'emporta sur les efforts des plénipotentiaires allemands. L'affaire fut également renvoyée à la prochaine diète. On espérait maintenir ce droit de proscription, devenu un droit exclusivement impérial; on espérait conserver au Conseil aulique, à côté de son autorité judiciaire souveraine, un pouvoir politique qui en eût fait le maître des destinées et de l'existence des princes allemands; mais il n'en fut pas ainsi : il fut décidé, par les États assemblés et malgré l'Empereur, que les proscriptions ne seraient légales qu'avec l'approbation de la diète.

C'est aussi à la diète que fut renvoyée le renouvellement des *matricules*, ou rôles publics, fixant le contingent en hommes ou en argent que chaque État était tenu de fournir, soit pour les guerres, soit pour les contributions de l'Empire. On en avait rédigé une en 1521, après l'élection de Charles-Quint; mais, depuis, tant de changements étaient survenus, qu'elle ne pouvait plus servir, parce qu'une foule d'États n'étaient plus équitablement taxés.

Voilà, sous le rapport politique, ce que fit le congrès d'Osnabruck. Voilà les décisions qui s'y prirent, les vœux qu'on y exprima. Sauf l'organisation judiciaire, dont on s'occupa très-soigneusement, rien, comme on voit, n'était achevé, rien n'était complet, parce que l'opposition des plénipotentiaires impériaux à l'anéantissement du pouvoir aurait rendu les discussions interminables. D'ailleurs, contentes d'avoir retiré de leur intervention dans la guerre le fruit qu'elles en désiraient, des accroissements de territoire, qui assuraient les frontières de l'une, arrachaient l'autre à son isolement de la politique européenne, et faisaient presque de la Baltique un lac suédois, la France et la Suède abandonnaient aux Allemands toutes ces questions irritantes et difficiles d'organisation politique; elles voulaient les laisser se débattre entre eux, quitte peut-être à profiter de nouveau de leurs ultérieures divisions. C'était fâcheux, car dans l'Allemagne comme dans l'Europe, le congrès était regardé comme souverain et omnipotent. Il aurait donc pu donner à l'Allemagne une constitution définitive. Au lieu de cela, même dans ce qui fut achevé, comme la justice, on ne voit aucun caractère bien tranché ; les intentions de la majorité du congrès étaient plus nettes que ses actes. Ils avaient dans la pensée de constituer une grande association d'États, les uns républicains, les autres féodaux, les autres ecclésiastiques, représentant les éléments les plus hétérogènes, et ils voulaient mettre cette association, si nécessairement vacillante, si sujette à de constantes fluctuations, à l'abri des coups de l'Autriche, de l'attaque du principe, non d'association libre, mais de centralisation monarchique. Mais alors, pourquoi ne pas renfermer la juridiction du Conseil aulique dans les limites des États héréditaires de l'Autriche, comme tout le monde, en Allemagne, l'avait toujours désiré? Pourquoi lui laisser, sur l'Allemagne, un pouvoir judiciaire, égal à celui du tribunal germanique? Pourquoi, sauf, disait-on, règlement ultérieur de la diète, y ajouter une autorité politique que l'autre tribunal n'avait pas? Était-ce un bienfait pour la Germanie que l'antagonisme inévitable de ces deux cours supérieures, que ces deux adversaires si jaloux, l'Allemagne et l'Autriche, mis ainsi en présence, ayant chacun mille moyens de se nuire, rangés, pour ainsi dire, en bataille, et pouvant s'attaquer avec le même glaive, avec un pouvoir

qui ne doit jamais avoir de rival, celui de la justice ? Cette rivalité judiciaire était-elle prescrite par les besoins de l'équilibre européen ? S'accordait-elle du moins avec les lois de l'équilibre d'Allemagne, qui semblait plutôt dépendre de la séparation, de la dualité administrative, combinée avec l'unité impériale ? N'était-ce pas là un piége, un brandon de discorde, qu'on maintenait allumé en Germanie, une occasion, qu'on se ménageait perfidement, d'y mettre le pied de nouveau, pour achever de s'enrichir, aux dépens de l'Allemagne aussi bien que de l'Autriche, après les avoir fait battre et s'épuiser l'une par l'autre ? L'ambition, qui était le secret mobile des puissances étrangères, porterait à suspecter ici leurs intentions ; et, si l'on voulait se laisser aller aux impressions des Allemands, toujours favorables aux nations protestantes, c'est sur la France principalement que pèserait cette grave accusation. « La gloire de la Suède, dit Puf-
« fendorf lui-même, fut d'avoir fait confirmer la
« religion protestante et les priviléges des États de
« l'Empire, et d'avoir terminé leurs différends.
« Mais c'est de quoi la France se mettait fort peu
« en peine, *parce qu'elle était toujours bien aise de*
« *voir qu'il y eût des troubles et des brouilleries dans*
« *l'Allemagne* (1). » Mais l'on ne peut évidemment adopter sans restriction un jugement, partial, peu équitable, et qui, en tout cas, ne part pas

---

(1) Puffendorff, Introduct. à l'*Hist. univ.*, t. V, in-12, de la traduct. franç., p. 312, § 80 du chap. x, sur la Suède.

d'un sentiment bien profond de juste reconnaissance. Il faut tenir compte des obstacles infinis qu'aurait rencontrés un règlement différent, et, en jugeant les actes d'hommes sérieux, éminents, l'élite de leurs contemporains, attribuer plutôt, ou un peu du moins, les défauts de l'œuvre aux embarras extérieurs et intérieurs de la situation, à la difficulté extrême qu'il y avait, parmi tant d'éléments divers, entre deux forces qui voulaient toujours s'exclure l'une l'autre, d'organiser quelque chose de bien régulier, de bien harmonique, dans l'inextricable labyrinthe de l'Empire allemand (1).

(1) On reconnaîtra, j'espère, que l'exposé critique que nous venons de donner est le plus complet que l'on ait encore fait sur cette partie du traité de Westphalie. Le chapitre suivant, sur l'organisation religieuse de l'Allemagne, offre aussi ce caractère, et à un plus haut degré.

CHAPITRE XIII.

Organisation religieuse de l'Empire germanique par le congrès d'Osnabruck (1).

I

Caractère constitutionnel du triomphe de l'opposition politique.

Violemment ramenée à la constitution de l'Empire, l'Autriche n'avait pourtant pas moins de pouvoir en Allemagne que n'en avaient eu, non pas Charles-Quint et Ferdinand II, mais les empereurs qui étaient restés dans la légalité politique, Frédéric III et Maximilien Ier, au xve siècle, Ferdinand Ier et Maximilien II, au xvie. Elle en conservait même plus, si l'on fait attention à l'autorité, politique en même temps que judiciaire, accordée au Conseil aulique sur l'Allemagne. L'Autriche n'avait été atteinte que dans ses plans ambitieux de monarchie universelle au dehors, de monarchie antiféodale au dedans. On avait même été généreux envers elle, puisqu'on la laissait debout, et avec le même titre, après qu'elle avait menacé l'exis-

---

(1) Voir le *Traité d'Osnabruck,* art. 5. P. Bougeant, t. III.

tence de tous les autres. « Votre Sainteté n'ignore « pas, disait d'Avaux au pape Urbain VIII, en « exprimant la pensée fondamentale de l'équilibre « européen, que la loi des princes est d'empêcher « les grands de dévorer les petits (1). » Tel était le caractère du triomphe des puissances étrangères. Quant au triomphe de l'opposition politique allemande, c'était une victoire constitutionnelle.

II

Celui de l'opposition religieuse n'avait pas le même caractère de légalité.

Le succès de l'opposition religieuse n'avait pas les mêmes caractères de légalité. La convention de Passau, confirmée par la paix d'Augsbourg, en 1556, avait été en effet jurée par les protestants aussi bien que par les catholiques ; les violations de la réserve ecclésiastique étaient contraires aux dispositions de cette paix ; et l'impunité qu'ils avaient trouvée auprès de Ferdinand Ier et de Maximilien II, auprès d'empereurs qui, par peur pour eux-mêmes, les avaient laissé faire, qui avaient très-sagement, du moins à leur gré, fermé les yeux sur la marche irrésistible des choses, cette impunité n'équivalait pas à l'abrogation même de la loi, car c'était une loi de l'Empire, décrétée solennellement dans une diète, qu'une diète seule pou-

(1) P. Bougeant, t. II.

vait annuler, et que le pouvoir impérial, pouvoir simplement exécutif de sa nature, dans un État libre comme l'était l'Allemagne, n'avait pas eu le droit de révoquer ; il n'avait pas même eu celui d'en négliger l'universelle observation. Ferdinand II, en voulant revenir à la paix religieuse d'Augsbourg, pour cette clause et même pour les autres, avait bien pu être traité d'imprudent, de téméraire, d'homme aux mesures violentes et aux coups-d'État; mais on n'avait pu dire qu'il outre-passât la légalité. Ferdinand III aurait donc pu, sous ce rapport, maintenir ce qu'avait réglé son prédécesseur ; en proposant, au contraire, à la diète d'étendre à tout l'Empire, sauf quelques exceptions, la paix de Prague, qu'il avait conclue avec l'électeur de Saxe, il n'avait pas fait acte de légalité, il avait fait acte de générosité.

III

Le congrès protestant d'Osnabruck constate ce défaut de légalité.

Le congrès d'Osnabruck, malgré l'ascendant qu'y exerçaient, en faveur des protestants, Oxenstiern et Salvius, les plénipotentiaires suédois, reconnut lui-même que le premier de ces empereurs, pas plus que le second, n'était sorti du droit, puisqu'on y prit pour base de l'organisation religieuse qu'on voulait donner à l'Empire la paix même d'Augsbourg, contre laquelle l'opposition protestante avait tant et si constamment crié. Que lit-on, en effet, dans le traité d'Osnabruck? « La « transaction arrêtée à Passau, l'an 1552, et suivie, « l'an 1555, de la paix de religion, selon qu'elle « a été confirmée, l'an 1555, à Augsbourg, et de- « puis en d'autres diètes du saint-empire romain, « en tous ses points et articles accordés et conclus « du consentement unanime de l'empereur et des « électeurs, princes et États des deux religions, « *sera maintenue en sa force et vigueur, et obser-* « *vée saintement et inviolablement* (1). » Seulement, par une décision purement bénévole, le congrès ne voulut pas, comme l'avait voulu Ferdinand II, à l'époque de son édit de restitution, en 1629, que, relativement aux biens ecclésiastiques et à la religion, les choses fussent remises dans l'état où elles se trouvaient lors de la convention de Passau. Les puissances étrangères, la France catholique, aussi bien que la Suède protestante, liées par des engagements mutuels à la révolution allemande, ne purent être, sous ce rapport, conséquentes avec le principe qu'elles venaient de poser. Elles avancèrent l'époque où la paix d'Augsbourg devait avoir son effet. Quelle époque firent-elles adopter?

---

(1) Art. 5 du traité d'Osnabruck intitulé : Des griefs ecclésiastiques ou de religion, § 1.

IV

Discussions sur les points de départ de la paix d'Augsbourg, prise pour base. Rôle de Trautmandorff. Importance respective des années 1630, 1618, 1627, 1624.

Trautmandorff, avant son brusque départ pour Vienne, et Isaac Wolmar après, étaient autorisés par leur gouvernement à faire quelque concession à cet égard, puisque déjà l'empereur en avait fait de son plein gré dans la paix de Prague de 1635. Ils proposèrent donc de prendre pour point de départ de la paix d'Augsbourg, l'année 1630, l'année qui avait suivi la promulgation du fameux édit de restitution. Cela paraissait logique, puisqu'on voulait que la paix d'Augsbourg fût intégralement observée; et que cet édit, loin d'y déroger, en signalait au contraire la remise en vigueur. Mais l'année 1630 était celle de l'intervention suédoise, dont la France avait été l'instigatrice et le soutien. En mettant les choses sur le pied où elles étaient cette année-là, la Suède et la France auraient déclaré, par cela même, légitime tout ce qu'elles avaient constamment taxé d'injuste et d'illégal, même l'édit de restitution, qui était de l'année 1629; elles auraient condamné les motifs qu'elles avaient prêtés à leur intervention; elles se seraient désavouées elles-mêmes. Elles repoussèrent donc le terme proposé par l'Autriche, et demandèrent celui de 1618, 1er janvier. Par là, elles légitimaient toutes les périodes de la guerre de Trente-Ans, marquées par l'intervention étrangère, et même la période palatine, qui était la moins justifiable de toutes, à moins de dire que Frédéric V avait eu le droit, en acceptant la couronne de Bohême, de venir ravir à l'Autriche un de ses États héréditaires. Toute la guerre de Trente-Ans, même dans sa partie la plus révolutionnaire, se trouvait donc amnistiée, et toutes les mesures réactionnaires de l'Autriche et du parti catholique, pendant cette guerre, étaient de fait et de droit abolies. Mais cette demande, bien qu'opiniâtrément maintenue par les plénipotentiaires français, n'était pas sérieuse. Mazarin, comme il l'avait fait pour les satisfactions territoriales, n'était exigeant, n'était exorbitant, que pour rendre les autres moins roides. En effet, dès que l'Autriche eut déclaré qu'elle consentirait à ce qu'on mît les choses comme elles étaient en 1627, révoquant aussi par là l'édit de restitution, dont les protestants demandaient à cor et à cri l'annulation, il autorisa ses plénipotentiaires à partager le différend : il leur permit de s'arrêter à l'année 1624, que proposa de lui-même Trautmandorff (1), à la dernière année de la période palatine, ce qui était pourtant condamner la conduite de l'électeur palatin, Frédéric V, allié de la France, et celle des partisans de ce prince; mais on stipula pour lui, ainsi que pour le margrave de Bade et le duc de Wurtemberg, que le point de dé-

---

(1) Woltmann, p. 144, l. 3.

part de la paix religieuse, dite d'Augsbourg, serait pour eux à 1618. Pourquoi donc les uns en 1624, et les autres, le plus grand nombre, en 1618, ce qui était bien loin d'être la même chose, attendu que de la première date à la seconde les protestants avaient perdu beaucoup? La meilleure raison, c'est que la France, la Suède et la Hollande elle-même, quoique alliée particulière de Frédéric V, le voulurent absolument ainsi : c'était la raison du plus fort; l'empereur finit par y accéder (1).

V

On s'arrête à l'année 1624, 1er janvier. Dispositions à cet égard.

Ainsi l'année 1624 fut prise comme la règle de tout ce qui devait se faire, et pour le culte et pour les biens ecclésiastiques, ou bien, suivant l'expression officielle du traité, fut déclarée *normale, décrétoire*. La paix d'Augsbourg, qui était de 1552-55, fut censée ne dater que du jour de l'an 1624. Par conséquent, tout ce qui, le 1er janvier 1624, appartenait à l'Église catholique, devait lui être restitué, comme aussi tout ce qui appartenait alors à l'Église protestante d'Augsbourg, *archevêchés, évêchés, canonicats* ou *prébendes, abbayes, couvents, commanderies des*

---

(1) Pour ces discussions, P. Bougeant, t. II; Woltmann, l. 3, p. 144 ; Acta Pacis Westphaliæ, l. 5, § 1-4 et 15 ; *Mémoire de Servien*, où il parle d'une rétroactivité de soixante-dix ans ; Adami, *Histoire du congrès*, ch. 13, § 13, 14, 15.

Hospitaliers, des Teutoniques, fondations pieuses, écoles, etc., avec leurs biens, leurs revenus, leurs priviléges et leurs droits politiques, devait rentrer en sa possession, comme une propriété légitime. Voilà pour les biens ecclésiastiques.

Quant à la religion, tous ceux, catholiques ou protestants de la Confession d'Augsbourg, qui, le 1ᵉʳ janvier 1624, et même, était-il dit pour plus de latitude et de faveur, *dans n'importe quelle partie de l'année*, avaient joui de la liberté du culte, devaient en recouvrer le plein exercice, si elle leur avait été, d'une manière ou d'une autre, enlevée. Les États immédiats ou médiats, les villes libres, la noblesse immédiate de l'Empire, c'est-à-dire ces gentilshommes nombreux qui, sans être fort opulents comme les électeurs, les princes, relevaient pourtant immédiatement de l'empereur, enfin les sujets des divers États de l'Empire, tout le monde était, ou frappé, ou favorisé de cette mesure. Dans ces États qui, en vertu de cet article, adopté par le congrès d'Osnabruck, devaient redevenir catholiques, rentrer dans le giron de l'Église romaine, les protestants, qui n'avaient pas eu la liberté religieuse dans le courant de cette année 1624, avaient cinq ans pour se retirer ou émigrer dans des États de leur religion. Il en était de même pour les catholiques, dans les États qui devaient rentrer dans la communion d'Augsbourg. Les deux Églises étaient, sous ce rapport, traitées sur le pied de l'égalité bien plus que dans l'organisation judiciaire et politique de l'Empire. D'après cette mesure, certains États redevenaient entièrement catholiques; dans d'autres, il y avait mélange, et on les appelait pour cela *mixtes*. Dans ces derniers, l'entretien des écoles, des églises, etc. qui revenaient à tel ou tel culte, était à la charge de tous ceux qui suivaient ce culte, et non à celle du gouvernement local. C'était ainsi à Augsbourg, à Dunkergiel, à Biberach, à Ravensbourg et à Kaufbeuers, dont le congrès fit spécialement mention (1).

VI

Secularisations interdites comme dans la paix d'Augsbourg.

Jusque-là, rien qui s'écartât trop de l'ancienne paix d'Augsbourg. On s'y conformait encore, en maintenant la *réserve ecclésiastique*, pour empêcher qu'on ne changeât de religion par intérêt, par l'espoir de séculariser en sa faveur les bénéfices ecclésiastiques que l'on possédait. « On sera, à l'in-
« stant même, déchu de ses droits, et on videra les
« mains des fruits et des revenus sans retardement
« ni opposition quelconque, » dit le traité fait à Os-
« nabruck (2). On ne s'éloignait pas non plus de son esprit et de ses dispositions, en laissant *le droit de réforme,* c'est-à-dire de changer de religion, aux souverains des États immédiats. Mais, dans ce cas,

(1) Pour cette année 1624, outre l'article cité du traité d'Osnabruck, on a *Adami histor. Pacis*, etc., ch. 46-49. *Acta Pacis*, etc., l. 20.

(2) § 3, de l'article 5, intitulé : Des biens ecclésiastiques.

ils ne pouvaient contraindre leurs sujets à les imiter, si ces sujets avaient possédé la liberté religieuse en 1624.

On rentrait aussi dans la paix d'Augsbourg, en maintenant le droit d'émigrer pour ceux d'entre les sujets qui changeraient de religion à partir de la nouvelle paix, comme on l'avait accordé à ceux qui n'auraient pas eu la liberté de religion en 1624. Aux uns comme aux autres était donné par le seigneur du territoire un terme de cinq ans, pour vendre leurs biens et prendre toutes les dispositions nécessaires en pareil cas. Ils pouvaient même ne pas les vendre ; car on leur laissait la faculté de venir les visiter, avec jouissance pleine et entière des droits civils, inhérents à la propriété dans l'État d'où ils avaient émigré. Enfin, on se réglait sur cette même paix d'Augsbourg, en supprimant, en principe, et sauf deux ou trois exceptions dans la pratique, toute juridiction ecclésiastique, toute perception de dîmes, annates, expectatives, etc. sur les États abandonnés définitivement aux protestants.

VII

Le congrès organise une grande Eglise luthérienne avec titres d'évêque, et investiture impériale, etc.

Mais voici en quoi le congrès d'Osnabruck s'écarta de la paix d'Augsbourg, ou plutôt alla plus loin que cette paix. Le congrès voulut organiser, dans les États qui, en tout ou en partie, devaient revenir à la communion d'Augsbourg, une grande Église luthérienne, comme Élisabeth avait, au xvie siècle, organisé l'Église anglicane, et comme Gustave Vasa, avant elle, avait fait pour l'Église suédoise, avec cette différence pourtant que, en Allemagne, l'empereur, pas plus que les souverains laïques des États particuliers, n'exerçait la suprématie spirituelle dont jouissaient les souverains d'Angleterre. Jusqu'alors, les changements de religion avaient été parfois des questions de sécularisation et de spoliation, en faveur de ceux qui quittaient le catholicisme, plutôt que l'entraînement irrésistible d'une conviction véritable. L'ambition et la cupidité, ou une passion criminelle qu'on voulait satisfaire, avaient été trop souvent le motif réel de la désertion des catholiques passés à la réforme. L'Église catholique y perdait beaucoup; la religion et la morale, que l'on disait relâchées chez elle, n'y gagnaient rien. Les plénipotentiaires du congrès d'Osnabruck ne pouvaient pas détruire la réforme, la majorité d'entre eux étant de ce parti et en voulant à tout prix le maintien. Mais ils résolurent de faire disparaître, à l'avenir, cet abus que nous venons de signaler, et de constituer, à côté de l'Église catholique, une Église luthérienne, agissante, enseignante, ayant des devoirs et les remplissant, sérieuse en un mot, et, autant que possible, utile à la moralisation des peuples. A cette condition seulement, on lui abandonnait en propre les biens ecclésiastiques qu'elle avait possédés le 1ᵉʳ janvier 1624, quoiqu'ils fussent le fruit du pillage et de l'usurpation. En cela, le traité d'Osnabruck différait essentiellement de l'ancienne paix d'Augsbourg. On décréta donc la création de princes ecclésiastiques de la Confession d'Augsbourg; et ainsi, dans cette Église, comme dans l'Église catholique, il allait y avoir des archevêques, des évêques, des abbés, mais luthériens. La forme extérieure ne devait pas être changée pour ainsi dire; il n'y avait de changé que certaines croyances. Le traité d'Osnabruck est formel là-dessus. « Touchant les titres des princes « ecclésiastiques de la Confession d'Augsbourg, on « est convenu qu'*ils porteront la qualité d'arche-« vêques, évêques, abbés, prévôts*, comme dans « l'Église catholique (1). » On allait donc pouvoir dire en Allemagne, dans le saint-empire romain, archevêque protestant de Magdebourg, évêques protestants de Meissen, Naumbourg, Mersebourg, Lebus, Brandebourg, Havelberg, etc., comme en Angleterre on disait archevêque anglican de Cantorbéry, évêque anglican de Londres. Ces dignitaires ecclésiastiques, protestants, devaient être élus ou postulés par les chapitres des cathédrales, comme les dignitaires de l'Église adverse, et, une fois élus, ils devaient, après prestation de foi et hommage, recevoir de l'empereur l'investiture pour les domaines et les fiefs qui dépendaient de leur siége, et sur lesquels ils exer-

(1) § 6 des griefs ecclésiastiques.

çaient les droits de seigneurie. « Dans tous les ar-
« chevêchés, évêchés, abbayes, etc., de quelque
« communion que ce soit, *les droits d'élire et
« de postuler* demeureront sans aucune altéra-
« tion. (1) Et plus loin : « Les élus ou postulés
« aux archevêchés, évêchés ou prélatures de la
« Confession d'Augsbourg, *seront investis par la
« sacrée majesté impériale*, sans aucune excep-
« tion, après que dans l'an de leur élection ou
« postulation ils auront prêté la foi et l'hom-
« mage (2). »

VIII

Charges de prélats luthériens, électives et non héréditaires, bien qu'ils pussent se marier. Droit de présentation à l'empereur ou droit des *premières prières*.

Mais il s'agissait de savoir si ces titres et ces charges d'évêques, d'abbés, etc., du moment où ils étaient rendus à l'Église luthérienne, et qu'ils pouvaient être possédés par des personnes mariées, étaient héréditaires ou simplement personnels ; s'il y aurait en Allemagne une féodalité ecclésiastique protestante, héréditaire comme la féodalité laïque, et mieux traitée par conséquent que le haut clergé catholique, chez lequel l'obligation du célibat ne rendait pas l'hérédité possible. La chose fut vivement débattue au congrès. Beaucoup de protestants insistaient pour qu'il en fût ainsi, et

(1) § 4 de l'art. 5. — (2) § 6 du même art.

intriguaient dans ce sens. Mais, ni la France, qui était catholique, ni la Suède, où l'organisation luthérienne ne reposait pas sur le principe de l'hérédité, ne voulurent adhérer à cette innovation, pas plus que les plénipotentiaires de l'Autriche. D'Avaux et Servien surtout la combattirent, conformément aux instructions de Mazarin (1). Les titres et les dignités ecclésiastiques, dans l'Église luthérienne, furent donc personnels et viagers, comme dans l'Église catholique : la parité fut complète. C'était un avantage pour le catholicisme; car, si, par l'action d'une propagande, faite avec zèle, le catholicisme venait à reconquérir quelques chapitres protestants ou la majorité des membres de ces chapitres, alors on pouvait élire un prélat catholique, et faire rentrer le bénéfice ecclésiastique dans l'Église romaine; ce qui eût été éternellement impossible, ce qu'on se fût à jamais interdit, avec l'hérédité. Le traité d'Osnabruck est encore très-explicite sur ce point. Nous y trouvons : « que « les postulés ou élus promettront, en leurs capi- « tulations, de ne posséder, *nullement par droit* « *héréditaire,* les principautés ecclésiastiques, « dignités et bénéfices qu'ils auront acceptés, et « de ne rien faire qui puisse les rendre hérédi- « taires (2). »

Le droit de présenter un candidat, protestant ou catholique, suivant les lieux, pour les bénéfices et les charges ecclésiastiques, était maintenu à l'em-

(1) P. Bougeant, t. II. — (2) Des griefs religieux, § 4.

pereur, partout où il l'avait anciennement possédé. Un tel privilége, dans un empire électif, pouvait n'être pas toujours un avantage pour le catholicisme. Mais la maison d'Autriche avait tant de chances de conserver longtemps le sceptre impérial, que ce privilége était tout favorable à l'Église romaine.

IX

Tolérance plus étendue que dans la paix d'Augsbourg.

On appelait ce droit de présentation, très-ancien du reste, le droit des *premières prières*, (*preces primariæ*) (1). Voilà la première et grande différence qui existe entre le traité d'Osnabruck et la paix d'Augsbourg : l'un construisait l'édifice dont l'autre n'avait fait qu'établir la base. Cette base même était élargie : la paix d'Augsbourg n'avait accordé qu'une liberté religieuse restreinte, applicable seulement aux protestants de la Confession d'Augsbourg ; le traité d'Osnabruck, rédigé sous l'inspiration de puissances, ou Calvinistes comme les Pays-Bas, ou amie de Frédéric, qui était un sectateur de Calvin, fut plus large. On y déclare en effet, « que, « sauf accommodement ultérieur, la liberté reli- « gieuse, et tout ce qui y a rapport, s'applique à « ceux qui ne sont pas de la Confession d'Augs-

---

(1) Robertson, introduct. à l'*Hist. de Charles-Quint*, note 41, section 3, p. 431.

« bourg, et qui se disent entre eux, *réformés* (1). »
Par là on entendait les Calvinistes et les Zuingliens,
comme le pense le savant auteur du Dictionnaire
des hérésies (2). Du reste, les Calvinistes n'étaient
pas très-nombreux en Allemagne, en sorte qu'il n'y
avait bien véritablement que deux grandes Eglises,
qui se partageaient, avec une constitution égale,
la direction morale et religieuse de ce pays. Ce
partage, on le croyait du moins, avait d'autant
plus de chances de durée, que la fin de l'article,
que nous avons cité, portait ces mots : « A l'excep-
« tion des religions ci-dessus mentionnées, il n'en
« sera reçu ni toléré aucune autre dans le saint-
« empire romain (3). » Mais qui ne voit que la
porte forcée par les Calvinistes et les Zuingliens,
longtemps exclus par les Luthériens eux-mêmes,
serait tôt ou tard forcée par d'autres? Qui ne voit
que cet ostracisme religieux serait justement attaqué comme un acte d'arbitraire, comme un privilége qui ne se concevait pas, quand ceux qui en
étaient nantis n'existaient qu'en vertu du principe
de tolérance et de liberté? Oui, l'Allemagne, telle
que la faisait la paix religieuse, contenue dans le
traité d'Osnabruck, était appelée, comme tous les
États soumis au même principe de liberté, à devenir ce qu'elle est devenue depuis longtemps et aujourd'hui surtout, une mer tumultueuse d'idées,
où tous les systèmes religieux et philosophiques,

(1) Art. 7 intitulé : Religion protestante.
(2) Pluquet, t. II, art. LUTHÉRANISME.
(3) Art. 7 du traité d'Osnabruck.

toutes les théories, toutes les œuvres d'une imagination investigatrice et mystique, se produisent, se heurtent, se croisent en mille sens, se dévorent les uns les autres, se succèdent avec une effrayante rapidité, retentissent et rayonnent, comme d'un point central, sur toute l'Europe, sans jamais épuiser leurs enfantements, et où enfin se réalise, parfois avec le trouble inhérent à tout ce qui est libre, le plan de Celui qui a livré le monde aux discussions humaines, mais où aussi de temps en temps, avec un entraînement de conviction que l'ignorance et la force ne peuvent produire, les esprits, les plus mêlés à cet immense travail de l'intelligence individuelle, par un éclair de bon sens et de jugement, abritent enfin leur philosophie sous l'aile de la religion, font de leur raison la mère et la gardienne de leur foi, et trouvent une voie plus paisible et non moins lumineuse, en courant d'eux-mêmes se placer sous l'infaillible boussole de l'unité catholique.

X

Le traité d'Osnabruck distingue soigneusement l'exercice public du culte privé et domestique. Celui-ci seul toléré.

Le traité d'Osnabruck différait encore de la paix d'Augsbourg en ce qu'il distinguait admirablement la liberté de culte de la liberté de conscience, l'exercice public d'une religion de sa pratique privée. Il était, sous ce rapport, éminemment philo-

sophique ; il était aussi plus libéral, car dans les États, où, en 1624, il n'y avait pas eu de liberté religieuse, et dans ceux où auraient lieu des changements de religion après la paix actuelle, on permettait au moins l'exercice privé du culte, soit catholique, soit réformé. Le congrès rompait ainsi avec les traditions de l'Inquisition, qui recherchait l'hérésie jusque dans le sanctuaire inviolable de la famille, jusque dans l'asile sacré de la conscience, et il signalait pour le monde une ère nouvelle, une ère où une raison, philosophique sans cesser d'être croyante, présiderait au gouvernement religieux des peuples. Voici le passage où l'on trouve cette distinction bien marquée : « Il a été, en outre,
« trouvé bon, est-il dit, que ceux de la Confession
« d'Augsbourg, qui sont sujets des catholiques,
« et les catholiques, qui sont sujets des États de
« la Confession d'Augsbourg, qui n'avaient pas, en
« l'année 1624, en aucun temps de l'année, l'*exer-*
« *cice public ou privé* de leur religion, et qui, après
« la paix publiée, embrasseront et professeront
« une religion différente de celle du seigneur ter-
« ritorial, seront, en conséquence de ladite paix,
« patiemment tolérés et soufferts, sans qu'on les
« empêche de vaquer à leur dévotion *dans leur*
« *maison et en leur particulier en toute liberté de*
« *conscience, et sans inquisition* ou trouble, et
« même d'assister dans *leur voisinage*, toutes les
« fois qu'ils voudront, à l'*exercice public* de leur
« religion, ou d'envoyer leurs enfants à des écoles
« *étrangères* de leur religion, ou de les faire ins-

19

« truire *dans la maison* par des *précepteurs par-*
« *ticuliers;* à la charge toutefois que tels land-
« sasses, vassaux et sujets, feront en toutes autres
« choses leur devoir, et se tiendront dans l'obéis-
« sance et la sujétion due, ne donnant occasion
« à aucun trouble ni remuement (1). »

XI

Malgré Trautmandorff, la tolérance religieuse, telle que l'entendait le congrès, est étendue aux Etats autrichiens.

Une dernière différence entre les décisions du congrès d'Osnabruck et l'ancienne paix d'Augsbourg, c'est que tout ce qu'elles renfermaient de relatif à l'exercice public ou privé de la religion, était applicable, malgré tout ce qu'avait pu dire Trautmandorff, aux États autrichiens eux-mêmes, mais, à la vérité, en faveur seulement des protestants de la Confession d'Augsbourg, qui étaient, dans la Silésie, les ducs de Brieg, de Liegnitz, de Munsterberg-OEls et la ville de Breslau, ainsi que les comtes, barons, nobles, sujets des autres duchés de Silésie, dépendant immédiatement de la Chambre royale. Il en était de même pour les Luthériens, dans la Basse-Autriche, ou l'Archiduché. L'empereur avait été obligé, coûte que coûte, d'y consentir; et ainsi, malgré les protestations du Saint-Siége contre les décisions du congrès d'Osna-

(1) § 12, au mot : *Liberté de conscience*, art. 5 du Traité d'Osnabruck.

bruck (1); l'idée fondamentale du saint-empire romain, l'unité catholique, fut atteinte jusque dans les propres États autrichiens.

La maison d'Autriche espagnole résista seule à tout ce qu'exigèrent d'elle les Français victorieux, et l'on ne put terminer du même coup la guerre avec l'une et l'autre branche de cette formidable maison. La Hollande se sépara de la France et de la Suède, afin d'acheter plus facilement et plus tôt de l'Espagne, au prix de cette défection, la reconnaissance définitive de son indépendance : voilà ce qui enhardit le gouvernement espagnol. Les troubles de la Fronde, qui éclatèrent avant la clôture du Congrès, vinrent encore davantage renforcer son obstination. On signa donc sans lui les traités de Munster et d'Osnabrück, dont la réunion, le 24 octobre 1648, forma la fameuse paix de Westphalie, qui, en Allemagne, organisa la liberté religieuse, consolida les libertés germaniques, porta un coup décisif au saint-empire romain, et, grâce à tout cela, inaugura dans le monde cette ère de l'Équilibre européen, où les guerres de conquête sont très-difficiles, parce qu'elles amènent toujours des guerres générales.

L'abaissement de la maison d'Autriche espagnole ne tarda pas à compléter et à affermir l'œuvre de sûreté européenne, dont on venait d'accomplir la première et la plus importante partie.

(1) Protestation du nonce Fabio Chigi, relativement à la religion et aux biens du clergé, dans Dumont, t. VI, p. 462, Corps diplom.

LIVRE SECOND.

HISTOIRE DU TRAITÉ DES PYRÉNÉES.

CHAPITRE PREMIER.

Appréciation de la politique de Mazarin à l'égard de la maison d'Autriche espagnole, pendant et après la guerre de Trente-Ans.

I

Plénipotentiaires espagnols du congrès etc. Pourquoi ils étaient d'abord disposés à la paix.

« Pour l'amour de Dieu, avait dit à Salvius le
« bouillant plénipotentiaire espagnol Saavedra,
« dans une conférence particulière, pour l'amour
« de Dieu, faisons la paix. Nous ne dissimulons
« pas que nous en avons besoin, et que nos affaires
« sont dans un mauvais état : mais les affaires de
« ce monde sont sujettes à de grandes vicissitudes,
« et on ne doit pas abuser de la fortune. Jamais,
« d'ailleurs, nous ne conclurons un traité désho-
« norant : les Espagnols se sont vus plus d'une fois
« renfermés dans leurs montagnes, mais jamais ils

« n'ont perdu courage, ni fait des traités hon-
« teux (1). » Malgré le sentiment de noble fierté
qui respirait dans ces paroles, et qui était le fond
même du caractère espagnol, malgré ces souvenirs,
orgueilleusement rappelés, de temps plus mauvais,
toujours supportés sans faiblir ni se démentir, il
était évident que les Espagnols désiraient la paix,
et que leurs ambassadeurs s'étaient rendus au congrès de Munster avec le désir sincère d'en poser
les bases durables. Comment n'en eût-il pas été
ainsi? Les mines du Pérou, épuisées par Philippe II,
l'industrie et le commerce intérieur anéantis par
l'expulsion définitive des Maures, sous Philippe III;
les primes, les récompenses du gouvernement, l'ap-
pât même des titres de noblesse (2), ne suffisant
pas pour relever ces deux précieux éléments de
prospérité publique, et venant échouer contre les
instincts d'un peuple fait pour les combats et apa-
thique pour tout le reste; le Portugal, la Catalogne, Naples, la Sicile, en pleine rébellion; et les
Provinces-Unies, leur offrant l'exemple contagieux
et encourageant d'une révolte triomphante; la
France, secourant ou occupant à main armée tous
ces pays, et saisissant l'occasion de rentrer, et du
côté de la Belgique et du côté des Pyrénées, dans
ses frontières naturelles, par l'acquisition des
Pays-Bas espagnols et par celle du Roussillon et
de la Cerdagne; la population militaire, pourtant

---

(1) Woltmann, p. 230, l. 5, et *Négociations secrètes*, t. II, p. 19
(2) Schiller, l. 2, p. 455.

si nombreuse, si pullulante, pour ainsi dire, dans les montagnes de l'Espagne, épuisée elle-même et n'en pouvant plus ; cette grande et belle infanterie espagnole, perdue dans les champs de Rocroi : toutes ces marques d'une position critique, désespérée, n'échappaient point à ceux qui réglaient alors les destinées de l'Espagne, au nouveau ministre, don Louis de Haro, neveu et spoliateur d'Olivarès, pas plus qu'à Saavedra et à l'autre plénipotentiaire, le comte de Peñaranda. « Les Espa-
« gnols, écrivait Mazarin aux États-Généraux de la
« Hollande, vers la fin de 1645, ne voient aucun
« moyen de continuer la guerre pour la campagne
« prochaine, ni de mettre sur pied un corps quel-
« conque d'infanterie. Déjà on a fait la proposition
« de prendre toute l'argenterie des églises pour
« suppléer au terrible manque d'argent.... (1). »

II

Mazarin, ne pouvant faire accepter ses conditions, veut obtenir de l'Espagne une trêve de douze ans, plutôt qu'une paix générale.

Mais la France, dans le règlement de la question espagnole, n'apportait pas au congrès de Munster les mêmes dispositions à la paix, ou du moins à une prompte paix. Servien et d'Avaux, d'après les instructions de Mazarin, faisaient des demandes exorbitantes : elles ne tendaient à rien moins qu'à

(1) *Lettres de Mazarin,* et Woltmann, p. 231, l. 5.

dépouiller l'Espagne de tout ce qu'elle possédait hors du territoire espagnol, à l'isoler ainsi du mouvement européen derrière ses Pyrénées, comme avant Ferdinand-le-Catholique et Charles-Quint, et même, en lui ôtant la Catalogne qui s'était donnée à la France, à l'empêcher d'être maîtresse chez elle-même. La cour de Madrid, quelle que fût sa détresse, ne pouvait accepter la situation qu'on voulait lui faire : c'eût été pour l'Espagne tomber trop bas, après avoir été si haut; et d'ailleurs Philippe IV était poussé à la guerre par les religieux du pays, et spécialement par les jésuites, qui, voyant partout l'opposition religieuse triomphant, en Angleterre, de la guerre déguisée que lui avait faite Charles Ier, dans l'Empire d'Allemagne, des efforts constants des empereurs autrichiens, et, dans les Pays-Bas, des attaques des Espagnols eux-mêmes, ne pouvaient se faire à cet état fâcheux, et conseillaient au gouvernement, pour en sortir, d'y mettre jusqu'au dernier soldat. Point de paix avec les hérétiques ni avec leurs fauteurs, c'est-à-dire avec les Français, tel était le cri du parti de la résistance dans la catholique Espagne. C'est cette influence monastique, cette pression considérable, qui, sous Philippe III, avait renversé du pouvoir le trop pacifique duc de Lerme (1), et ce sera la même influence des ordres religieux, qui, plus tard, dans la Guerre pour la succession d'Espagne, combattra

---

(1) Voir l'ouvrage curieux de Ranke : *Tableau de la Monarchie espagnole au* XVIe *siècle*.

avec le plus d'acharnement la domination française dans ce pays, par une antipathie vivace de souvenir et de tradition.

Mazarin connaissait parfaitement le caractère espagnol; il savait que ce peuple fier pouvait supporter la mauvaise fortune et non l'humiliation : aussi trouvons-nous dans le P. Bougeant (1), que Mazarin visait plutôt à une trève de dix ou de douze ans avec l'Espagne, comme celle qu'avaient obtenue en 1609 les Sept-Provinces-Unies, qu'à une paix commune à la fois à l'Autriche et à l'Espagne, embrassant, en un mot, les deux maisons d'Autriche, qu'il ne regardait pas comme possible Cette trève, que les plénipotentiaires devaient poursuivre, tout en ne parlant que de la paix et d'un traité général et définitif, aurait permis à la France, en lui conservant provisoirement ses conquêtes, d'habituer les pays, occupés sinon subjugués, à la domination française; dans tous les cas, elle aurait donné le moyen de concentrer toutes ses forces sur un seul objet, l'abaissement de l'Autriche allemande, ainsi privée de la diversion considérable, opérée par la guerre d'Espagne.

(1) P. Bougeant, t. II, p. 36, art. 17, intitulé : *Projet d'une trève avec l'Espagne.*

III

Les plénipotentiaires espagnols préfèrent la paix. Nécessité, pour l'obtenir pas trop désavantageuse, de séparer les Pays-Bas de la France.

Mais les plénipotentiaires espagnols repoussèrent toute idée de trêve; ils préféraient la paix, s'ils pouvaient réussir à l'obtenir pas trop désavantageuse. Or, leurs chances à cet égard dépendaient d'une seule chose, de l'attitude que prendraient les députés des Sept-Provinces-Unies dans les négociations. De même que, pour l'Autriche, il eût été d'un grand intérêt de séparer la Suède et la France, qui divisées auraient été plus traitables; ainsi, pour l'Espagne, tout l'espoir d'une paix tolérable avec la France reposait sur les efforts que tentaient ses agents pour en détacher les Provinces-Unies. Comment en effet pouvait-elle se flatter de conserver les Pays-Bas restés espagnols, c'est-à-dire la Belgique, les pays flamands, tant que la Hollande et la France, entre lesquelles étaient enclavés ces pays, et qui pouvaient sur mer, aussi bien que par terre, empêcher tous les secours d'arriver, s'entendraient pour les lui arracher?

1° Ils font en sorte que la députation des Sept-Provinces-Unies soit bien composée.

Pour parvenir à cette séparation si désirable, les Espagnols avaient fait tout ce qu'ils avaient pu à

Amsterdam, pour que la députation des Sept-Provinces-Unies fût favorable à un accommodement particulier avec l'Espagne, et ils y avaient complétement réussi ; car la paix souriait plus que la guerre à un Etat marchand. « Il n'y avait aucun député « qui ne fût disposé à faire promptement la paix ; « on n'avait remarqué dans Paw, l'envoyé de « Hollande, aucun penchant pour les Français. « Mathenez brûlait de zèle pour la religion catholique, et voulait voir cesser, une fois pour « toutes, les discussions qu'on avait avec l'Espagne. « Presque tous les autres étaient dépendants du « prince Frédéric-Henri d'Orange, qui voudrait « voir le pouvoir de stathouder que venait d'acquérir sa maison, consolidé par un traité avec « les anciens souverains des Pays-Bas. Donia, le « chargé d'affaires de la Frise, désirait passionnément la paix ; et, s'il n'était pas déjà gagné par les « Espagnols, il était du moins certain qu'il mettrait autant de zèle qu'eux à faire réussir leurs « demandes (1). » Ces paroles sont de Mazarin, et c'est lui-même par conséquent qui atteste ce premier et important succès de la diplomatie espagnole, alors regardée comme la plus adroite qu'il y eût en Europe (2).

(1) *Lettres de Mazarin.*
(2) Woltmann, p. 232-33, *Négoc. secrètes.*, t. III, p. 13.

2° Leur courtoisie empressée envers les députés néerlandais.

Quand cette députation fut arrivée à Munster, en 1645, après d'Avaux et Servien, les plénipotentiaires espagnols firent assaut de politesse avec les Français, pour maintenir ceux qui la composaient dans leurs bonnes dispositions. Comme les Français, ils n'hésitèrent pas, quoique représentant les anciens possesseurs de la Hollande, à rendre visite aux envoyés des Provinces-Unies. On vit l'archevêque de Cambrai, qui était le deuxième de l'ambassade espagnole, faire avec eux la conversation en hollandais ; et tous, en se retirant, se conformant à un usage flamand, donnèrent la main à chacun des députés hollandais, qui furent flattés de cette attention délicate de la part des anciens maîtres du pays, plus que de tous les bons procédés de la courtoisie française, et y virent même, dit Woltmann, l'intention d'honorer leur patrie (1).

IV

Diplomatie maladroite de Mazarin, qui ne se conforme pas aux plans de Richelieu, sur ce point.

L'Espagne avait donc lieu d'espérer qu'elle aurait plus de succès auprès de la Hollande que l'Autriche n'en avait eu auprès de la Suède. Mazarin avait

(1) Woltmann, p. 234, 235, l. 5, et *Négoc. secr.*, t. IV, p. 396, 398.

cette crainte. « Je suis très-assuré, écrivait-il aux plé-
« nipotentiaires français, que, dans une affaire de
« cette nature, vous saurez si bien employer votre
« prudence et votre adresse, que l'ennemi ne pourra
« atteindre son but (1). » C'est lui-même pourtant
qui, en voulant trop avoir, en voulant tout obtenir
pour la France seule, facilita le succès des diplomates espagnols. Richelieu, plus prudent, avait
entretenu les Hollandais, par un traité secret, dans
l'espoir de partager les Pays-Bas espagnols entre
eux et les Français (2). Mazarin, maladroitement
égoïste, ne suivit pas cette voie : il intrigua, sous
main et par des propositions particulières, confiées
à la discrétion des médiateurs, pour avoir seul
les Pays-Bas. « L'acquisition des Pays-Bas, disait-
« il, donnerait à la ville de Paris un boulevard
« inexpugnable, et ce serait alors véritablement
« qu'on pourrait l'appeler le cœur de la France,
« et qu'elle serait placée dans l'endroit le plus sûr
« du royaume (3). » Il chercha à les avoir de
l'Espagne, par un échange avec la Catalogne, dont
la France était maîtresse ; mais il ne put réussir par
ce moyen (4). Il recourut alors à l'expédient d'un
mariage auquel les Espagnols eux-mêmes n'étaient
pas éloignés de donner les mains.

(1) *Lettres de Mazarin*, et Woltmann, p. 232, et *Acta pacis*,
t. II, p. 333-34.
(2) P. Bougeant, t. II, p. 29.
(3) *Négociations relatives à la success. d'Espagne*, par M. Mignet,
p. 33, t. I.
(4) P. Bougeant, t. II, p. 30.

Au xviᵉ siècle, quand l'Espagne désespéra de conquérir la France par les armes, elle imagina un mariage pour arriver à la réunion des deux royaumes, y compris les Pays-Bas, sur la tête d'un prince ou d'une princesse espagnole. C'est dans cette pensée que Philippe II épousa, en 1559, lors du traité de Câteau-Cambrésis, Élisabeth de France, fille du roi Henri II; et la fille qui naquit de ce mariage, Dona Isabella, il la présenta, pendant les guerres religieuses, à ceux du parti catholique, aux ligueurs exaltés, sur lesquels il avait beaucoup d'influence, comme l'héritière du trône de France. Pour la faire agréer plus facilement, il proposa de la marier avec le jeune duc de Guise, avec le fils de la victime des États de Blois, de celui qui avait été le chef ambitieusement glorieux de la Sainte-Ligue. L'Espagne échoua dans cette tentative de domination, en France, par l'établissement d'un membre de sa dynastie sur le trône capétien. Le moyen qui ne lui avait pas réussi, la France l'employa, à son tour, pour dominer en Espagne, et elle commença, dès la mort d'Henri IV, sous la régence de Marie de Médicis et sous le ministère de l'Italien Concini, à laisser percer cet utile dessein, par le mariage de Louis XIII avec l'Infante d'Espagne, Anne d'Autriche, fille de Philippe III (1). Et il est si vrai que telle était la perspective qu'on espérait s'ouvrir par cette alliance, que Philippe III, et le duc de Lerme, son principal ministre, crurent in-

---

(1) Woltmann, p. 222.

dispensable, sans toutefois s'exagérer la valeur des renonciations, d'obliger le gouvernement français à renoncer à la succession éventuelle du trône des Espagnes. Il est même probable qu'une alliance semblable ne se serait pas renouvelée, si l'Espagne, accablée de revers, n'y avait vu un moyen extrême d'arriver à cette paix honorable qu'elle désirait. Dans cet espoir, ce sont les plénipotentiaires espagnols, dit Woltmaan, qui firent proposer par le médiateur vénitien, le chevalier Contarini, le mariage d'une autre infante d'Espagne, Marie-Thérèse, fille aînée de Philippe IV, avec le frère de Louis XIV, ou avec Louis XIV lui-même (1). Ils ne faisaient que prévenir les désirs de Mazarin, qui, à une époque où Philippe IV n'avait pas encore d'enfant mâle, voyait bien les conséquences immédiates qu'aurait un tel mariage pour la France et pour la maison de Bourbon. Cette proposition lui faisait donc le plus grand plaisir; mais, les Espagnols ne voulaient donner à Marie-Thérèse que la Franche-Comté en dot; encore fallait-il que Mazarin rendît à l'Espagne la Catalogne et toute les provinces qu'il occupait dans les possessions espagnoles : il semblait que ce fût assez des espérances qu'un tel mariage donnait à la France. Mais l'acquisition de la Franche-Comté était loin de satisfaire Mazarin. Il exigeait l'abandon de tous les Pays-Bas, et offrait, en revanche, d'évacuer la Catalogne et le Roussillon. C'était garder trop

---

(1) Woltmann, p. 228.

pour rendre si peu ; et, pourtant, il ne désespéra pas de réussir. Pour faciliter le succès de ses efforts, il ne montra pas trop d'empressement à accepter la proposition du mariage de l'Infante avec Louis XIV; il fit même courir le bruit qu'il était question de Marguerite de Savoie pour épouser le jeune roi; enfin, il engagea la reine-régente, Anne d'Autriche, à ne déposer les armes que lorsque l'Espagne serait entrée, comme on disait, dans le *giron de la France* (1). Il lui fit même adresser un sonnet, rapporté dans les *Négociations secrètes*, et qui était ainsi conçu :

>Anne, désires-tu qu'à l'ombre des lauriers,
>Nous soyons, pour jamais, à couvert des tempêtes?
>Demeure encore armée, et pousse tes guerriers
>A faire tous les jours de nouvelles conquêtes.
>Le retour de la paix doit être différé,
>Tant que nos ennemis auront de l'espérance ;
>Et, pour donner au monde un repos assuré,
>Il faut ranger l'Espagne *au giron de la France.*
>Quelques lâches, prudents, qui tremblent dans le port,
>Disent secrètement que tes armes ont tort
>D'affliger le pays où le ciel te fit naître,
>Sans penser que l'Amour peut être fils de Mars,
>Et que, pour éviter la suite des hasards,
>*Espagnols et Français peuvent n'avoir qu'un maître* (2).

---

(1) Woltmann, p. 223.
(2) Tiré des *Négociations secrètes du traité de Westphalie*, t. IV. Woltmann, *ibid.*

V

Plainte des Hollandais de ce que Mazarin veut, par divers moyens cachés, avoir seul les Pays-Bas espagnols, au lieu de partager avec eux.

Mais, quel que fût le mystère dont on enveloppât ces prétentions de Mazarin à la possession de tous les Pays-Bas espagnols, soit par le moyen d'un échange, soit par le moyen d'un mariage, elles n'échappèrent pas à la connaissance des plénipotentiaires hollandais, qui se plaignirent de la conduite égoïste de la France, et, plus que jamais, furent portés à traiter séparément avec l'Espagne (1). C'était une faute grave qu'avait commise Mazarin, et on la conçoit d'autant moins, que les avertissements ne lui avaient pas manqué. « Un « pareil plan, lui avaient écrit les plénipotentiaires « français, devait avoir pour effet d'épouvanter et « d'irriter en même temps les Provinces-Unies, « gênées par le voisinage alarmant d'un trop « puissant allié; il effraierait aussi les Anglais, qui « seraient immédiatement éclipsés sur mer, les « Catalans, qu'on livrerait à la merci de maîtres « irrités, et les Portugais eux-mêmes, qui crain- « draient d'être sacrifiés comme tous les autres. « D'ailleurs, nous n'apercevons pas quels avan- « tages pourraient engager l'Espagne à accepter

(1) Woltmann, p. 250.

« de telles propositions, puisqu'elle y perdrait
« toute son influence en Allemagne, où elle avait
« vote et séance aux diètes pour le Limbourg et le
« Luxembourg, et que notre monarque en devien-
« drait l'arbitre suprême (1). »

VI

Antonio Brun. Malgré les efforts de Servien et ceux du prince d'O-
range lui-même, la diplomatie espagnole ne dément pas à La Haye
sa vieille réputation d'extrême habileté.

Il savait d'un autre côté combien s'agitait auprès des envoyés hollandais le plénipotentiaire espagnol, Don Antonio Brun.

« Antoine Brun était un des plus habiles ministres
« que le roi d'Espagne pût employer dans les
« négociations de Munster. Il était né à Dôle, où
« il avait exercé la charge de procureur-général au
« parlement. Il avait l'esprit cultivé par l'étude des
« sciences et des belles-lettres. Il écrivait avec
« beaucoup d'élégance en latin et en français, et
« il était en relation avec tous les beaux esprits de
« son temps. Il avait aussi donné plusieurs preuves
« de valeur et de courage, lorsque les troupes fran-
« çaises, en 1640, portèrent la guerre dans sa pa-
« trie, la Franche-Comté ou le comté de Bourgogne,
« alors sujet de l'Espagne. Mais le grand talent de
« ce ministre était de négocier. Il avait l'esprit doux,

(1) Woltmann, p. 300.

« souple et vif. Il s'exprimait avec grâce et avec
« force. Il connaissait toutes les ruses qu'on peut
« employer dans une négociation, et il n'en fit
« peut-être que trop d'usage. Il était surtout bien
« instruit des affaires des Pays-Bas et du comté de
« Bourgogne, sa patrie ; et comme il fut le principal
« agent du traité des Espagnols avec les Provinces-
« Unies, on peut dire que l'Espagne lui fut rede-
« vable de son salut (1). » Mazarin avait espéré
pouvoir le combattre avec le prince d'Orange,
qu'il avait gagné secrètement, par l'espoir d'élever
son stathoudérat au-dessus des Etats-Généraux et
du système républicain renversé. C'était même lui
qui devait faire goûter aux Provinces-Unies l'échange
de la Catalogne avec les Pays-Bas. Mais, à peine les
Etats-Généraux apprirent-ils par le plénipotentiaire
Paw, accouru promptement à la Haye, que la France
négociait avec l'Espagne en cachette de la Hollande,
que le prince d'Orange savait pour quel objet, et
n'en avait pourtant rien dit ; lorsque les plaintes et
la consternation furent générales, et que la Hollande, prenant le devant en sa qualité de province
prépondérante, accabla le stathouder de graves et
odieux soupçons et de reproches mérités, dès lors
Mazarin laissa là les négociations avec l'Espagne,
pour ne s'occuper que de la question allemande :
il fit en sorte seulement d'empêcher ce qui, par sa
faute, n'avait jamais été plus à craindre, un traité

(1) P. Bougeant, t. II, l. 1 ; *Art. plénipotentiaires espagnols*,
p. 18.

particulier de la Hollande avec l'Espagne. Mais il eut beau faire : Antoine Brun courut à la Haye, et mania si bien des esprits qui n'étaient que trop favorablement disposés, qu'il emporta, malgré Servien, qui n'avait pas tardé à suivre ses pas, le traité qui détachait les Provinces-Unies de la France (1).

VII

Traité séparé, à Munster, entre la Hollande et l'Espagne.

C'en était fait : les Pays-Bas espagnols étaient dégagés. Ce traité, en outre, maintenait l'Espagne par ses possessions du Nord, en contact immédiat avec les principales puissances de l'Europe ; il ne l'obligeait pas, pour les conserver, à des sacrifices trop coûteux et trop douloureux, et enfin, comme dit le P. Bougeant avec une exagération qui ne fait que peindre plus vivement le danger, il faisait le salut de la monarchie espagnole. Une harangue éloquente, où Servien jetait la faute des retards qu'éprouvait la paix générale, sur les lenteurs et les résistances des Espagnols, ne servit de rien (2). Le souvenir de tout ce que la France avait fait pour l'indépendance des Provinces-Unies, ne fut pas plus utile, la peur et un intérêt pressant fermant le cœur des nations, comme celui des individus,

---

(1) Woltmann, p. 271, et P. Bougeant, t. III, l. 4, 5, 6, 7.
(2) Rapporté tout au long par le P. Bougeant, t. III, p. 96, l. 7.

au sentiment de la reconnaissance. La paix entre la Hollande et l'Espagne était arrêtée ; elle fut signée à Munster en 1648, le 30 janvier, et, dans l'ambassade hollandaise, Niderhost, l'envoyé d'Utrecht, toujours obstiné dans le parti français, fut le seul qui refusa de la signer, ou du moins qui s'absenta au moment de la signature, pour n'être pas forcé de donner la sienne (1).

Non-seulement, par ce traité, l'Espagne reconnut l'indépendance des Sept-Provinces-Unies, mais encore elle leur abandonna, sous le nom de *Pays de Généralité*, les duchés de Limbourg et de Brabant septentrional. Les Hollandais, par Maëstricht dans le Limbourg, possédèrent la route commerciale de la Meuse ; mais ils voulaient plus que cela. Jaloux de la prospérité commerciale d'Anvers, ville libre des Pays-Bas espagnols, ils se firent accorder la fermeture à volonté de la navigation de l'Escaut, sur lequel Anvers se trouvait situé. Les marchandises, au lieu d'être portées à Anvers, furent dirigées sur Amsterdam par un bras du Rhin, ce qui éleva immédiatement cette ville nouvelle au-dessus d'une cité antique et rivale. L'Espagne abandonnait aussi aux Hollandais les colonies qu'ils avaient pu conquérir dans les Indes orientales, Paliacata sur la côte de Coromandel, Malacca, etc., qu'ils joignirent à la grande Batavia, fondée sur l'île de Java, pour être le centre administratif de leurs établissements coloniaux dans ces contrées. De plus, comme

---

(1) Woltmann, p. 272, 273 et 285.

ils prévoyaient un redoublement d'hostilités entre la France irritée et l'Espagne plus confiante, les Hollandais stipulèrent en leur faveur le droit des neutres, c'est-à-dire, qu'ils auraient la faculté de naviguer des ports mêmes du roi d'Espagne dans les possessions des Français, ses ennemis (1).

VIII

Confiance des Espagnols, après ce traité. La guerre continue avec eux.

L'Espagne accorda tout : elle était trop heureuse d'avoir rompu l'union de la France et de la Hollande. La bataille de Lens, qui arriva bientôt après, ne l'effraya pas trop : elle avait réduit les Napolitains, malgré les secours que leur avait amenés le duc de Guise ; elle avait fait rentrer Palerme et la Sicile dans le devoir ; elle voyait les Portugais et les fiers Catalans un peu stupéfaits et comme interdits du succès de la diplomatie espagnole en Hollande ; enfin, une réaction à la fois aristocratique, parlementaire et démocratique contre le gouvernement français, la Fronde, éclatait à l'instigation de la cour de Madrid, avant qu'il eût tout fini en Allemagne, et menaçait de renverser le cardinal Mazarin lui-même. Au milieu de ces circonstances avantageuses, de ces faveurs, renouve-

---

(1) Dumont, *Corps diplom.*, t. V, part. 2 ; Woltmann, l. 5, p. 290 ; P. Bougeant, l. 7, t. III.

lées et inattendues de la fortune, l'Espagne, bien que meurtrie de tant de coups, et n'en pouvant plus naguère de son propre aveu, rouvrit son cœur à l'espérance : elle ne voulait plus la paix avec la France, après l'avoir tant recherchée, comme si elle comptait pouvoir la dicter elle-même. Mais elle devait avoir le même sort que les malades épuisés et atteints dans les sources mêmes de la vie, qui prennent un sursis à leur agonie pour le terme du mal, un instant de relâche pour un retour de santé, la confiance pour la force, le rêve d'une imagination faible, pour l'appréciation sûre d'un esprit maître de soi, et qui, surexcités par cette illusion funeste, se roidissent en eux-mêmes, se secouent, se relèvent, se remettent en marche, mais aussitôt, par ce suprême excès, retombent et s'ensevelissent à jamais.

CHAPITRE II.

La Fronde, 1648 à 1659.

I

Cause particulière des révoltes aristocratiques sous Louis XIII
et sous la régente Anne d'Autriche.

Ce soulèvement contre le ministère de Mazarin, qui vint, si mal à propos pour la France, relever les espérances de l'Espagne et ajourner l'abaissement complet de la maison d'Autriche, n'était, avec un nom nouveau et avec quelques nouvelles complications, que le bruyant écho de ces révoltes aristocratiques, qui avaient si souvent troublé le ministère de Richelieu, et dont la dure répression n'avait pas été une leçon suffisante pour le corps entier des grands. Ne possédant plus d'États particuliers, ils auraient voulu gouverner le grand Etat, dans lequel les leurs s'étaient comme absorbés et fondus. Obligés de subir un maître, au lieu de marcher libres sous un suzerain, ils auraient désiré au moins ne recevoir d'ordres que de lui, être toujours traités comme vassaux immédiats et directs, sans jamais être réduits, par l'établissement d'un pouvoir intermédiaire entre eux et le roi, à la condition plus humiliante de vassaux d'un parvenu. Voilà pourquoi ils s'étaient révoltés contre tous les ministres, que la royauté avait laissés gouverner à sa place, contre Concini, contre Albert de Luynes; et Richelieu, pour avoir eu un génie plus grand et un caractère religieux que ses prédécesseurs n'avaient point, ne les avait pas trouvés plus soumis. Pour la même raison, ils se soulevèrent contre Mazarin. Sans doute, de gouverneurs révocables des provinces, ils aspiraient, malgré l'obstacle des circonstances et des temps, à en devenir les possesseurs indépendants et héréditaires, à reconstituer l'ancienne féodalité, à enrayer la marche irrésistible du char monarchique, trop niveleur; mais cette souveraineté offensante d'un simple homme du roi, d'un successeur de ces odieux légistes du moyen âge, ce *Ministériat*, comme ils disaient, en parlant du pouvoir de Richelieu et de Mazarin, était ce qui les mettait le plus en furie; et c'est là aussi ce qui donnait à leurs révoltes, condamnables en principe, un motif qu'on pouvait avouer, l'humiliation et l'honneur blessé d'un grand seigneur. Louis XIV le sentit bien, lorsque faisant connaître l'enseignement qu'il avait tiré des troubles du ministère de Mazarin, il déclara formellement que désormais on ne s'adresserait qu'à lui, qu'il serait à lui-même son premier ministre, que l'État, ce serait lui seul : heureuse inspiration, qui, par le simple abandon d'un mode de gouvernement, passé en apparence dans les habitudes de la nouvelle dynastie, coupa court à tous les mouvements aristocratiques, dont son prédécesseur et lui-même avaient tant souffert.

II

Pour renverser ce *Ministériel*, les grands se servent de tout, des protestants, du peuple, des parlements, sans avoir de sympathie pour personne.

Pour renverser tous ces ministres, tous ces hommes plus ou moins fortement trempés, qu'un pouvoir, exercé tantôt par une femme, tantôt par un roi sans énergie, opposait à ses adversaires, les grands s'étayaient de tout, recouraient à tout, se servaient de tout. Sous Louis XIII, ils s'étaient appuyés sur l'opposition protestante. « Il y en « avait beaucoup, tant dans la cour que dans l'ar- « mée, dit Fontenay-Mareuil, qui ne voulaient « pas que l'on prît la Rochelle, croyant que le « roi étant alors maître absolu de son État, ils en « seraient moins considérés (1). Vous verrez que « nous serons assez fous pour prendre la Rochelle, « s'écriait avec plus d'autorité le maréchal Bassom- « pierre (2). » Sous Louis XIV, pendant sa minorité, à défaut des protestants, ils mirent en avant deux auxiliaires nouveaux et qu'ils n'avaient pas lieu d'attendre, puisque l'un avait toujours été l'instrument du pouvoir royal contre la féodalité, et que les résultats de cette lutte avaient été pour

---

(1) *Mémoires de Fontenay-Mareuil*, Coll. de Mich. et Pouj.
(2) *Mémoire de Bassompierre*, ibid.

l'autre : c'étaient le parlement et la bourgeoisie. Le parlement regrettait les États-Généraux, ce contrôle national de l'autorité royale, sans eux en effet trop absolue, et il aspirait à les remplacer par lui-même ; la bourgeoisie partageait ce regret, et applaudissait aux prétentions du parlement, dans l'espoir de n'avoir plus autant d'impôts à payer. Gardons-nous de croire pourtant qu'aucune de ces deux classes inspirât aux grands seigneurs la moindre sympathie. L'un d'eux, le fameux cardinal de Retz, ne désignait le plus ardent des conseillers, Pierre Broussel, que sous le nom de *bonhomme* Broussel, d'homme simple jusqu'à l'innocence (1) ; et quant au peuple, auquel il témoignait le plus vif intérêt, « *C'est par de telles inventions,* disait une « chanson du temps, *que le peuple prompt et volage* « *se prend, se meut et s'engage ; quand le peuple sera* « *pour nous, sans doute qu'on filera doux.* » Les grands seigneurs étaient les habiles du jeu ; le parlement et le bon bourgeois étaient l'instrument qu'ils faisaient jouer. C'était une trop bonne fortune de pouvoir battre en brèche la royauté avec les armes dont elle s'était constamment servie pour les écraser eux-mêmes. Rien n'était négligé pour maintenir toute cette roture en état d'hostilité contre le gouvernement et s'en faire aimer. Le parlement voulait-il former en France une monarchie parlementaire, où les droits politiques, le droit de faire des lois, le droit de consentir l'impôt, seraient

(1) *Mémoires du card. de Retz;* et *Mémoires de mademoiselle de Montpensier, ibid.*

exercés uniquement par lui et par les autres cours souveraines, la cour des aides, la cour des comptes et le grand-conseil, les seigneurs, dont beaucoup, en qualité de pairs, siégeaient en certain cas au parlement, promettaient de l'appuyer. C'est extraordinaire l'empressement avec lequel, à l'envi les uns des autres, ils se joignaient à lui. Les ducs d'Elbeuf, de La Rochefoucault, de Brissac, de Luynes, de Noirmoutier, de Vitri, le prince de Tarente, qui était poussé par sa mère, madame de la Trémouille, parce qu'elle aimait les procès et qu'elle en avait beaucoup (1), le prince de Conti, frère du grand Condé, le maréchal de La Mothe, le duc de Beaufort, le duc de Longueville, qui arrivait de Munster, où il prétendait n'avoir été le principal des plénipotentiaires français que de nom, le duc de Bouillon, qui aurait voulu recouvrer sa principauté féodale de Sédan, prise par Richelieu, et le maréchal de Turenne lui-même, son frère, furent des premiers. Le prince de Condé aurait fait comme les autres, s'il n'eût pas été offensé par un conseiller du parlement, nommé M. Quatresous. C'est ce que dit positivement la duchesse de Nemours, dans ses mémoires (2). Enfin le coadjuteur de l'archevêque de Paris, Paul de Gondi, plus connu sous le nom de cardinal de Retz, convoitant la place de Mazarin, semblait par son adhésion donner la sanc-

---

(1) Duchesse de Nemours, *Recueil des mémoires de la Fronde*, t. VI.

(2) Duchesse de Nem., t. VI, p. 227, 228.

tion même de la religion à la cause du parlement, sous laquelle se cachait et s'abritait celle du parti féodal. A l'égard de la bourgeoisie, les grands n'étaient pas moins empressés. La Rochefoucault y avait conquis son surnom de *la Franchise*; le duc de Beaufort, « par son langage grossier, par des « mots populaires et mal placés, dont il avait « l'habitude de se servir, » y avait mérité son titre de *roi des Halles*, ce qui faisait dire qu'il fallait bien qu'un roi parlât la langue de ses sujets (1); le coadjuteur de Paris émerveillait bien davantage les bourgeois par son Livre de la conjuration du noble génois Fiesqui, par la liberté avec laquelle il parlait de Mazarin et du gouvernement, surtout de Mazarin, de son avidité, de son zèle à enrichir les siens, sans se négliger lui-même, et de la honte qu'il y avait à laisser cet étranger s'engraisser en France des sueurs du pauvre peuple. Le coadjuteur était un petit Catilina, et bien qu'on pût donner un titre qui s'accordât mieux que celui-là avec sa robe de prêtre, il s'en faisait plus d'honneur qu'il ne se promettait de joie du chapeau même de cardinal, dont l'espoir flattait à un si haut degré sa vaniteuse ambition (2).

Des femmes douées d'un grand talent pour l'intrigue, et qui étaient aussi de grandes dames, les duchesses de Chevreuse, de Montbazon, de Longueville, ne restaient pas en arrière de cette vivacité apparente de sympathie et d'intérêt pour la cause

(1) *Ibid.*, p. 232, et *Mém. de madame de Motteville*, t. X, coll. Mich., p. 540. — (2) Duchesse de Nemours, p. 246.

du parlement, qui voulait être plus qu'il n'était, et pour celle du bourgeois, qui voulait payer moins. Il va sans dire qu'on trouvait parmi ces grands seigneurs, volontairement et à dessein fourvoyés dans des classes qu'ils ne cessaient au fond de mépriser, le duc Gaston d'Orléans, oncle du jeune roi, le même dont l'existence, sous le ministère de Richelieu, n'avait été qu'un tissu de conspirations. Mais c'était le moins résolu. Sa fille, mademoiselle de Montpensier, ou la Grande Demoiselle, avait un caractère plus hardi et plus décidé : elle était l'homme de parti de la famille, l'âme même d'un corps dont Gaston, devenu pusillanime, n'était souvent que le timide bras.

III

Bourgeois, flattés que les grands discutent avec eux des affaires de l'État.

Mais ce qui flattait le plus le bourgeois, c'est qu'on discutât avec lui des affaires de l'État, qu'on demandât son avis, qu'on louât son gros bon sens et son esprit d'économie, qu'on ne le jugeât pas incapable de donner, par ses conseils, une meilleure direction au gouvernement. « Paris, dit toujours la « duchesse de Nemours, prenait une face tout à « fait nouvelle ; on ne s'y entretenait plus que de « la guerre et de l'édit de 1617, qui, sous Marie de « Médicis, et en haine de l'Italien Concini, avait

« exclu du gouvernement tous les étrangers, et
« dont l'élévation de Mazarin à la première charge
« de l'État était une audacieuse et constante viola-
« tion. On n'y parlait plus que d'affaires d'État,
« de quelque âge et de quelque sexe que l'on fût :
« plus on avait d'ignorance, plus on décidait har-
« diment (1). » Et madame de Motteville, cette dame
d'honneur de madame de Maintenon, dont les Mémoires sur cette époque sont si curieux, ajoute :
« Chaque marchand dans sa boutique raisonnait
« des affaires d'État. Ils étaient infectés de l'amour
« du bien public, qu'ils estimaient plus, disaient-
« ils, que leur avantage particulier (2). »

IV

Important travail de la Commission des Soixante, nommée par les quatre cours souveraines. Influence incontestable de la révolution d'Angleterre. *Habeas-corpus* des Français.

Deux édits bursaux, l'édit du Toisé et l'édit du Tarif, qu'on voulut forcer le parlement d'enregistrer, firent éclater tous les mécontents. En vain la reine Anne d'Autriche, impatiente du refus du parlement, lui posa-t-elle nettement cette question embarrassante : Le parlement se croit-il en droit de limiter l'autorité royale ? L'enregistrement ne se fit pas plus pour cela, et le parlement, ayant porté son

(1) Duchesse de Nemours, p. 252.
(2) Collect. Mich., *Mémoires de madame de Motteville*, t. X.

arrêt d'Union avec les trois autres cours souveraines, nomma aussitôt une commission de soixante membres pour élaborer la nouvelle constitution de la France. A cette époque, le Long-parlement, en Angleterre, avait fait une révolution, et les actes des révolutionnaires anglais n'avaient pas manqué d'avoir en France beaucoup de retentissement. Le parlement de Paris, ainsi que le duc de Beaufort et le cardinal de Retz, admirait surtout *la pétition des droits.* Voilà pourquoi Mazarin disait au roi que le duc de Beaufort et le coadjuteur étaient comme autant de Fairfax et de Cromwel, que le parlement était animé du même esprit que celui d'Angleterre et que si on les laissait faire, ils feraient en France tout ce qui avait été fait de l'autre côté du détroit (1). C'était exagéré; pourtant plus tard les partisans du parlement huèrent l'infortunée Henriette d'Angleterre, au moment où elle sortait du Louvre, en l'appelant Mazarine (2).

Le travail de la Commission des Soixante offrit les traces de cette influence. Il établissait en effet, entre autres choses, qu'à l'avenir aucun impôt ne pourrait être perçu sans que l'édit en eût été enregistré au parlement. Ce qui n'était qu'un usage, une formalité tolérée par le gouvernement, était converti en droit et devenait une loi constitutionnelle du pays. En outre, cet enregistrement devait être discuté librement, et ne devait être décidé qu'à la pluralité des voix, comme dans un corps, qui

---

(1) Duchesse de Nemours, p. 347. — (2) *Ibid.*, p. 349.

délibère au lieu d'obéir, et qui agit pour ainsi dire, en vertu d'un mandat national. Comme on reprochait à Mazarin d'ordonner bien des arrestations arbitraires, la Commission voulait aussi, et cette fois avec assez de raison, qu'il fût défendu aux geôliers, capitaines et agents de la force publique, de détenir un prisonnier, plus de vingt-quatre heures, sans qu'on l'interrogeât, et qu'on le rendît à ses juges naturels, sans jamais, à l'avenir, le livrer à des commissions judiciaires. L'usage de ces tribunaux exceptionnels et improvisés remontait à Philippe-le-Hardi; mais Richelieu en avait abusé: il avait voulu que la justice elle-même, dont tous les ministres ne lui inspiraient pas la même confiance, coopérât forcément à l'accomplissement de ses vues. Cet article irréprochable eût été comme l'*Habeas-corpus* des Français (1).

V

Les parlements, très-sérieux dans leur opposition.
Pierre Broussel.

Les grands se riaient peut-être entr'eux et secrétement de ces prétentions des gens de la chicane, tout en les appuyant publiquement : mais le parlement agissait sérieusement ; c'était un parti, qui voulait faire une révolution et en profiter ; et, non moins zélés, les divers parlements de province envoyaient avec empressement leur adhésion à tous

(1) M. de Saint-Aulaire, *Hist de la Fronde*, t. I.

les actes du Sénat parisien, leur aîné et leur modèle. Le peuple, de son côté, fidèle aux instincts révolutionnaires qu'il avait fait éclater pendant la Sainte-Ligue, ne montrait pas moins d'ardeur. Le conseiller Pierre Broussel, le plus acharné contre le gouvernement, était son idole. Les bourgeois l'appelaient le *père du peuple*, et, par une imitation des mœurs romaines, que le cardinal de Retz exaltait, le *tribun du peuple*. On fit faire son portrait, qu'on vendait dans les rues, et où il y avait écrit : « Pierre Broussel, père du peuple ! » Les bourgeois proposèrent même, comme autrefois les Romains pour les filles de Scipion, de doter chacune de ses trois filles, le jour de leur mariage, par de magnifiques présents de noces.

VI

La Vieille-Fronde. Deuxième journée des barricades. Mathieu Molé.

Quel nom se donnèrent les amis du parlement ? Le gouvernement avait fait interdire des combats d'enfants qui s'attaquaient à Paris à coups de frondes, après quoi Bachaumont, en plein parlement, voulant combattre l'opinion émise par le président Le Coigneux, son père, s'écria un jour : « Je *fronderai* l'avis de mon père. » Dès lors les mouvements parisiens furent désignés sous le nom de Fronde, comme la petite guerre des fossés et des faubourgs de Paris, et les partisans du parlement sous le nom de Frondeurs (1). Le mot fit fortune, et tout le monde voulut être de la Fronde. Aussi est-ce en vain que la régente, dans un lit de justice, tenu par le roi, refusa absolument d'adopter l'article de la liberté de suffrage pour la question de l'enregistrement, et interdit au parlement toute réunion qui aurait un caractère politique : le parlement, fier du grand nombre d'adhésions qui lui arrivaient de tous côtés, et d'ailleurs toujours poussé par Pierre Broussel, ne tint aucun compte de ce refus et de cette défense. La voix même d'un magistrat, digne de figurer à côté de L'Hôpital, et qui était à la tête de ceux qu'on appelait les Modérés ou les Mitigés, la voix de Mathieu Molé ne fut pas écoutée. Au milieu de cet entêtement si hardi, Mazarin et Anne d'Autriche, à la faveur de l'effet produit par une nouvelle victoire du grand Condé, celle de Lens, se permirent de faire arrêter deux conseillers, Blancménil, en pleine rue, et Broussel, dans sa propre maison ; de plus ils accablèrent de reproches mérités le cardinal de Retz, qui était allé au Louvre demander leur mise en liberté. Il n'en fallait pas tant pour déterminer un soulèvement général ; des barricades, comme du temps de la Sainte-Ligue, furent dressées dans tout Paris en 1648. « Tout le monde prit les armes, dit « le cardinal de Retz lui-même. L'on vit les enfants « de cinq et de six ans, le poignard à la main. On « vit les mères les leur apporter elles-mêmes. Il y « eut dans Paris plus de deux cents barricades en

---

(1) P. 254, duch. de Nem.

« moins de deux heures, bordées de drapeaux et
« de toutes les armes, que la Sainte-Ligue, mou-
« vement de liberté démocratique autant que de
« religion catholique, avait laissées entières (1). »
Pierre Broussel et la liberté, criait-on, de toutes
part, sous les fenêtres du Louvre. La cour sembla
avoir peur, bien que le traité de Westphalie vînt de
se signer, et que le grand Condé fût là pour la défendre. La mesure qui retirait le commandement
de l'armée du Rhin à Turenne suspect, et qui réduisait ce général à l'impuissance, ne put la rassurer. Elle s'exagérait trop son danger. La fermeté,
dans tous les cas, pouvait lui maintenir quelque
force et peut-être la sauver ; la peur ne pouvait que
la perdre. C'est ce sentiment, si nuisible au pouvoir dans les orages populaires, qui lui fit commettre la faute énorme de relaxer les deux prisonniers. Aussitôt les rebelles s'enhardirent de cette
concession ; la reine ne put plus paraître en public, sans être insultée, sans s'entendre saluer du
simple nom de *Dame Anne*. Il fallut quitter Paris,
où la place n'était plus tenable.

VII

Traités de Rueil, de Paris, de Rouen etc. terminant la guerre de la Vieille-Fronde, 1649.

Mais alors la guerre commença, guerre toutefois peu sérieuse et ridicule, où l'on se battit plus

(1) *Mém. du card. de Retz.*

à coups de pamphlets et d'épigrammes qu'à coups d'épées. La duchesse de Nemours rapporte qu'au commencement des mutineries du parlement, le grand Condé se présenta un jour chez la reine, tenant par la main un petit bossu qu'il lui menait, paré d'une casaque dorée. « Voilà, lui dit-il, ma-« dame, en faisant de grands éclats de rire, le gé-« néralissime de Paris (1). » Ce petit bossu était son propre frère, le prince de Conti. L'opposer au grand Condé avait semblé aux Parisiens une idée merveilleuse; ils lui prêtaient d'ailleurs beaucoup de talents, sans doute parce qu'il était du sang des Condé. On devine de quel côté furent les succès : le grand Condé fit cette guerre en badinant, et des pamphlets populaires secondèrent le succès facile de ses armes, en ridiculisant les troupes bour-geoises, soit de Conti, soit du cardinal de Retz. Le corps de troupes de ce dernier s'appelait le régiment de Corinthe, car le coadjuteur était évêque *in par-tibus* de Corinthe. Comme il fut battu, les plaisants appelèrent cet échec : *la première aux Corinthiens.* Du reste, ce ne fut pas un combat, ce fut une prompte déroute, une facile débâcle, une risible débandade. Il faut lire cette affaire, ou une du même genre, la journée de Juvisy, par exemple, racontée par l'auteur anonyme du *Courrier bur-lesque de la guerre de Paris*, où se trouve aussi le tableau le plus révoltant du libertinage et de la corruption des grands, dédié malgré cela et adressé

(1) Duch. de Nem., p. 255.

au grand Condé (1). Ce prince avait dit, en effet:
« que cette guerre ne pouvait être bien décrite
« qu'en vers burlesques, parce qu'on y passait
« les jours entiers à se moquer les uns des au-
« tres (2). » Ce fut bientôt fini : Paris fut bloqué;
toutes les avenues furent occupées. La journée dite
de Juvisy fut pour les bourgeois de Paris un grand
sauve-qui-peut. Charenton, malgré la résistance
de trois cents hommes que le prince de Conti y
avait mis, tomba au pouvoir des troupes du roi;
et la Fronde, dès lors, cessa, comme on disait,
de *claqueter*. Les Frondeurs se divisèrent; le prince
de Conti, avec quelques-uns, fit son traité à Rueil,
en 1649; le cardinal de Retz et le duc de Beaufort
ne résistèrent pas longtemps à l'habileté de Servien. Le duc de Beaufort, pourtant, avait dit qu'il
serait inflexible; mais il céda comme les autres, et
même sans autre condition que la promesse que le
roi et la reine lui firent de le bien recevoir. «Ce
« qui fit dire que le coadjuteur, qui gouvernait le
« duc de Beaufort comme on gouverne une pen-
« dule, ne l'avait monté que pour deux heures,
« parce qu'il n'avait pas résisté davantage (3). »
Il traita donc, et ce fut à Paris. M. de Longueville,
pressé par sa femme elle-même, traita aussi à
Rouen, et, avec lui, la Normandie et le parlement
de Rouen rentrèrent dans le devoir. Le duc d'É-
pernon en fit de même en Guienne, ainsi que le

---

(1) *Recueil des Mémoires de la Fronde*, t. IV, p. 233.
(2) Duch. de Nemours, t. VI, p. 253. —(3) *Ibid.*, p. 268.

parlement de Bordeaux; dès lors, rien n'empêcha la cour de rentrer à Paris (1649).

VIII

Seconde Fronde, et intervention armée de l'Espagne.

On n'aurait fait que rire de ces mouvements parlementaires et parisiens, que l'on appelle la Vieille-Fronde, si la maison d'Autriche espagnole, qui, ne voulant pas accéder à la paix de Westphalie, était à l'affût de tout ce qui pouvait assurer le succès de sa résistance, n'en avait profité. Ce qui hâta la conclusion du traité de Rueil, ce fut le bruit qui courut, que les Espagnols préparaient une invasion en Picardie. Il n'en fut rien; mais quand tout était pacifié, quand le parlement de Paris, quoique toujours porté à remuer, était impuissant, un prince, le héros de son siècle, vint favoriser les Espagnols, dont il avait été si souvent la terreur, et renouveler à leur profit la Fronde, qu'il avait écrasée; il alla même, par un accès inconcevable de caprice, de mauvaise humeur et d'arrogance juvénile, jusqu'à passer, comme autrefois le connétable de Bourbon, l'un de ses ancêtres, dans les rangs des Espagnols. Il voulait se venger ainsi de ce que Mazarin, qui ne voulait pas subir sa tyrannie, l'avait fait arrêter, à la grande joie des anciens frondeurs parisiens, avec Conti et Longueville, avec les autres *petits maîtres*, comme on les appelait. Mais il fut moins heureux contre sa patrie que celui dont Henri IV avait effacé le nom de la généalogie de la maison de Bourbon, et que pourtant il ne craignait pas d'imiter. Turenne, gagné par Mazarin, lui tint tête; mais la cour quitta de nouveau Paris. Condé devait-il réussir, malgré le secours des Espagnols? Ce n'était guère possible : les Parisiens le détestaient, ne pouvant lui pardonner leur récente défaite; et le parlement, n'osant appuyer un fauteur des étrangers, l'avait déclaré traître à la patrie, en même temps qu'il mettait à prix la tête de Mazarin. C'était, dans Paris, une confusion extrême. Néanmoins Turenne, qui parut près de la porte Saint-Antoine, en 1652, ne put chasser Condé de Paris. Le canon de la Bastille, tiré par mademoiselle de Montpensier, fille du duc d'Orléans, qui jetait ainsi son père dans le parti des étrangers, rendit la bataille du faubourg Saint-Antoine indécise. Mais Condé fut bientôt obligé de sortir de la capitale, où il n'était pas en sûreté. La cour aussitôt, d'après l'avis de Mathieu Molé, renvoya Mazarin, qui s'exila momentanément à Sédan. Cette seule concession lui permit de rentrer à Paris, où elle fut parfaitement reçue. Les parlementaires obstinés, et le duc d'Orléans lui-même, tous ceux, en un mot, qui avaient trempé dans cette seconde Fronde, excepté Retz, qui avait pris la fuite, furent châtiés, et l'on ne pensa plus qu'à chasser les Espagnols.

IX

Politique extérieure de Mazarin, pendant la Fronde.

Toutes les haines se turent devant la grande voix du sentiment national. Au pouvoir désordonné de plusieurs, on préféra, au milieu des dangers nouveaux du pays, la volonté forte d'un seul. Mais il fallait opposer aux troupes espagnoles de Condé l'alliance d'une puissance qui pût nuire à l'Espagne, et contrebalancer son appui. Dans ce but, Mazarin n'hésita pas à rechercher l'amitié de Cromwell, et il l'acheta au prix d'une conquête précieuse, que Condé lui-même avait faite sur les Espagnols, de la conquête de Dunkerque, qu'il céda aux Anglais. Français, naguère frondeurs, et Anglais républicains marchèrent alors contre Condé, sous le commandement de Turenne. Condé, fidèle, n'avait pas connu les revers sur les champs de bataille; rebelle, il avait vu pâlir un peu son étoile; traître à la patrie, il la vit s'éclipser tout à fait : Turenne l'emporta sur lui, en 1658, à la journée décisive des Dunes. Mazarin n'attendait que cela pour faire aussi sa rentrée dans Paris. Il y revint, et, quelques jours après, l'on conclut, non pas la paix, mais un armistice, à la faveur duquel on prépara ce traité des Pyrénées, qui devait, par l'abaissement de la maison d'Autriche espagnole, compléter l'équilibre européen, et porter à son comble la gloire des artisans fameux de ce grand et précieux ouvrage.

CHAPITRE III.

Négociations et conclusion du traité des Pyrénées, 1656 à 1659.

I

La question de la réintégration complète de Condé dans ses charges et biens retarde la conclusion de la paix.

Si l'Espagne n'eût pas regardé comme un devoir d'honneur d'obtenir pour le prince de Condé, passé dans ses rangs, une réintégration complète dans ses charges, ainsi que dans ses biens, il est à peu près certain qu'on n'aurait pas vu la France s'allier, avec l'Angleterre républicaine, contre la cour de Madrid, et tourner contre sa Majesté catholique le régicide héros d'une révolution triomphante. Des ouvertures pour la paix avaient été faites dès l'année 1656 ; et M. de Lionne avait été, à cette époque, envoyé à Madrid, pour en fixer les bases. La France abandonnait le Portugal, qui paraissait assez capable de se défendre par lui-même; elle rabattait aussi de ses prétentions sur les Pays-Bas espagnols et sur les provinces espagnoles du midi. Elle consentait même à rendre, en partie, au prince de Condé, ses biens justement confisqués. Mais don Louis de Haro exigea, à tout prix, qu'il en fût de même des charges et des gouvernements que ce prince avait possédés avant sa trahison. Vainement M. de Lionne lui dit-il plus de vingt fois : « Passez-moi ces trois mots, *hors les charges et les gouvernements*, et la paix est faite. » Jamais il ne voulut accepter, pour ce Bourbon égaré, qui servait l'Espagne, cette amnistie restreinte (1). La reine d'Espagne était alors enceinte, mais il pouvait se faire qu'elle n'eût pas un enfant mâle. Dans cette incertitude, on voulait aussi attendre sa délivrance, avant de conclure une paix dont un des principaux articles était le mariage de Marie-Thérèse avec Louis XIV. Louis de Haro fut donc inflexible. C'est pour cela que Mazarin, imitant à l'égard de l'Espagne la politique protestante et révolutionnaire de Richelieu envers l'Autriche, s'allia avec Cromwell, qui, aspirant en secret à la royauté, se fit donner, avec la cession de Dunkerque, le titre de Frère par Louis XIV lui-même. On en vint aux mains de nouveau, en 1658; et ce fut près des Dunes que la fortune des armes fut appelée, comme dix ans auparavant avec la cour de Vienne, à trancher le différend avec la cour de Madrid. Elle se décida en faveur de la France. Les Espagnols, peu avant cette bataille, avaient offert aux Anglais de remettre la ville de Calais en leur possession, et, sans l'habileté de Mazarin, ils

---

(1) Comte de Garden, *Traités de paix*, t. II.

auraient fait accepter leurs offres (1); néanmoins, ils furent si indignés de voir que Dunkerque, une ville catholique, était livrée à l'Angleterre, à un État protestant, qu'ils n'abandonnèrent pas encore la partie, malgré la décisive journée des Dunes.

II

Mazarin feint de renoncer au mariage espagnol. On parle de sa nièce et d'une princesse de Savoie.

Pour vaincre cette incroyable obstination d'un peuple réduit à la dernière extrémité, Mazarin feignit alors de renoncer au mariage de Louis XIV avec Marie-Thérèse. Le jeune roi étant allé à Lyon, il lui ménagea une entrevue avec Marguerite de Savoie, qui fut amenée dans cette ville par la duchesse de Savoie, sa mère (2). Bien que l'on eût toujours dit que Mazarin tenait au mariage espagnol par-dessus tout, la cour de Madrid pouvait croire que cette entrevue était sérieuse; car Philippe IV avait eu, l'année précédente, en 1657, un enfant mâle, celui qui fut Charles II. Chétif sans doute, le nouveau-né ne paraissait pas devoir aller bien loin; mais il pouvait vivre, et, dans ce cas, les espérances, fondées sur l'union de Marie-Thérèse avec Louis XIV, n'étaient plus immédiates, ni d'une réalisation aussi sûre et aussi prochaine. On savait

(1) Lamartinière, *Louis XIV*, t. I.
(2) Lamartinière, *Hist. du règne de Louis XIV*, t. 1, et *Hist. des négoc. et du traité des Pyrénées*, 1750, t. II.

d'ailleurs que le roi était fort amoureux d'Anne Mancini, nièce de Mazarin, et que la reine-mère elle-même commençait à croire que Mazarin, fort ambitieux pour les siens, cherchait à la faire épouser au roi. Voilà ce que dit Gui Joli (1). Mazarin pouvait donc ne plus tenir autant au mariage espagnol. Mais cette naissance d'un enfant mâle, qui pouvait refroidir Mazarin à l'endroit de cette union, faisait précisément que l'Espagne ne s'en effrayait plus autant. Aussi, à la nouvelle du voyage de Lyon, Don Louis de Haro se hâta-t-il de faire partir Don Antonio Pimentel, secrétaire d'État, pour traiter de la paix avec le cardinal, et proposer, en première ligne, le mariage de Louis XIV avec l'infante Marie-Thérèse (2). La chose fut acceptée, Louis XIV et Mazarin quittèrent aussitôt Lyon, se contentant de faire à la princesse de Savoie, qui s'en retournait assez confuse, une promesse de mariage dans le cas où le mariage espagnol viendrait encore à ne pas réussir.

III

Cette feinte de Mazarin ne fut pas la cause déterminante de l'Espagne. Grand motif politique de don Louis de Haro, d'après les mémoires de Gui Joli.

Il semblait donc que le stratagème imaginé par Mazarin, que ces ruses, ces détours, cette finesse,

(1) *Recueil des Mémoires de la Fronde*, p. 62.
(2) Comte de Garden, *ibid.*, et *Négociations de la paix des Pyr.*, t. II.

ces moyens mesquins de la politique italienne qui remplaçaient les procédés larges et grands de Richelieu et de la politique française, eussent seuls suffi pour amener l'Espagne à ce qu'on voulait. Mais les Mémoires de Gui Joli nous font connaître une raison autrement puissante, qui agit sur la détermination de la cour de Madrid. « Don Louis de
« Haro, dit-il, désirait la paix, malgré une cabale
« obstinée qui s'y opposait. Le mauvais succès de
« la bataille d'Elvas, gagnée par les Portugais, au
« mois de janvier 1659, à laquelle il s'était trouvé
« en personne, lui avait inspiré un si grand désir
« de vengeance, qu'il n'était occupé que de cela,
« répondant à tout propos à ceux qui le pressaient
« sur ce sujet : « *Hà mister conquistar à Portugal*,
« il faut conquérir le Portugal. » Il avait tant de
« peur que le traité commencé, par lequel le car-
« dinal Mazarin *promettait d'abandonner les Por-*
« *tugais*, ne manquât, qu'il pensa plus d'une
« fois se relâcher sur le rétablissement de M. le
« prince de Condé, en lui faisant offrir, sur les
« terres d'Espagne, deux fois plus de biens qu'il
« n'en avait en France. Il écrivit, en outre, au
« marquis de Caracène, à Bruxelles, de rompre
« tout commerce avec le cardinal de Retz, parce
« que le moindre ombrage qu'on donnerait, de
« ce côté, au cardinal Mazarin, lui ferait rompre
« la paix (1). » Il paraît aussi que Don Louis de Haro autorisa Pimentel à arranger le différend, au

---

(1) *Mémoires de Gui Joli*, t. VI, p. 62, *recueil des Mém. de la Fronde.*

sujet du prince de Condé, comme le voulait la France. Dans les préliminaires de la paix arrêtée à Paris, après le voyage de Lyon, il fut dit en effet que le prince de Condé rentrerait en possession de tous ses biens, à l'exception, toutefois, de Chantilly, mais sans les charges et les gouvernements qu'il avait eus avant de passer à l'étranger (1) On le voit : par le Portugal sacrifié, on faisait capituler l'Espagne, que l'on n'avait pu avoir, en 1648, par la Hollande infidèle.

IV

L'île des Faisans. 8 mai 1659.

Les bases du traité de paix étant ainsi posées, les deux ministres, celui de France et celui d'Espagne, se réservèrent l'honneur de le conclure eux-mêmes. Dans ce but, à la faveur de l'armistice signé le 8 mai 1659, ils se rendirent, chacun de leur côté, à Saint-Sébastien, et, de là, dans l'île des Faisans, formée par la Bidassoa. Cette petite île fut reconnue mitoyenne, appartenant moitié à la France, moitié à l'Espagne. Puis, au milieu, à égale distance des bords, on fit construire un pavillon ; et c'est là que les deux ministres entrèrent en séance pour dresser, en détail et dans toutes ses parties, l'acte solennel, qui, par l'acquisition de nos frontières naturelles au midi, et par une nouvelle alliance

(1) Comte de Garden, t. II, et Lamartinière, *ibid.*

matrimoniale, devait commencer d'abaisser, entre deux pays jusqu'alors ennemis, la barrière des Pyrénées.

V

Grands traités entre la France et la maison d'Autriche, compulsés.

On compulsa tous les grands traités de paix qui avaient été conclus par la France avec la maison d'Autriche, depuis que cette maison avait acquis tout l'héritage de Charles-le-Téméraire, moins le duché de Bourgogne, fief masculin et que, dans la personne de Charles-Quint, elle avait ajouté à cette belle succession le royaume d'Espagne, les îles Baléares, la Sardaigne, la Sicile et Naples. Les traités conclus sous François Ier, soit au sujet de la Navarre, que réclamait la maison française d'Albret, comme héritière de Léonore de Foix sœur de Ferdinand-le-Catholique; soit au sujet du Milanez, sur lequel François Ier avait des droits comme héritier de Louis XII, descendant de Valentine Visconti; soit au sujet du royaume de Naples, où les rois de France se présentaient comme légataires de la maison d'Anjou ; soit enfin au sujet de la Savoie, dont François Ier, en allant livrer la bataille de Marignan, s'était emparé parce qu'on lui refusait le passage; tous ces traités n'avaient guère été que des trèves et n'avaient à peu près rien terminé.

1° Traité de Noyon, 1516.

C'étaient : 1° le traité de Noyon en 1516, où il était question de la Navarre, qui ne fut jamais donnée intégralement à la maison d'Albret.

2° Traité de Madrid, 1526.

2° Le traité de Madrid, 14 janvier 1526, par lequel François Ier, prisonnier de Charles-Quint à Madrid, consentait à tout pour recouvrer sa liberté, à l'abandon de la Bourgogne elle-même, ancien apanage, et par conséquent ayant dû revenir de droit à la couronne de France après la mort de Charles-le-Téméraire, décédé sans enfants mâles; et, de plus, au rétablissement du connétable de Bourbon dans tous ses biens, Bourbonnais, Auvergne, Marche, Forez, Beaujolais, principauté de Dombes, et droits sur la Provence; traité qui ne fut pas observé par François Ier.

3° Traité de Cambrai, 1529.

3° Le traité de Cambrai, 5 août 1529, ou la paix des Dames, par lequel François Ier recouvrait la Bourgogne, moyennant le sacrifice de Naples et du Milanez, à moins que, pour le Milanez, la maison de Sforça ne vînt à s'éteindre.

4° Traité de Crespy, 1544.

4° Le traité de Crespy en Valois, en septembre 1544, par lequel, le cas prévu par le traité précédent étant en effet arrivé, Charles-Quint, en sa qualité d'empereur et de suzerain du Milanez, s'engageait à donner en mariage au duc d'Orléans, deuxième fils de François Ier, soit sa nièce, seconde fille de Ferdinand, roi des Romains, avec le Milanez en dot; soit sa fille avec les Pays-Bas et la Franche-Comté, traité infiniment avantageux pour la France, surtout avec la faculté d'opter pour cette dernière condition, c'est-à-dire pour les Pays-Bas et la Franche-Comté, et qui eût pu prévenir de bien longues guerres, si le duc d'Orléans ne fût venu à mourir quelques mois après la signature de son contrat de mariage avec la nièce de Charles-Quint. Comme François Ier avait consenti à recevoir le Milanez, comme dot de cette princesse et non comme un bien appartenant en propre à la France, Charles-Quint fut alors en droit d'en investir son fils Philippe II; et c'est ainsi que ce pays fit partie de la monarchie espagnole, déjà si vaste.

VI

Grand traité de Cateau-Cambrésis. Appréciation de ses causes et de ses résultats.

Tous ces traités, nous l'avons dit, ne furent guère que des trèves. Le traité de Cateau-Cambrésis, signé les 2 et 3 avril 1559, à la fin du règne d'Henri II, après l'abdication de Charles-Quint en 1556, et après le partage de ses États, fut seul définitif, et termina la première rivalité entre la France et la maison d'Autriche, rivalité qui s'était compliquée de l'intervention réitérée de l'Angleterre en faveur de l'Espagne, sous Marie Tudor, épouse de Philippe II. Que portait ce traité ?

1° L'empereur et l'Empire cédaient à la France, mais en toute souveraineté et sans voix ni séance aux diètes, les Trois-Évêchés, Metz, Toul et Verdun, ce qui était un acheminement vers l'acquisition de la Lorraine tout entière, convoitée depuis si longtemps par les Capétiens, et vers la possession de la frontière du Rhin.

2° Elisabeth, reine d'Angleterre, cédait à la France la ville de Calais, dont François de Guise, l'année précédente, s'était emparé sur Marie Tudor, qui en était morte de chagrin ; mais la cession n'était stipulée que pour huit ans, à moins de payer à l'Angleterre la somme de 800,000 écus ou 500,000 couronnes. Ni la place ne fut rendue, ni l'argent ne fut donné : car il était dit que si la paix était violée par l'Angleterre, c'est-à-dire, si cette puissance intervenait de nouveau contre les Français dans leurs démêlés soit intérieurs, soit extérieurs, alors la France serait déliée de tout engagement. Or cette neutralité, Elisabeth, qui organisa l'Anglicanisme dans ses États et qui mit l'Angleterre à la tête du monde protestant et en particulier calviniste, en Europe, ne put l'observer. Elle prêta main-forte aux protestants français sous Charles IX ; et c'est ce dont aussitôt profita ce roi, pour ne rien lui payer et garder néanmoins Calais.

3° A part ces deux clauses, assez favorables du côté du Nord, le traité de Cateau-Cambrésis ne stipulait que des sacrifices de la part de la France. Henri II abandonnait même, sur cette frontière, à l'Espagne, Thionville, autre conquête du duc de Guise, Marienbourg, Montmédy, Hesdin, et le laissait raser Therouanne et Ivoy. En outre, il rendait à l'évêque de Liége, sujet de Philippe II, la seigneurie de Bouillon, que réclamait Robert de Mark, allié de la France.

4° Dans le midi, mêmes sacrifices. Henri II restituait la Savoie à Philibert-Emmanuel, duc dépossédé, avec la Bresse et le Piémont, et dégarnissait ainsi la frontière du Sud-est, puisque les Alpes, qui forment cette frontière, sont au delà de la Savoie, qui par conséquent est géographiquement comprise dans le territoire de la France. Il est vrai qu'il conservait en Piémont quelques places : Turin, Pignerol, Saluces, Quiers, Chivas, Villeneuve, Lapeyrouse, Savigliano, jusqu'à ce que les droits de sa mère, Louise de Savoie, fussent réglés ; mais l'Espagne avait aussi garnison dans le même pays, à Verceil et à Asti. De plus, Philippe II possédait le Milanez, et avait pour allié le duc de Mantoue, auquel il avait fait rendre par la Savoie le Montferrat (1). Ainsi la France n'était pas la seule puis-

(1) Dumont, *Corps diplom.* t. IV; Flassan, *Diplomatie française*, t. I, et Koch, t. I de son *Tableau des révolut. de l'Europe mod.*, ainsi que pour les autres traités mentionnés dans ce chapitre.

sance qui eût action directe sur les affaires des ducs de Savoie. Il n'y avait même, dans cet arrangement, que des sources de démêlés et de guerre. Aussi les murmures éclatèrent-ils de toutes parts et surtout dans l'armée, à la nouvelle de la conclusion d'un traité, qui couronnait soixante ans de guerre par des renonciations et des sacrifices, que ni Calais, ni les Trois-Évêchés, ni la ressource incertaine d'un échange entre ce qu'on acquérait en Piémont et ce qu'on perdait en Savoie, ne paraissaient pas suffisamment compenser. Mais, à côté de la réforme luthérienne, qui venait d'avoir gain de cause en Allemagne, en 1555, grâce à la protection intéressée de Ferdinand Ier, une réforme plus radicale, et tout à fait démocratique en matière de gouvernement spirituel, la réforme calviniste s'était élevée en France, et prenait chaque jour, malgré les édits les plus sévères, plus de développement. De là, elle avait pénétré en Angleterre, où la nouvelle reine l'adoptait comme religion d'État; en Écosse, où Knox, disciple de Calvin la prêchait, et dans les Pays-Bas, où elle allait occasionner l'insurrection pour l'indépendance de cette contrée. Les Guises, qui dirigeaient la France par eux-mêmes, et l'Écosse, par leur sœur, Marie de Lorraine, mère de Marie Stuart, et le cardinal Granvelle, ministre de Philippe II dans les Pays-Bas, se préoccupèrent beaucoup de cette situation religieuse des États de l'Occident; ils s'entendirent pour conclure une paix, qui leur permît de réunir toutes leurs forces pour tenir tête aux orages intérieurs, qui allaient bouleverser les États de leurs maîtres. C'est ce qu'on peut induire, d'une manière certaine, d'une convention secrète entre Henri II et Philippe II, sous l'influence de ces ministres, pour l'extirpation de l'hérésie (1). Se mettre en garde contre la révolution, qui, avant d'attaquer la société, attaquait l'ordre religieux, c'était une précaution excellente, honorable, nécessaire; mais l'Espagne conservait une puissance territoriale trop considérable, trop alarmante : de plus, par le traité de Cateau-Cambrésis, elle la consolida par un mariage.

VII

Tentative de l'Espagne pour s'incorporer la France par un mariage.

On connaît la politique de l'Autriche dans ses mariages : c'est par là qu'elle avait acquis tant d'États. C'est aussi par un mariage qu'elle voulut acquérir des prétentions, sinon des droits, sur la France qu'elle n'avait pu conquérir par les armes. Philippe II épousa Élisabeth de France, fille de Henri II, et il en eut une fille, Claire-Isabelle-Eugénie, dont il se servit, pendant les troubles religieux, pour faire passer le trône de France à un membre de sa dynastie, et supprimer au profit de l'Espagne la frontière des Pyrénées. La tentative ne lui réussit pas, et Henri IV, par sa conversion, qui

---

(1) Heeren, *Manuel du syst. polit. et colonial de l'Europe moderne*, t. I, 3ᵉ époque.

eut lieu en 1593, et qui ôta aux ligueurs, devenus le parti espagnol, tout motif d'opposition, en prévint le renouvellement. La guerre qu'on fit dès lors à Henri IV ne fut plus une lutte de principes, mais une lutte internationale, où les adversaires du roi, en France, purent être regardés comme des traîtres.

VIII

Paix de Vervins, 1598.

Aussi, l'Espagne, délaissée peu à peu de ses anciens amis, fit-elle la paix de Vervins, le 2 mai 1598, s'engageant à restituer à la France toutes les villes de Picardie, à rendre Blavet, en Bretagne, et enfin, moyennant la conservation de Cambrai, affranchissant entièrement notre frontière du Nord. L'Espagne renonçait aussi à la couronne de France; et c'est pour cela que trois ou quatre jours après la paix, Philippe II nomma Claire-Isabelle-Eugénie, gouvernante des Pays-Bas, avec son mari, l'archiduc Albert. Une seule affaire restait indécise, celle du marquisat de Saluces, que le duc de Savoie avait envahi sous le règne de Henri III.

IX

Traité de Lyon avec la Savoie, 1601.

Le marquisat de Saluces était le seul débris des possessions que le traité de Cateau-Cambrésis avait assurées à la France dans le Piémont. Bien qu'il importât de ne les rendre qu'en échange de quelques acquisitions dans le duché de Savoie, c'est-à-dire en deçà des Alpes, on avait vu Henri III les céder au duc de Savoie, Charles-Emmanuel, en récompense des fêtes que ce prince lui avait données à son retour de Pologne. Il n'avait gardé que le marquisat de Saluces, qui, même sous son règne, fut occupé par les Piémontais; et bientôt après, il en fut de même de Berre, en Provence. Par le traité de Vervins, la Savoie promit de restituer tout ce dont elle s'était emparé; mais elle n'évacua que Berre. Il fallut lui faire (1600-1601) une guerre en forme, qui fut conduite par Lesdiguières, et qui amena, le 17 janvier 1601, le traité de Lyon, par lequel elle cédait, pour prix du marquisat de Saluces, la Bresse, le Bugey, Valromey, Gex, territoires contigus à la France, et qu'il était bien plus utile de posséder (1).

X

Traité de Quérasque, 1631.

Plus tard, du reste, la France rentra dans le Piémont : ce fut à l'occasion de la succession de Mantoue, que Richelieu, malgré les Espagnols et le duc de Savoie, Victor-Amédée, voulait assurer

---

(1) *Economies royales de Sully*, ch. 96, 97, t. I, p. 332 à 343.

au prince français Charles de Gonzague, duc de Nevers. Après une courte guerre, Victor-Amédée fut obligé de céder à la France, en toute propriété, la ville de Pignerol, qui devint en peu de temps une ville tout à fait française : c'était la principale clause du traité de Quérasque, en 1631.

XI

Traité de Millefleurs, 1631.

Richelieu fit aussi reconnaître, par les Espagnols, Charles de Gonzague, héritier légitime du duché de Mantoue, malgré sa qualité, fort désagréable pour les Espagnols, de prince français, et il força le même Victor-Amédée à le laisser tranquillement jouir du Montferrat, qu'il aurait voulu pour lui seul. Ce fut l'objet du traité de Millefleurs, conclu la même année (1631).

XII

Malgré ces divers traités, l'étendue de la monarchie espagnole était encore trop gênante pour la France.

Tels sont les traités qui, à diverses époques, avaient fixé les rapports entre la France et la maison d'Autriche espagnole jusqu'à Louis XIV. Ils n'avaient pas abaissé cette maison, qui, par l'Artois, les Flandres, la Franche-Comté, le Roussillon et la Cerdagne, avait le pied sur presque toutes les parties du sol français, gênait la libre allure de la France, la tenait pour ainsi dire en échec, et l'empêchait de se développer avec l'ampleur aisée d'un État libre de ses mouvements. Le traité des Pyrénées, signé le 7 novembre 1659, sans être aussi avantageux qu'il aurait pu l'être, lui procura pourtant en grande partie cet avantage. Le jour où il fut conclu, le maréchal de Grammont était à Madrid, où il demandait officiellement la main de l'Infante Marie-Thérèse pour le jeune Louis XIV : « Sire, dit-il à Philippe IV, le roi mon maître vous « accorde la paix. » Puis, se tournant vers l'Infante : « Et vous, madame, Sa Majesté vous donne son « cœur et sa couronne. » Le contrat de mariage fut aussitôt signé.

XIII

Clauses du traité des Pyrénées, 1659.

Que portait le traité des Pyrénées? Après trente-deux articles, consacrés à déterminer les relations commerciales entre l'Espagne et la France, la première chose qu'il stipulait, c'était le mariage de l'Infante avec Louis XIV. On donnait à cette princesse 500,000 écus d'or en dot, payables en trois termes, moyennant quoi elle renonçait, pour elle et pour sa postérité, à quelque titre que ce fût, à la succession du roi et de la reine d'Espagne, et

Louis-XIV, après son mariage, devait signer cette renonciation.

2° Philippe IV cédait à la France le comté d'Artois, c'est-à-dire Arras, Hesdin, Bapaume, Lillers, Lens, Thérouanne, comté de Saint-Pol, tout en un mot, à la réserve de Saint-Omer et Aire.

3° Dans le comté de Flandre, Gravelines, Bourbourg, Saint-Venant, avec leurs dépendances.

4° Dans le comté de Hainaut, Landrecy et le Quesnoy, avec bailliages et annexes dépendantes.

5° Dans le duché de Luxembourg, Thionville, Montmédy, Damvilliers, Ivoy, Chavancy, Marville.

6° Dans la province actuelle de Namur, entre Sambre et Meuse, Marienbourg, Philippeville et Avesnes.

Voilà pour les frontières du Nord. Du côté du midi, la France obtenait les comtés de Roussillon et de Conflans, excepté les localités situées sur le versant espagnol des Pyrénées. C'est aussi jusqu'à cette limite qu'on lui cédait le comté de Cerdagne. Du reste, la ligne de démarcation fut tracée l'année suivante, 12 novembre 1660. Les frontières de l'est restaient dans le même état. La Franche-Comté continuait d'appartenir à l'Espagne. Mais rien n'était plus facile à conquérir que cette province, où le langage, les mœurs, les habitudes, tout était français. Relativement au Milanez, au Mantouan, au Montferrat, à la Navarre, aux Pays-Bas espagnols, tout ce qui avait été stipulé par les traités antérieurs était confirmé. Moyennant ces avantages très-considérables, la France renonçait à soutenir le Portugal, dont la cause était bien avancée, et qui n'en triompha pas moins de l'Espagne. Mais l'Espagne n'abandonnait pas le prince de Condé; les concessions que Pimentel avait faites au sujet de ce prince étaient même révoquées, et Condé rentrait en possession, non-seulement de tous ses biens, mais encore de ses dignités, et nommément de la charge de grand-maître; seulement, au lieu de la Guyenne, son ancien gouvernement, où son retour eût été d'un trop mauvais exemple, on lui donna la Bourgogne.

Quant aux autres alliés ou protégés des deux puissances, le prince de Monaco, Honoré II, de la maison de Grimaldi, que protégeait la France, était rétabli par les Espagnols dans sa principauté; le duc de Lorraine, Charles IV, allié de l'Espagne, obtenait le même avantage, mais en laissant à la France, outre les Trois-Évêchés, déjà cédés de nouveau par le traité de Westphalie, Moyenvic, le duché de Bar et le comté de Clermont. Ainsi s'en allait pièce à pièce le beau duché de Lorraine (1).

XIV

Quel était le sens de cet abaissement de la double maison d'Autriche?

On dit qu'après la signature de cet important traité, qui terminait une guerre de plus de vingt ans,

(1) Comte de Garden, t. II, et Flassan, *Diplom. française*, t. III.

don Louis de Haro dit aux Espagnols qui l'accompagnaient : « Messieurs, allons rendre grâce à Dieu « de cet événement! L'Espagne était perdue : elle « est aujourd'hui sauvée. » C'est ainsi que l'Espagne se consolait de ses défaites multipliées par la satisfaction d'y survivre encore, de se sentir debout, quoique horriblement mutilée, et de pouvoir respirer librement, après avoir craint d'être anéantie. Oui, elle était sauvée, car elle était encore liée au mouvement européen par les Pays-Bas surtout, et par la Franche-Comté; mais, se trouvant dans un épuisement complet, dont elle ne pouvait se tirer qu'à la faveur d'un calme parfait, d'une longue et féconde tranquillité, elle était désormais destinée à ne jouer en Europe qu'un rôle secondaire, après y avoir régné, en quelque sorte, pendant plus d'un siècle. Elle avait donc subi à son tour les irrésistibles coups de cette fatalité, qui semblait poursuivre la maison d'Autriche tout entière. En possession, sous Charles-Quint, de la moitié de l'Europe avec le titre d'empereur romain, cette grande maison avait voulu, conformément au système de la papauté (1), refaire avec même plus de largeur, l'époque carlovingienne, c'est-à-dire n'établir dans l'*empire romain* que deux souverains; l'un pour le temporel, l'autre pour le spirituel ; l'un tenant l'épée, qui protége et combat, l'autre

(1) Dans le volume suivant, nous verrons ce système de la papauté, exposé par un jésuite fameux, agent du pape auprès d'un czar du xvi° siècle.

l'arme de la parole, qui instruit, moralise, vivifie ; l'un étant le bras de la catholicité, l'autre en étant l'âme et le conseil; et jusque sous Ferdinand II, elle nourrit ce vaste et magnifique projet. Dominateur en Allemagne par Waldstein, Ferdinand II devait en effet lancer ce même général, par une vigoureuse et rapide croisade, contre les Turcs ottomans, pour leur arracher l'ancien empire d'Orient (1). L'Europe chrétienne eût été alors presque aussi fortement constituée que l'avait été l'empire des califes, lorsque en Asie, en Afrique, en Espagne, tout reconnaissait l'autorité politique et religieuse d'un seul chef des croyants; et certainement, entre un seul empereur et un seul pontife, animés du même esprit, marchant au même but, comme au temps de Charlemagne, entre ces deux forces puissantes, on eût ajourné à bien long terme la révolution que Luther avait soulevée, et qui pouvait un jour faire passer le régime de la liberté, du terrain de la religion dans le domaine social. Mais dans la réalisation de ce plan il y allait de la nationalité française. La France osa donc seconder au dehors le mouvement révolutionnaire, que pourtant elle attaquait chez elle ; et appuyée par son glaive redouté, en Allemagne, en Hollande, en Angleterre même, où Richelieu ne secourut pas Henriette de France et lui dit sèchement à Paris : « Madame, qui quitte sa place la perd, » dans tous ces pays la révolution triompha de tous les efforts

---

(1) Pfister, t. VIII.

de la maison d'Autriche, disloqua au profit de qui en voulut, et particulièrement de la France, ce qui restait du saint-empire romain, et brisa en mille morceaux la puissance de ceux qui, non sans beaucoup d'ambition, avaient voulu s'en faire les ardents restaurateurs. C'en était fait : la liberté religieuse, grâce même aux efforts successifs de deux prélats catholiques de France, était accomplie en Europe, et Luther avait gagné son procès. Tel était le sens, telle la conséquence de la chute des deux maisons d'Autriche. Le catholicisme, renfermé principalement dans les contrées du Midi, les États autrichiens, l'Italie, la France, la Péninsule ibérique, dans les pays, restés toujours plus romains, n'avait maintenant qu'à s'unir étroitement pour résister, sinon aux armes, du moins à l'influence active du Nord, désormais protestant. Mais, dans cette catholicité restreinte, la France saisit la prépondérance que la maison d'Autriche avait perdue; et le catholicisme, auprès de cet État redevenu protecteur, pouvait trouver un centre d'union, un bouclier pour le défendre, et, au besoin, des milliers d'orateurs, de missionnaires, de martyrs, pour le propager. La France s'acquitta même quelque temps de ce devoir, avec une intolérance, imitée de l'Autriche qu'elle venait de combattre; quelque temps aussi, donnant, sous un grand roi, un essor exagéré à une ambition légitime, elle menaça cet équilibre européen, qu'on devait à ses soins; enfin, après avoir jusque-là constamment soutenu au-dehors des principes de liberté, elle se mit à défendre, au contraire, le système des monarchies absolues, dont elle offrit dans son sein et l'exemple et l'image. Mais toutes ces déviations de son passé tenaient aux circonstances ou aux idées de sa dynastie, plutôt qu'à l'esprit national. Le génie de la nation, mais à la vérité après bien des utopies et bien des orages, ne tarda pas à se faire jour et à entraîner son gouvernement dans une autre voie. La France alors, s'appartenant plus à elle-même, défendit plus fidèlement dans le monde la liberté religieuse, en restant catholique; l'équilibre européen, sans perdre sa puissance; une liberté politique, plus large même, et une organisation sociale meilleure, sans cesser d'être sage : elle devint, en un mot, la plus haute expression et l'avant-garde des idées et de la civilisation moderne.

PIÈCES JUSTIFICATIVES.

1.

Lettre des plénipotentiaires français aux villes impériales, 1646, pour les engager à envoyer séparément des députés à Munster.

Le rang distingué que vous tenez dans les Diètes de l'Empire, et le soin que vous devez avoir d'en maintenir les lois, nous engagent à vous adresser les lettres ci-jointes. Ce n'est pas qu'il soit peut-être nécessaire de vous adresser une lettre particulière, puisque vous partagez avec les autres États de l'Empire le droit d'assister aux assemblées et d'y donner votre suffrage ; mais il y a déjà longtemps que la France a un zèle particulier pour vos intérêts, et le roi très-chrétien a voulu qu'un de nos principaux soins, dans la négociation de la paix, fût de ménager davantage des villes libres de l'Empire. Nous avons donc cru devoir vous écrire séparément, pour exécuter nos ordres et vous faire connaître les sentiments et les dispositions du roi dans cette négociation. Ce jeune prince, commençant déjà à marcher sur les traces glorieuses de son père, veut prouver, par de solides effets, que le feu roi n'a eu d'autres vues que de faire une paix générale en *rétablissant la liberté germanique*. Comme vous conservez encore le vrai caractère de cette liberté, *et non pas la simple apparence, comme on le voit ailleurs*, c'est à vous plus qu'à personne de travailler à la maintenir dans son entier avec le secours d'un grand prince, qui non-seulement *chérit vos villes d'une bienveillance particulière, mais qui est encore en état de leur procurer de grands avantages.* C'est pourquoi nous vous attendons ici au plus tôt. *Venez en grand nombre, et vous connaîtrez par vous-mêmes avec quel zèle nous sommes disposés à vous servir.*

2.

Lettre circulaire du roi de France adressée aux princes de l'Empire, pour le même objet.

Mon cousin,

Le désir passionné que j'ai eu, depuis mon avénement à la couronne, de voir cesser les troubles dont la chrétienté est agitée depuis tant d'années, m'a obligé de n'omettre rien de ce qui était en mon pouvoir pour parvenir à une fin si sainte et si salutaire. Pour cet effet, et pour sensiblement faire connaître la sincérité avec laquelle j'agis, et que mon dessein n'est pas d'amuser le monde de mines et de vaines apparences, j'ai choisi pour l'assemblée de Munster des ministres des plus intelligents et consommés dans les affaires, et des plus considérables en fidélité et en zèle que j'eusse auprès de moi, que j'ai pleinement informés de mes intentions et fournis de pouvoirs suffisants pour traiter et résoudre par eux-mêmes et sans avoir besoin de nouveaux ordres, toutes les choses nécessaires pour conclure et établir la paix pour laquelle on s'assemble : et afin qu'un si louable dessein puisse s'acheminer plus heureusement et avec plus de facilité, les plénipotentiaires vous ont convié, par mon ordre, d'envoyer vos députés pour assister au susdit traité, et pour y coopérer avec eux à lui donner une bonne issue ; sur quoi je leur ai expressément commandé, *qu'en ce qui concerne l'Allemagne, ils n'eussent pas seulement à agir le plus favorablement qu'il se pourrait pour le bien des affaires de ce pays-là, mais qu'ils exécutassent encore et fissent grande considération de vos bons et sages conseils, pour les traiter en la meilleure et plus plausible manière qui fût possible.* J'ai encore une autre raison qui m'a fait désirer la présence de vos députés à l'assemblée : *c'est afin qu'ils fussent spectateurs et témoins de la conduite de mes plénipotentiaires, et que voyant par eux-mêmes la candeur et la bonne foi qu'ils ont ordre d'apporter en leur négociation*, vous en puissiez être mieux éclairé et connaître plus assurément l'injustice de ceux qui tâchent de la décrier et de donner des impressions contraires. C'est pourquoi je n'ai pas été peu surpris des propositions qui ont été faites à Francfort contre mes plénipotentiaires, lesquels feront paraître en cette rencontre une telle modération, qu'elle *fera bien voir que la prospérité ne m'enfle point, mais plutôt que c'est par là que je désire correspondre à la prospérité que Dieu m'envoie, et que je reçois comme une approbation de sa part de mes desseins et de mes intentions, qu'il connaît être toutes portées au bien et au repos de la chrétienté.* Et pour ôter tout lieu aux artifices qu'on emploie contre ma conduite, j'ai jugé à propos de vous exhorter immédiatement et *par moi-même à intervenir à l'assemblée de Munster, pour y procéder dans le même esprit que moi, qui est un esprit de paix, et selon la même règle, qui est celle de l'équité et de la justice*, priant cependant Dieu qu'il vous ait, mon cousin, en sa sainte et digne garde. Ecrit à Paris, le 20 août 1644.

Louis.

3.

Seconde circulaire des plénipotentiaires français aux princes et aux États de l'Empire (même objet).

Très-haut prince,

Votre altesse apprendra sans doute avec reconnaissance, par cette lettre et par celle de Sa Majesté, quel est le zèle du roi très-chrétien pour procurer la tranquillité publique et maintenir votre tranquillité. Quoique la chose soit déjà assez connue, nous écrivîmes cependant dernièrement à vos altesses, pour les assurer que nous en donnerions encore de nouvelles preuves dans cette négociation de la paix, et nous les exhortâmes à se rendre en grand nombre à Munster, *pour y voir par elles-mêmes si les effets répondraient à nos promesses : nous ajoutions que c'était leur intérêt et un de leurs droits.* Cependant les *partisans de l'empereur* croyant pouvoir interpréter notre invitation en mauvaise part et en un sens *entièrement contraire à notre pensée*, nous en ont fait un crime, comme si nous nous étions ingérés d'écrire sans ordre du roi notre maître. Mais aujourd'hui, vous voyez nos paroles et notre conduite appuyées de l'autorité du roi. *C'est le roi de France lui-même, ce sont les droits de l'Empire* et la négociation présente qui vous appellent, et nous continuons cependant toujours d'attendre les députés des princes de l'Empire. Forcés de rester dans l'inaction, nous regardons où aboutiront enfin tant d'obstacles que nos ennemis ne se lassent point de nous opposer, et nous ne sommes occupés qu'à chercher les moyens de *les réduire aux termes de l'équité*. C'est pour nous seconder dans un dessein si chrétien et si salutaire que nous prions votre altesse de nous envoyer ses députés. Nous examinerons avec eux, et nous proposerons en commun tous les moyens de commencer la négociation et de conclure la paix, sur quoi nous sommes disposés à faire tout ce qui dépendra de nous. Nous avons déjà fait les premières avances, jusqu'à accepter les conditions peu équitables qu'on nous a proposées : nous avons surtout consenti à la communication réciproque des pleins pouvoirs, première démarche nécessaire pour commencer la négociation ; et quoique les Impériaux, contre la foi du traité préliminaire, aient refusé de faire cette communication à Osnabruck, nous sommes cependant restés ici, sans user du droit que nous avions de nous en retourner. Nous avons fait plus : car, pour lever l'obstacle de ce premier préliminaire, et ôter tout prétexte de retarder plus longtemps les négociations, comme nos ennemis nous faisaient quelques chicanes sur le commencement et sur quelques termes de nos pleins pouvoirs, nous leur avons fait signifier, par M. le nonce et par M. l'ambassadeur de Venise, que dès le moment qu'on aurait fait à Osnabruck l'échange des pleins pouvoirs, nous présenterions à Munster une nouvelle forme des nôtres, pourvu que nos ennemis eussent aussi soin de corriger les leurs, qui étaient insuffisants et défectueux dans les principaux points. Enfin, après en avoir tant fait, nous avons encore accordé sans peine, à la prière de nos illustres médiateurs, que, quoique l'affaire des pleins pouvoirs traînât encore à Osnabruck depuis six mois, nous ne laisserions pas ici de travailler de concert à réformer ceux de Munster, ou à en faire venir de nouveaux, n'exigeant en cela qu'une condition très-équitable, qui était que la forme des pleins pouvoirs impériaux qui serait agréée à Munster, serait aussi acceptée à Osnabruck dans les mêmes termes, puisqu'on était convenu d'agir dans l'un et l'autre lieu, en même temps et de la même manière. Nous avons en cela même relâché de nos droits et de ceux de nos alliés; et quoique les Suédois eussent pu avec raison nous désavouer et se plaindre qu'on semblait les négliger, ils ont mieux aimé ratifier les avances que nous avions faites.

Cependant après cette démarche de notre part, qu'est-il arrivé? Les Impériaux de Munster et d'Osnabruck s'étant abouchés à moitié chemin de ces deux villes, et ne voulant apparemment pas nous laisser ignorer la détermination où ils étaient de rejeter toutes les voies d'accommodement, après avoir délibéré pendant plusieurs jours, ont déclaré que la condition ne leur plaisait pas. Qu'est-ce donc qui pourra désormais leur plaire? car ce que nous leur avons proposé *ne leur était nullement dû, et ils n'avaient aucun droit de l'exiger. C'est une pure complaisance de la part du roi*, par un effet de l'amour qu'il a pour la *paix, à laquelle il sacrifie volontiers les droits que lui donne le traité préliminaire.*

Mais quelles que soient les raisons dont nos adversaires se servent pour censurer et rejeter la forme des pleins pouvoirs que nous leur avons présentés, quelque frivoles que soient leurs raisonnements, qui ne sont que de pures chicanes, il ne faut qu'un mot pour terminer cette contestation : c'est que le roi nous a donné pouvoir de satisfaire à toutes leurs demandes, et nous y sommes disposés. A quoi donc tient-il désormais le retard de la paix? Qu'on s'assemble de part et d'autre; *qu'on choisisse toutes les formules, les clauses, les précautions, les termes qu'on voudra, jusqu'à fatiguer nos arbitres; qu'on retranche tout ce qui peut donner de l'ombrage aux esprits les plus défiants, nous consentirons à tout,* pourvu que nos adversaires consentent à avancer la négociation de bonne foi. Ce ne sont certainement pas les Suédois qui mettent obstacle à la négociation, ou qui empêchent les Impériaux de la commencer. Ceux-ci les accusent d'avoir déclaré la guerre au médiateur, et refusent de traiter sans lui; mais la réponse de nos alliés est sans réplique. Car ils consentent à accepter la médiation de la république de Venise, facilité de leur part qui rend l'obstination de leurs ennemis plus sensible.

Nous ne ferons pas ici l'éloge de la sérénissime république, ni de l'équité, de l'habileté et du mérite de son ambassadeur. Les Impériaux en sont eux-mêmes persuadés; mais nous attaquons leurs raisons dans leur principe. Car quelles sont-elles ces raisons de vouloir bien à Munster accepter la médiation de Venise, et de la refuser à Osnabruck, quoiqu'on soit convenu que les deux traités ne seraient regardés que comme un seul? La diversité des lieux causera-t-elle de la diversité dans les sentiments du médiateur? Changera-t-il d'opinion en changeant de demeure? *Les Suédois offrent d'ailleurs d'accepter votre médiation, très-hauts princes; en quoi on ne sait ce qu'on doit admirer le plus, ou la confiance généreuse des Suédois qui espèrent trouver de l'équité même dans des étrangers, ou la défiance injurieuse des Impériaux qui n'en attendent pas même des leurs.* Enfin, si l'empereur refuse toutes les médiations, les Suédois sont prêts à traiter *à l'amiable et sans médiateur.*

Après des offres si généreuses, si sincères et si publiques des Suédois, nous demanderions aux plénipotentiaires impériaux qui sont à Osnabruck, *pour quelle affaire ils y sont venus; car ils prétendent qu'il ne leur est pas permis d'ouvrir la bouche sur aucun des points qui intéressent aujourd'hui l'Europe, ni d'entrer dans aucune voie de conciliation :* conduite qui s'accorde parfaitement avec celle des *commissaires de l'empereur à la diète de Francfort.* Car, tandis que l'on garde à Osnabruck un profond silence sur la médiation, ceux de Francfort s'épuisent en longues harangues pleines de ressentiment, qui tendent non-seulement à éloigner la paix, mais à en ôter même toute espérance. Il nous serait aisé de détruire les accusations et les injures dont ils nous chargent *pour prix des témoignages de bienveillance que le roi vous donne, et de l'invitation obligeante qu'il vous a faite.* Oui, si nous étions sensibles à de pareils outrages, et si nous n'aimions mieux *sacrifier notre ressentiment au bien public*, nous ferions aisément retomber sur eux-mêmes les reproches dont ils nous accablent ; mais comme rien ne nous paraît plus digne de mépris que les injures, et *que nous n'aimons que la paix,* il vaut mieux la ménager, *s'il se peut,* par notre silence, que de donner lieu par une vive réponse à une nouvelle querelle. Ce serait faire plaisir à ceux qui les aiment, et *qui voudraient les rendre éternelles.* Notre roi nous en donne l'exemple, car il a mieux aimé *mépriser les discours peu respectueux et peu chrétiens qu'ils ont tenus contre Sa Majesté sacrée et très-chrétienne, qu'oublier la clémence et la majesté de son rang.*

Au reste, si nous témoignons tant de patience, nous ne craignons pas que notre modération passe pour faiblesse. Les victoires continuelles que Dieu accorde au roi notre maître, et qui donnent un nouvel éclat à la gloire du nom français, nous mettent à couvert de ce soupçon. Ces heureux succès sont sans doute *la récompense du zèle que le roi a pour la paix ;* car c'est uniquement à ce but que ce prince nous a ordonné de diriger tous nos soins. C'est à votre altesse *à seconder de son côté un dessein si louable, et à ordonner à ses ministres de se rendre au plus tôt en cette ville,* où nous promettons *de convaincre toute la terre par des faits et des raisons sans réplique,* que le roi, non-seulement désire très-sincèrement la paix, mais *qu'il veut encore une paix avantageuse à l'Allemagne.* C'est de quoi l'on ne pourra plus douter, lorsqu'on saura que nos ordres portent expressément, non-seulement *de consulter en tout les princes et les États de l'Empire, ce qui est déjà beaucoup, mais de nous en rapporter même à leur jugement,* et de ne rien conclure sur les affaires d'Allemagne sans en donner avis à leurs députés. Ce n'est point à *une assemblée séditieuse* qu'on les invite. La dernière diète de Ratisbonne, les sauf-conduits accordés par l'empereur, les constitutions mêmes de l'Empire, *dont vous faites une partie si considérable,* donnent droit à vos députés de se rendre à une assemblée dont *Dieu lui-même a inspiré le dessein,* et d'y dire *librement* leur avis. S'ils usent de leurs droits, personne ne pourra s'en plaindre avec raison ; *et pourquoi n'en useraient-ils pas ?* Car voici l'occasion et le moment d'en faire usage, *ou d'y renoncer pour jamais.* Ce n'est pas d'ailleurs aux dépens de l'empereur, c'est *aux frais de l'Empire* que toute cette guerre est faite. Les États de l'Empire y ont été *entraînés* ou *engagés, presque malgré eux.* Pourquoi donc ne les consulterait-on pas quand il s'agit de faire la paix ? *Pourquoi, après avoir partagé tous les maux de la guerre, les exclurait-on d'une délibération où l'on cherche les moyens de mettre fin aux malheurs communs ?* Les rois et les princes alliés, surtout le roi très-chrétien, n'ont jamais songé à attaquer ni à faire révoquer en doute les droits légitimes de la couronne impériale. *Les Français n'en veulent point à la liberté des protestants, ni les Suédois à celle des catholiques.* Ce que les uns et les autres souhaitent, c'est de voir les deux partis rétablis dans l'heureux état où ils étaient *avant ces derniers troubles*, conformément aux lois fondamentales de l'Empire, *qui établissent un juste équilibre de puissance entre l'empereur et les États;* et la chose est si juste que nous ne doutons point que tous ceux qui ont quelque zèle *pour le bien public, et surtout votre altesse et tous les princes d'Allemagne vraiment allemands*, n'approuvent notre dessein; mais nous ne voyons que trop combien il est à craindre qu'on ne perde un temps si précieux à des délibérations inutiles, *chacun refusant de faire les premières démarches, et attendant,* pour nommer ses députés, *que les autres aient envoyé les leurs.* Car enfin il y a déjà longtemps que nous attendons, et cependant la chose presse de plus en plus. Craignez encore vous-mêmes que ceux dont on attend ainsi l'exemple *avec plus de patience que de prudence,* ne soient véritablement arrêtés par des *intrigues secrètes, où ne travaillent sourdement à ménager leurs intérêts particuliers,* sans se mettre en peine du bien public.

Enfin, si quelques-uns d'entre vous ne *veulent ou ne peuvent point* contribuer à remédier aux maux dont *leur patrie est affligée,* du moins il n'est pas juste qu'ils s'opposent aux efforts généreux que nous faisons pour rétablir *la liberté publique,* et rendre la paix au monde chrétien. L'espérance de voir bientôt cet heureux jour nous comble déjà de joie, et nous anime de plus en plus à faire tout ce qui dépendra de nous pour *l'avantage de votre altesse et de toute l'Allemagne.*

Donné à Munster, en Westphalie, le 4 septembre 1644.

Nous avons cité ces circulaires, parce qu'elles sont des modèles de lettres diplomatiques. Attacher beaucoup d'importance à la question des pleins pouvoirs, bien que ce fût en quelque sorte une question de forme, et flatter ainsi le génie formaliste des Allemands; parler de paix au milieu de la victoire; persuader qu'on ne pensait qu'au bien public, aux droits, à la liberté des États allemands; opposer toujours l'Allemagne à l'empereur, les pouvoirs locaux au pouvoir central; présenter comme suspects, comme n'étant pas de vrais Allemands, ceux qui ne donneraient pas à la même cause le gage qu'on leur demandait, et comme lâches et timides ceux qui ne voudraient pas faire le premier pas; enfin parler sans cesse de religion et de Dieu à des peuples protestants, mais religieux; dire qu'on apportait la liberté aux protestants et aux catholiques, et qu'on la voulait comme avant la guerre de Trente-Ans, ce qui annonçait adroitement une préférence non équivoque pour les protestants, puisque l'édit de restitution, dans ce cas, serait déclaré de nul effet; parmi les réformés ne nommer que les protestants proprement dits, c'est-à-dire les luthériens, qui étaient les plus nombreux, les plus forts, les mieux organisés, les plus riches, et, de plus, avaient toujours vu de mauvais œil les autres enfants de la Réforme; tout cela était d'une habileté extrême, et il n'était pas possible d'imaginer, à l'appui d'un projet très-nuisible à l'Autriche, des raisons plus persuasives pour tous les Allemands. Chacun les aura remarquées; nous avons cru pourtant devoir souligner ce qu'elles ont de plus caractéristique, de plus saillant, de plus adroit.

4.

Discours de Servien aux États-Généraux de La Haye, 1647.

Messieurs,

« Il y a trois années que nous passâmes par ici, M. d'Avaux et moi, par ordre du roi et de la reine-régente sa mère, pour concerter avec vos Seigneuries, avant que de nous rendre à Munster, la conduite que nous aurions à tenir avec Messieurs vos plénipotentiaires dans cette importante négociation, qui tient depuis si longtemps les yeux et l'espérance de toute l'Europe attachés sur le succès qu'elle doit avoir. Maintenant Leurs Majestés m'ont fait l'honneur de me renvoyer en ce lieu pour achever ce qui ne fut alors que commencé, et pour résoudre par vos prudents avis les moyens de mettre une dernière fin à ce grand ouvrage, en bien affermissant le repos que toute la chrétienté en attend.

L'on jugea prudent en ce temps-là que, pour ménager avantageusement dans le traité de paix les intérêts de la France et de votre État, il n'y avait rien de si utile que de conserver une étroite union entre les ministres du roi et les nôtres, que de s'entr'aider par des offices mutuels et sincères à obtenir ce que chacun doit justement prétendre, et de faire connaître aux ennemis communs, plutôt par des effets que par des paroles, que les vaines prétentions qu'ils ont eues toujours de jeter la division entre nous, pour en profiter à nos dépens, ne leur réussiraient jamais. Mais si alors il fut trouvé à propos de convenir ensemble des précautions dont il fallait user pour n'être point surpris pendant le cours de la négociation, combien est-il plus nécessaire aujourd'hui que nous sommes à la veille de conclure le traité, d'ouvrir les yeux plus que jamais pour se garantir de tous les préjudices qu'on pourrait recevoir par trop de confiance ou de facilité, ayant affaire avec une nation qui est en possession de n'observer les traités qu'elle fait, qu'autant qu'ils sont avantageux pour ses desseins, et qui a témoigné jusqu'ici par toutes ses actions plus d'envie de sortir de la guerre présente, pour en recommencer une autre dans quelque temps, qui lui soit plus heureuse, que de faire une paix durable et sincère?

Certes, messieurs, c'est une fatalité glorieuse pour votre pays, qu'après avoir été si longtemps le théâtre de la guerre et l'école où toutes les autres nations en sont venues apprendre le métier, il soit devenu le lieu où se tiennent les principaux conseils de paix; et que le même climat qui a été la source de toutes les hostilités qu'on exerce à présent contre l'Espagne, produise aussi les remèdes dont on se doit servir pour les faire cesser; comme si la *constance incomparable de vos généreux ancêtres et la grandeur de courage qu'ils ont fait paraître en fondant, parmi tant de peines et de dangers, ce florissant État*, lui avaient acquis le privilége de donner en cette rencontre le branle aux plus importantes résolutions qu'on doit prendre dans les affaires publiques.

Voici déjà la seconde fois, depuis qu'il a été résolu d'entrer en traité avec l'ennemi, que les ambassadeurs d'un grand roi, *le plus puissant ami* de votre république, sont venus consulter avec vous par quelles voies honnêtes et sûres on doit le faire. Personne ne peut révoquer en doute que Sa Majesté, *tenant le premier rang dans votre alliance*, pourrait prétendre avec raison que *ses avis et ses intérêts y fussent considérés par préférence*, vu même qu'il s'agit de finir une guerre où elle a si généreusement employé les richesses de son royaume et le sang de ses sujets *pour la défense de ses alliés*. Mais comme elle cherche sa principale satisfaction dans celle de ses amis, et qu'elle a toujours préféré leurs avantages aux siens propres, tandis qu'on a eu les armes à la main, elle veut bien encore faire de même aujourd'hui qu'on est sur le point de les quitter : elle veut de bon cœur remettre au jugement d'autrui ce que *l'ordre et la bienséance* devraient faire prendre du sien, et vous faire proposer des choses *dont elle devrait être recherchée*. Au premier voyage que nous fîmes ici pour en délibérer avec vos Seigneuries, notre venue excita des plaintes publiques, et on fit des déclarations contre nous, comme si, en proposant seulement les moyens *d'acquérir un durable repos à ces provinces*, nous eussions travaillé à détruire les fondements de cet État, à cause qu'il s'est formé et agrandi par la guerre. Maintenant *les maximes de ce temps-là sont tellement changées* que, pour rendre les ministres du roi odieux, *il suffit que les Espagnols fassent publier* que nous venons de ce pays pour différer ou interrompre la paix ; de cette sorte ayant à souffrir deux accusations toutes contraires et qui se détruisent, je puis dire avec vérité que nos accusateurs n'ont pas été mieux fondés en l'une qu'en l'autre.

Je veux bien croire qu'ils ne peuvent abreuver de ces folles opinions *que la populace*, et que les sages, connaissant le *lieu d'où elles viennent*, savent fort bien le jugement qu'on en doit faire ; mais dans un pays où la commune a part aux délibérations les plus importantes, toutes les impressions qu'on lui donne, quoique faussement, ne sont pas à mépriser, et c'est toujours une marque de préoccupation d'esprit un peu dangereuse, *de recevoir favorablement tout ce qui vient de la part des ennemis, et de rendre si légèrement les amis auteurs de toutes les choses qui ne plaisent pas*. Ce sont les premiers effets de la communication que l'on vient d'avoir avec les Espagnols, *qui savent merveilleusement bien l'art de séduire les peuples* par de semblables artifices.

Vos Seigneuries s'en apercevront encore mieux quand ils auront acquis plus de familiarité parmi vous ; *leurs partisans ont déjà l'autorité de partager les esprits dans les provinces*, d'y faire agiter des questions et glisser des opinions nouvelles, *qui ne sont avantageuses que pour eux, qui sont préjudiciables à vos meilleurs amis*, et que l'expérience fera bientôt connaître *de dangereuse conséquence pour cet État. Quelles pratiques et quelles divisions parmi vous* n'aurez-vous point à craindre, *lorsqu'ils auront entrée dans vos maisons*, si votre prudence n'y remédie de bonne heure? Je veux espérer que les sages conducteurs de l'État, conservant l'autorité qui leur est due, sauront bien contenir toutes choses dans le devoir, et qu'ils apprendront aux autres, autant par leurs exemples que par leurs remontrances, que pour acquérir un repos assuré par la paix, il faut demeurer dans *les maximes anciennes* qui ont élevé votre république au degré de prospérité où elle est, qu'il faut conserver soigneusement *les vieilles amitiés, quand elles ont été utiles et assurées;* garder les soupçons et les défiances *pour les ennemis*, et n'employer, *pour les amis*, que la franchise et la confiance, *pour prévenir les mauvais effets qui pourraient naître d'une affection mal reconnue.*

Vos Seigneuries se peuvent encore souvenir des bruits qui furent répandus dans ce pays il y a quelque temps, que les traités entre la France et l'Espagne étaient conclus sans votre intervention. On savait fort bien que les avis en étaient venus *d'Anvers et de Bruxelles;* on y mettait des circonstances qui ne pouvaient être véritables ; on ne laissa pas d'y ajouter foi, et de faire partout des plaintes de la France avec autant de licence qu'on lui eût pu véritablement reprocher une semblable fidélité. Les Espagnols furent contraints bientôt de détruire eux-mêmes l'imposture dont ils étaient les auteurs par l'offre qu'ils nous firent de quatre méchantes places, qui étaient une condition de paix bien disproportionnée à celle qu'ils avaient fait croire auparavant à tous les Pays-Bas, qu'on voulait donner au roi par ce traité clandestin. Mais ils n'ont pas demeuré longtemps à recommencer *une batterie toute contraire, en faisant publier par leurs adhérents* que nous ne voulions point de paix, nous qui, à leur compte, *la voulions acheter auparavant par une action honteuse et par l'abandonnement de nos alliés.* Leur faisant aujourd'hui refus de *quelques favorables conditions qu'on nous présente,* nous faisons, disent-ils, naître tous les obstacles qui la retardent, et empêchent même que vos Seigneuries n'acceptent celles qu'on leur offre; si bien que nous voilà déclarés ennemis du repos public par le jugement d'une nation qui s'imagine que *sa vaine prétention à la monarchie universelle* lui a déjà acquis le droit de rejeter sur autrui les fautes dont elle seule est coupable.

Je sais bien, messieurs, que *ceux qui ont quelque connaissance des affaires n'ont pas cette croyance de nous.* Les soins que la reine a pris depuis le commencement de sa régence de faire cesser les troubles qui pouvaient retarder le traité général; la guerre qui a été terminée en Italie par son autorité; celle qui a été apaisée en Danemark par son entremise, *où votre État a trouvé son compte;* les conditions modérées dont nous nous sommes contentés dans le traité de l'Empire; les diligences continuelles que nous avons faites pour surmonter les autres difficultés qui concernent le public et nos alliés, depuis l'ajustement et la satisfaction du roi, et la déclaration ingénue que nous avons faite il y a longtemps de la part de Sa Majesté, qu'elle est prête à rétablir la paix entre les deux couronnes, en laissant les choses en l'état où il a plu à Dieu de les mettre, pour ne pas tomber dans les longueurs qu'une exacte discussion des anciens différends eût pu causer, vous sont des marques bien évidentes des saintes intentions de Sadite Majesté, et du désir extrême qu'elle a d'avancer de tout son pouvoir le repos de la chrétienté

Mais, quand vos Seigneuries n'en auraient pas reçu tous

ces témoignages, quand MM. vos députés de Munster ne vous auraient pas représenté notre traité avec l'Espagne *sur le point d'être conclu*, par la facilité que nous y avons apportée, le sujet de mon envoi vous en donnerait une preuve bien convaincante, puisque j'ai ordre de prendre, sans perdre de temps, avec Vos Seigneuries, *les dernières résolutions* pour la conclusion de la paix générale, et de convenir avec elles de ce que chacun devra faire en exécution des traités pour la rendre durable, après qu'elle aura été conclue. Voilà, messieurs, en substance, tout ce que contient ma commission, et ce que j'ai maintenant à traiter avec Vos Seigneuries, qui est bien contraire à l'opinion que plusieurs personnes mal informées en avaient prise.

Je n'estime pas que Vos Seigneuries croient la bonne foi des Espagnols si grande qu'on y doive avoir une entière confiance, et mépriser toutes les précautions que la prudence oblige de prendre contre *les manquements qu'ils ont accoutumé de faire*. Il n'y a personne d'entre nous qui ne cherche tous les secrets possibles *d'assurer son argent dans l'acquisition d'une terre*. Je ne saurais croire que pour faire un contrat où il s'agit de toute la fortune d'une longue guerre, de l'honneur et de la sûreté de deux puissants États, il se trouve quelqu'un qui aime mieux se fier à la seule promesse *d'un mauvais payeur*, que de prendre de bonnes cautions pour s'assurer. Ce n'est pas ce que l'on écrit dans un traité, ni la diligence dont on use pour le faire, aujourd'hui plutôt que demain, ni les seings ou les sceaux qu'on y ajoute, qui en assurent l'exécution, *c'est l'état où l'on demeure après qu'il est fait*, tant par ses propres forces que *par le nombre de ses amis, pour se faire tenir parole*, si l'ennemi veut manquer de foi, ou pour se défendre, si l'on est attaqué. Un des grands personnages de l'antiquité a été de cet avis, quand il a dit : *Pacem non esse in positis armis, sed in objecto armorum et servitutis metu deposito.* Ce n'est pas parce que l'ennemi a déposé les armes qu'on a une paix assurée, mais *quand l'objet qui les lui avait fait prendre a disparu et qu'on n'a plus la crainte de la servitude.* En effet, que nous servirait-il maintenant de finir une guerre où nous ne pouvons que gagner, et où les ennemis ne sauraient que perdre, si nous laissons quelque sujet de crainte qu'elle recommence, dans un temps *qui ne nous sera peut-être pas si favorable ?* Leur procédé nous donne de très-justes causes de défiance, puisqu'ils ont fait paraître jusqu'ici plus de dessein *de nous désunir* que d'intention de *se réunir sincèrement avec vous,* et qu'encore à présent nous voyons clairement qu'ils travaillent plus à rompre notre alliance, qu'à satisfaire les alliés sur leurs intérêts légitimes.

Si MM. vos députés ont rendu compte à Vos Seigneuries de toutes les propositions qu'on leur a faites en traitant avec eux, je suis assuré que de tous les articles d'importance qui ont été agités, les Espagnols n'en ont point accordé où ils n'aient ajouté pour condition *qu'on traiterait sans la France :* à quoi, si on se fût contenté de répondre *par le silence,* nous aurions eu un peu moins d'occasions de nous plaindre. Nous avons cet avantage qu'on ne nous a point fait de semblables recherches depuis que nous les avons *rejetées avec un mépris semblable à celui des femmes vertueuses,* qui s'offensent des discours de cajolerie qu'on leur veut faire. Si MM. vos députés *en avaient fait autant, suivant les ordres réitérés qu'il a plu à Vos Seigneuries de leur envoyer,* il y a longtemps que nous aurions obtenu la paix, *avec une entière satisfaction de la France et de votre État.* Mais, certes, je ne le puis taire, *l'espérance que quelques-uns ont donnée aux Espagnols de traiter avec eux à notre préjudice, et les conseils qu'on leur a donnés à l'oreille de tenir ferme contre nous,* c'est le seul obstacle qui les a empêchés jusqu'à présent de venir à la raison.

Voulons-nous donc, messieurs, avoir une bonne paix en peu de temps ? Le moyen en est facile et honorable : il ne faut que demeurer constamment en l'observation des traités d'alliance, guérir une fois pour toutes les Espagnols des prétentions qu'ils pourraient avoir de nous diviser, tenir pour suspect et dangereux tout ce qu'ils nous offriront sous cette condition, et que MM. vos plénipotentiaires agissent à Munster en vrais alliés pour nos intérêts, *comme nous avons toujours fait pour les vôtres.* Voulons-nous rendre cette même paix ferme et durable? Nous n'avons qu'à faire connaître aux ennemis, par notre union, qu'ils ne peuvent jamais contrevenir au traité qui sera fait, sans avoir à combattre la France et les Provinces-Unies en même temps, dont ils ont éprouvé les forces *avec les succès que chacun a vus*, et qu'ils auront toujours sujet de craindre. Si nous nous conduisons avec cette prudente fermeté, nous en verrons bientôt de très-bons effets : la paix sera conclue en peu de temps avec réputation et avantage; *nous recueillerons ensemble* les plus agréables fruits qu'elle a accoutumé de produire, à *l'ombre d'une sûreté inviolable,* sous laquelle nous pourrons nous décharger sans crainte des dépenses qu'il faudrait supporter, si nous demeurions dans un état incertain, et nous aurons cette satisfaction de n'en avoir pas acheté les conditions *par aucune sorte de manquement.*

Si nous prenions une autre conduite, nous pourrions bien faire, chacun en particulier, un traité avec l'Espagne, mais nous en perdrions le fruit en le signant. L'ennemi, qui ne s'y porte qu'à regret et qui le croit désavantageux, formerait en même temps le dessein de rompre à la première occasion favorable qui s'en présenterait; les doutes et les méfiances s'augmenteraient de tous côtés, au lieu de cesser; chacun serait obligé de chercher de nouveaux amis pour se garantir du péril; il ne faudrait pas moins de défense et de gens de guerre pour vivre dans une semblable paix qu'au milieu des hostilités, et je ne sais comment nous nous pourrions justifier devant la postérité d'avoir troublé, de gaîté de cœur et par une précipitation non nécessaire, l'heureux état de nos affaires.

Il importe grandement de prévoir tous ces inconvénients, et, pour cet effet, de savoir au vrai comme nous aurons à passer dans un nouveau genre de vie, en sortant de celui que nous allons quitter. Il importe de bien éclaircir comme nous aurons à vivre ensemble, lorsque nous y serons arrivés, en expliquant l'ambiguïté de ce que nous aurons à faire les uns pour les autres, en cas que nous recevions quelque nouveau trouble par notre ennemi commun. Vous me permettrez de vous dire, messieurs, que vous y avez encore plus d'intérêt que nous. Le corps de votre État, après un pénible exercice de guerre continue pendant l'espace de 80 ans, doit vivre désormais dans un profond repos qu'il n'a point encore éprouvé. Il a bien besoin d'user de bons remèdes pour se garantir des maux qui viennent ordinairement après de semblables changements, et qui pourraient devenir mortels, si on ne se servait de puissantes précautions pour les prévenir.

Quant à nous, messieurs, ce ne sera pas une chose nouvelle pour la France d'être en paix avec l'Espagne; nous savons déjà jusqu'à quel point on doit s'y fier, et comment on se peut défendre des pratiques et entreprises *qu'elle a coutume de faire sous la couverture de l'amitié*. Nous avons de bonnes lois qui règlent jusqu'où se doit étendre la communication qu'on peut avoir avec des ennemis dangereux, *qui ne se réconcilient jamais que pour mieux parvenir à leurs fins*. Nos magistrats savent comme il faut punir ceux qui y contreviennent. L'expérience du passé nous rendra encore plus sages à l'avenir; mais je ne sais si *la forme de votre État* vous permettra sitôt de tenir en bride, comme il faut, l'humeur entreprenante de cette nation, qui a toujours plus avancé ses affaires par des menées secrètes que par les armes, puisque, même avant la conclusion de la paix, elle a l'audace d'envoyer ici ses commissaires sous des emplois supposés, pour attaquer et diffamer vos amis en votre présence. Si les Espagnols sont tellement aveuglés par leurs passions, *qu'ils osent bien travailler ouvertement auprès de vous*, espérant séparer et mécontenter vos alliés, qui est toujours le premier démembrement qu'on tâche de faire dans un Etat qu'on veut affaiblir, pouvez-vous douter qu'ils ne passent bientôt plus avant, et qu'après avoir désarmé votre Lion de son épée, ils ne tâchent aussi de lui arracher cette poignée de flèches, qui est le symbole non-seulement de l'union qui doit demeurer entre vous, *mais de celle qui attache vos alliés dans les intérêts de votre Etat ?*

Je supplie Vos Seigneuries de faire un jugement aussi favorable de ce que j'ai l'honneur de leur dire, que les intentions de Leurs Majestés, que j'explique, sont droites et sincères : elles n'ont aucune pensée de retarder la paix ; les précautions que nous avons à prendre ensemble ne sont ni longues ni difficiles ; il n'est question que de pourvoir solidement à la sûreté du traité qui doit être fait, et cette sûreté ne consiste qu'à exécuter de bonne foi les précédents, à réparer les contraventions qui y ont été faites, et à donner ordre qu'ils soient religieusement observés à l'avenir, sans qu'une des parties y puisse apporter des interprétations préjudiciables à l'autre. Car, pour en parler franchement, quand on donne un contrat aux docteurs à consulter, *c'est plutôt en intention de plaider que de satisfaire à ce qu'il contient ;* ce qui, dans les alliances, ne doit jamais être interprété que selon l'équité et la bonne foi. *Toutes les subtilités doivent être tournées contre les ennemis, et non pas contre ceux qui ont employé toute leur puissance et leur propre sang pour votre grandeur.* Tout cela étant aussi juste que nécessaire, et pouvant être résolu en deux jours, on ne peut pas dire que ce soient des retardements recherchés ; et ceux qui auraient cette opinion feraient trop évidemment connaître que, pour les contenter, il faut que toutes choses passent *selon le désir des Espagnols.*

La France demeurera toujours constamment attachée d'affection avec les Provinces-Unies, et comme il n'y a encore jamais eu de manquement de son côté, vous devez être assurés, messieurs, qu'il n'y en aura point aussi à l'avenir. Son amitié est assez précieuse, *et vous l'avez éprouvée assez utile et assez avantageuse* à cet État, pour ne la vouloir pas prétendre tout entière, *en ne lui donnant qu'une partie de la vôtre.* La justice veut bien, *pour le moins*, que les conditions de notre société soient égales dans l'assistance que la France s'obligera de donner à cet État. En cas que les ennemis rompent le traité, nous ne ferons aucune distinction des intérêts que vous avez à démêler avec eux, ni des lieux par où ils peuvent vous attaquer. Nous estimons que le même sacrifice doit être fait de votre part, autrement ce serait montrer à l'ennemi l'endroit par où il pourrait nous faire du mal plus facilement, sans que vous vous y intéressiez. Nous croirions lui apprendre qu'il peut un jour, sans crainte, recommencer les hostilités dans vos provinces qui sont voisines de l'Allemagne, si nous lui avions déclaré que nous ne reprendrions point les armes pour vous secourir qu'en cas qu'il vous attaque par la Flandre, cette province faisant seulement une partie de vos frontières, et étant à votre égard ce que les Pays-Bas sont à l'égard de la France, *parce qu'ils ne font aussi qu'une partie de la frontière.* Il n'y a personne de vous qui ne crût être mal accompagné d'un ami qui nous tiendrait par la main droite, s'il ne se remuait point quand il nous verrait assassiner par le côté gauche. Lorsque la paix sera faite, il ne vous restera qu'un intérêt seul et indivisible avec la France, qui est que le traité soit observé. Il ne saurait être rompu en un lieu que la rupture ne demeure générale, et un des articles ne peut être violé que tous les autres ne soient ébranlés. Le corps de la monarchie étant composé de plusieurs membres différents, ne peut être blessé en un, que tous les autres ne s'en ressentent par communication. Il serait bien mal aisé qu'on ne pût faire voir de quelle sorte les ennemis pourraient recommencer la guerre contre nous du côté de l'Italie ou de l'Espagne, sans qu'elle se fît aussi en même temps dans les Pays-Bas et partout ailleurs où nous sommes voisins. Je ne puis encore comprendre sur quoi fondent leur appréhension ceux qui font semblant de craindre que l'obligation réciproque illimitée qui doit être accordée entre nous, n'apporte plus de crainte que de sûreté à votre État, et ne soit plus propre à l'engager à de nouvelles guerres qu'à le faire jouir sûrement de l'état de paix. S'ils prennent la peine de considérer que cette obligation n'est pas nouvelle et qu'elle est déjà contenue dans le traité, ils avoueront qu'il n'y a d'autre délibération à faire sur ce sujet que pour savoir si on veut observer l'alliance ou la rompre.

Les malheurs de l'Espagne dans cette guerre et les pertes qu'elle a faites lui serviront d'un puissant avertissement pour n'en recommencer jamais de semblables contre la France et votre État, tant qu'ils demeureront alliés. Le contraire arriverait assurément, si elle nous voyait divisés par quelque distinction de lieux ou d'intérêts, ou par quelque autre mésintelligence. Le favorable succès qu'elle se promettrait encore en nous attaquant séparément, lui donnerait l'envie de l'entreprendre. Alors, quand l'un des deux États serait contraint de rentrer en guerre, je ne sais pas avec quelle sûreté, ni avec quel ménagement l'autre prétendrait jouir de la paix, ayant deux si grandes puissances en armes dans son voisinage.

Vous voyez donc, messieurs, clairement que notre union, au lieu d'être le sujet de nos appréhensions, en doit être l'unique remède, et que nous n'assurerons jamais si bien le repos de la France et de ces provinces qu'en demeurant inséparablement unis. J'en pourrais donner d'autres preuves très-concluantes à Vos Seigneuries, si je ne craignais de les ennuyer. Si elles ont agréable de députer des commissaires avec lesquels je puisse conférer plus amplement sur tout ce que je viens de vous représenter, qui aient pouvoir suffisant pour en traiter avec moi, je leur découvrirai avec beaucoup de sincérité les sentiments de Leurs Majestés, et je m'assure que Vos Seigneuries les connaîtront portées au bien et à la grandeur de cet État, autant qu'à l'avantage de la France, et qu'ils donneront un nouveau témoignage de la constante affection du roi et de la reine-régente envers Vos Seigneuries, dont cependant Leurs Majestés m'ont commandé de les assurer. »

Tiré du P. Bougeant, T. III, P. 96 à 112, L. 7.

Ce discours était sans contredit plein d'esprit, de finesse, de tact, d'à-propos, d'élévation ; mais j'oserais dire qu'il était paradoxal en un point essentiel, et qu'en outre il ne répondait pas à certaines objections de la plus haute importance pour les Provinces-Unies.

Ainsi, 1° Servien disait aux États-Généraux, qui étaient las de la guerre et voulaient la terminer sans s'exposer à recommencer, qu'en restant unis à la France, ils seraient satisfaits, puisque l'Espagne ferait la paix immédiatement. Il avait raison pour la guerre actuelle ; mais garantissait-il aux Provinces-Unies qu'elles ne seraient pas indéfiniment et incessamment entraînées dans de nouvelles entreprises contre l'Espagne par la France, qui voulait à tout prix ses frontières du Rhin, et par conséquent les Pays-Bas ? Dans ce cas, les Hollandais n'avaient-ils pas lieu de craindre une nouvelle série de guerres, en contractant avec la France cette *obligation réciproque illimitée*, dont parlait Servien ?

2° Mais, leur faisait observer Servien, l'Espagne vous attaquera, dès que vous vous serez séparés de nous ? — Non certes, pouvaient lui répondre les Hollandais : car, débarrassée de nous, l'Espagne ne voudra pas accéder au traité de Westphalie ; elle continuera la guerre avec la France, et, pendant ce temps, nous, nous serons tranquilles et nous affermirons de plus en plus notre État. La guerre finie, l'Espagne sera plus affaiblie, plus épuisée qu'elle ne l'est en ce moment; elle sera réduite à l'extrémité : comment alors pourrons-nous avoir à la redouter ?

3° Servien aurait dû tâcher de démontrer aux Hollandais, une chose très-difficile à prouver, c'est qu'il y avait au moins autant de sûreté pour les Provinces-Unies, et pas plus de danger, à avoir la France pour pays limitrophe, qu'à maintenir entre elles et cette ambitieuse nation un mur de séparation par le moyen des Pays-Bas espagnols.

4° Enfin, il aurait dû leur prouver aussi que la France n'avait pas fait de propositions particulières à l'Espagne, dans le but d'avoir seule les Pays-Bas, au lieu de les partager avec eux. Antonio Brun, dans ses lettres, ne manqua pas de relever tous ces points; aussi l'emporta-t-il sur Servien qui, un moment, après ce beau discours, avait espéré pouvoir le battre.

5.

Rentré à Munster, Servien y retrouva son collègue d'Avaux, avec lequel il n'avait jamais sympathisé : car ces deux habiles plénipotentiaires, rivaux de zèle et de talent, l'étaient aussi d'ambition ; et leur jalousie réciproque retarda parfois la marche des négociations autant que pouvait le faire les incessantes difficultés que soulevait l'Autriche. Servien, esprit vif, emporté, et quelque peu suffisant, écrivit en 1644 à d'Avaux une lettre qui pouvait être regardée comme un libelle des plus mordants. D'Avaux s'en plaignit à la reine, comme un vrai légiste, qui ne veut pas se faire justice lui-même, et n'accepte de duel ni en paroles ni en action. Voici la lettre particulière, ou plutôt la dénonciation clandestine et très-curieuse qu'il lui adressa à ce sujet, le 18 août de la même année.

Lettre de d'Avaux à la reine.

Madame,

C'est bien contre mon désir, mais non pas contre mon attente, que Votre Majesté entend par tous les ordinaires quelque nouvel effet de la mauvaise intelligence de ses ambassadeurs. Je l'ai bien jugé, madame, que les choses en viendraient là, et que le naturel de mon collègue et la démangeaison d'écrire qui le tient, ne lui permettraient pas de demeurer dans les termes de la première lettre, quoiqu'elle soit fort offensante. Voici un gros cahier d'injures, ou plutôt un libelle diffamatoire, que je reçus de sa part, il y eut hier huit jours. Il y a employé un mois tout entier, et il en a coûté à Votre Majesté le retardement de M. de Brégy, qui est encore en cette ville, quoiqu'il y ait plus de six semaines que nous avons reçu des ordres bien amples pour son instruction, et entre autres un mémoire si bien étendu sur ce qui est à négocier en Pologne, que je dis dès lors à M. Servien qu'il n'y avait qu'à le copier pour donner audit sieur de Brégy toute l'information et toutes les lumières nécessaires pour se bien acquitter de son emploi. Cela même, madame, a produit la stérilité de nos dernières dépêches; et c'est cette maladie qui n'a point permis audit sieur Servien de faire un long travail, comme il manda à M. le comte de Brienne, pour excuser la brièveté de notre lettre du sixième de ce mois.

J'aurais pu, madame, avec toute raison, repousser l'injure; celui qui me traite avec tant d'indignité me fournit à chaque page de son libelle de fort bons moyens pour lui faire de vives réparties. Mais quoique cette voie fût légitime, et qu'elle soit même permise par le droit naturel, j'ai mieux aimé considérer le service du roi que mon intérêt, et laisser plutôt triompher mon adversaire, le pouvant confondre, que d'entretenir un si sale commerce, et qui ferait tant de scandale en France. Je mets donc de bon cœur, madame, tous mes ressentiments aux pieds de Votre Majesté, je donne mes injures à la république, et laisse l'affaire au jugement et à la justice de Votre Majesté. J'espère qu'elle ne voudra pas que l'un de ses députés *ait impunément outragé* l'autre, et qu'il eût été loisible à M. Servien de m'attaquer et *de me donner encore le dernier coup*.

Si l'on dit que je l'ai irrité par ma réponse, aussi fait-on bien pour les lions et les éléphants par certaines couleurs dont les hommes s'habillent communément, et on ne leur conseille pas néanmoins d'aller tout nus. Pour cela je me suis couvert et paré innocemment de son attaque. Il est agresseur très-injuste, et si je me suis défendu de peur que mon silence ne passât pour conviction, ma résistance ne lui donne pas droit de continuer ses outrages. Cependant, madame, pour avoir répondu à sa première invective, et avoir mis la main au-devant du coup, les transports de colère le saisissent; il jette feu et flamme, deux mains de papier ne suffisent pas pour recevoir l'impression de sa haine: elle ne s'étend pas seulement sur l'histoire de notre ambassade; il me cherche en Pologne et à Hambourg; je suis coupable des gazettes qui ont fait mention de ce qui s'y est passé de mon temps ; il se rue indifféremment sur toutes sortes d'objets, pourvu qu'il croie que le contre-coup porte sur moi ; il se prend aux vivants et aux morts, aux choses sacrées et aux profanes ; il ne remue les cendres de M. de Bulion et de M. le président de Chevry, que pour me les jeter aux yeux, il veut faire passer le premier pour homme de jeu et de bonne chère, audacieux à couvrir ses défauts, et l'autre pour un présomptueux et ridicule, afin d'avoir le plaisir de dire que je ressemble à des gens dont il a fait cette peinture. Mais il nuit plus à sa réputation qu'à la leur, et ne saurait empêcher que M. de Bulion n'ait été un des principaux ministres de l'État, que le plus grand roi du monde et le plus juste ne l'ait toujours fort estimé, et n'ait eu une particulière confiance en lui ; et qu'enfin il n'ait soutenu l'ennui et la malveillance de quelques particuliers pour servir le public et ménager les finances. C'est chose étrange que M. Servien n'ait pas encore déposé l'inimitié qu'il a eue avec le défunt : considérez donc, s'il vous plaît, madame, à qui j'ai affaire.

Je ne sais s'il a eu aussi quelque démêlé avec M. le président de Chevry ; mais je sais bien que s'il était encore en vie et en faveur, M. Servien ne parlerait pas de lui comme il en écrit, et plût à Dieu, madame, que lui et moi fissions nos charges avec autant d'intelligence et de capacité que M. de Chevry faisait la sienne ! Le R. P. Joseph n'en a pas eu meilleur marché. M. le cardinal de Richelieu, qui se connaissait en gens (et vous l'éprouvez aujourd'hui, madame, au grand bien de toute la France), disait qu'il n'y avait homme au monde qui pût faire la barbe à ce Capucin, quoiqu'il y eût belle prise. Voici pourtant que M. Servien lui a montré sa leçon et réparé ses fautes, à ce qu'il dit ; mais c'est arracher la barbe à un lion mort. Ce n'est pas le seul ecclésiastique à qui il en veut : il censure encore injurieusement un prêtre faisant sa charge, et dans l'action où il doit être écouté avec le plus de respect : le prédicateur, madame, que M. Servien appelle impertinent et ridicule, c'est M. Ogier. Votre Majesté aura peine à le croire, après lui avoir fait l'honneur d'assister quelquefois à ses sermons, et après avoir lu l'oraison funèbre du feu roi, estimée généralement de tout le monde. Il est vrai qu'à la fin d'une de ses prédications, il exhorta une fois de prier Dieu pour la paix de la chrétienté, pour ceux qu'il a plu à Votre Majesté d'y employer de sa part spécialement, pour celui qui a jeté (disait-il) son caducée entre deux armées prêtes à se choquer. Voilà, madame, le discours si ridicule et impertinent auquel je n'ai eu aucune part, sinon de l'avoir écouté en baissant les yeux, comme M. Servien l'avoue, quoiqu'il ne fût pas présent : et ainsi ce petit mot de louange prononcé par une personne qui est avec moi, quand je ne l'aurais pas reçue avec la contenance d'un homme qui s'en serait volontiers passé, ne devait donner aucun sujet de scandale à M. Servien, qui n'y était pas; mais comme il y en veut trouver, il présuppose que ledit sieur Ogier ait dit que je tiens le caducée entre les plénipotentiaires de France, comme un sceptre pour leur commander, et sur cela il s'échauffe, sans considérer qu'il y a cent témoins qui peuvent déposer de la vérité que j'en ai rapportée ci-dessus.

Il devait ajouter à la vérité cette marque de souveraineté, que je prétends de régner sur M. de Longueville et lui disputer son sang, de lui arracher sa plume et la parole, et en cas de refus, d'écrire des invectives contre lui. Que s'il veut résister tant soit peu à mes entreprises, je lui opposerai que j'ai en main le sceptre de la légation, qu'il faut qu'il obéisse, et qu'il m'a été donné de la part de Dieu dans la chaire de vérité par un prédicateur de l'Évangile : la chose est très-assurée, il n'en faut point douter; le véritable M. Servien l'a dit.

Il donne aussi quelques atteintes au sieur de Préfontaines, et tâche de rendre sa conduite suspecte, si, est-il vrai, madame, qu'il a toujours reçu respectueusement ses ordres, et qu'il s'est fort bien acquitté jusques ici de l'emploi qu'il a auprès de nous, quoiqu'il me presse depuis quelque temps de l'en décharger.

C'est assez dire à Votre Majesté qu'il est frère de M. Leroy, et, en effet, il a beaucoup de mérite et de modestie. Mais qu'ont fait à M. Servien MM. du Grand-Conseil pour les traiter de fainéants? Sinon que j'ai eu l'honneur d'être parmi eux : voilà leur crime. Ces MM., dont M. le chancelier est particulièrement le chef, ont bien affaire de nos différends; et une légère atteinte que M. Servien pense me donner vaut bien la peine d'offenser une cour souveraine. J'ose assurer à Votre Majesté que c'est une compagnie toute pleine de vertu et de suffisance, et où la jeunesse est aussi exercée dans l'étude des lois et des bonnes lettres et dans les disputes publiques, qu'à aucune autre du royaume. M. Servien n'en demeure pas là : il parle de M. Lasnier comme d'un homme qui ne mérite pas d'être employé dans les affaires du roi, quoiqu'il les ait très-bien conduites en Portugal, et au contentement de Votre Majesté. Il fait aussi injure à l'Université de Paris et a tant d'aversion pour la langue latine, qu'il traite avec mépris ceux qui l'enseignent et ceux qui la savent.

En cet endroit, madame, je me sens obligé de vous dire très-véritablement qu'elle n'est pourtant pas à mépriser. M. Montluc et M. de Pibrac l'ont employée autrefois très-utilement pour l'État, et il est hors de doute que *sans parler latin ou allemand, il est impossible de bien servir le roi en Allemagne, ni dans tout le Nord.* Il n'y a que le seul M. Servien qui s'en puisse passer ; il n'appartient qu'à lui de faire honneur et service à la France dans un pays d'où il ne sait pas la langue, ni aucun usage d'une autre qui est fort commune, et lequel, par son propre aveu, il ne connaît que dans la carte ; encore y fait-il de grands mécomptes, quand il écrit que, sans la guerre de Danemark, toutes les forces de Suède seraient encore dans la Haute-Allemagne, qui n'ont bougé de la Basse depuis dix ans. Ce n'est pas, madame, que je veuille faire parade d'un peu de connaissance que j'ai des langues étrangères ; la réponse que je fis à M. Servien n'en touche aucun mot, et j'avoue avec lui que cette faculté n'est pas rare, ni excellente ; mais je soutiens, contre son avis, qu'elle est nécessaire aux ambassadeurs du roi.

Ce n'est pas assez, à cet accusateur général, d'avoir taxé tant d'honnêtes gens et de personnes de condition, qui n'ont point d'intérêt sur notre question, il faut donner sur M. le président de Mesmes ; il faut dire qu'il a fait une injustice d'assister son frère, et lui imposer qu'il ait été de porte en porte chez MM. les ministres, pour leur débiter des invectives. Néanmoins, madame, il est véritable que M. de Mesmes a seulement rendu ma lettre à Monseigneur le cardinal, et non à autre ; tout le Conseil sait ce qui en est, et on peut juger de là des autres choses que M. Servien avance trop légèrement.

En tout ceci, madame, je n'ai défendu que les morts et les absents que M. Servien a maltraités dans son libelle : je ne veux point me défendre ; j'attends cela de la bonté de Votre Majesté. Seulement, madame, je me suis senti obligé d'éclaircir quelques points qui sont d'importance dans notre négociation. Je l'ai fait simplement par un mémoire ci-joint, sans y mêler aucune parole d'aigreur. Je ne me suis pas arrêté aux médisances de M. Servien, ni aux démentis qu'il me donne en plusieurs endroits, non plus qu'aux proverbes, aux fables et aux marguerites françaises qui sont répandues çà et là dans son ouvrage. Tout cela me donnerait beau jeu, aussi bien que son panégyrique qu'il s'est fait lui-même. Bien moins, madame, ai-je voulu relever l'indignation qu'il témoigne contre les gazettes de France et d'Allemagne, parce qu'elles ont omis de mettre son nom dans les annales.

Qu'il pense tout ce qu'il voudra des démonstrations de joie que je fis à la naissance de ce beau prince que Votre Majesté nous a donné pour maître ; qu'il rallume sa colère au souvenir d'un festin que j'ai fait à La Haye aux princes et princesses, pour honorer le service de Vos Majestés, puisque le culte extérieur en fait quelque part ; qu'il déclame contre les imprimeurs qui ont donné au public quelques-unes de mes lettres, par l'ordre exprès du roi ; enfin, qu'il fasse un recueil de toutes ces bagatelles, et qu'il dise à bouche ouverte tout ce que la jalousie fait dire et penser quand elle occupe l'esprit ; je lui cède l'avantage de la bonne mine dont il a affecté de parler tout à fait hors de propos, et je veux bien qu'il se glorifie en sa beauté. Je ne lui dispute point la présence d'esprit, la prévoyance et l'application qu'il s'attribue si fort au-dessus de moi : je me contente, madame, de rendre compte à Votre Majesté de ce qui touche les affaires, et de vous représenter très-humblement que M. Servien ayant porté les choses à l'extrémité, et même ayant rompu nos conférences, votre service est grandement blessé, et le public scandalisé par sa faute. Il se promet que, n'ayant pas d'emploi à la cour, Votre Majesté trouvera bon de me rappeler plutôt que lui. Dans cette créance, il m'a repoussé jusqu'au bout, et j'oserais bien jurer qu'il en a formé le dessein dès le premier jour qu'il a été nommé pour cette commission. Pour moi, madame, je n'empêche nullement qu'en cela il ait son compte ; je recevrai respectueusement l'ordre qu'il plaira à Votre Majesté, soit de m'en retourner en France, soit de demeurer ici avec un autre collègue (*on les y laissa tous les deux*) ; car il est bien vrai, madame, que ledit sieur Servien et moi n'y pourrons plus servir conjointement sans un trop grand préjudice des intérêts de la France et de l'honneur de la nation.

Je prie Dieu qu'il lui plaise de donner à votre Majesté,

   Madame,

en toute prospérité, très-longue et très-heureuse vie.

 A Munster, etc.   Votre, etc. (1).

---

(1) Lettres de MM. d'Avaux et Servien, 1 vol. in-12, p. 190 à 202, 1650.

Nous nous abstenons de faire ressortir le caractère de d'Avaux, tel qu'il apparaît par cette lettre, où un orgueil jaloux se cache sous les dehors adroitement humbles du courtisan, et se pose piteusement en victime. Nous aimons mieux citer la lettre même dont se plaint d'Avaux. Il y est peint par son rival avec des traits dont le lecteur saura retrancher la maligne exagération, et qui contribuent du reste à faire aussi de cette pièce un portrait de Servien, fait par lui-même. Dans tous les cas on verra que, à n'en juger que la forme, l'avantage du style et de l'esprit appartient à Servien.

6.

Lettre de M. Servien à M. D'Avaux, 6 août 1644.

Monsieur,

Je commençais de n'espérer plus de réponse à la lettre que je vous écrivis il y a près de six semaines, et de croire que la prétention que j'en avais pu avoir était prescrite, lorsqu'un de vos secrétaires me l'a portée, ne me disant point que ce fût une lettre de votre part. Si, en des affaires plus importantes, les actions sont éteintes par le cours d'une année, même entre les absents, je dois bien croire avec quelque raison que celle-ci le pouvait être par l'espace d'un mois entier entre des personnes qui sont dans un même lieu. Mais je n'ai sujet de me plaindre du temps que vous avez différé de me faire cet honneur, puisque me traitant avec cette libéralité qui vous est naturelle, vous m'avez payé avec usure de mon attente en me rendant un discours de quatre feuillets remplis d'injures, pour une lettre de trois pages où il n'y avait que des civilités...., où je me bornais à vous proposer un règlement volontaire entre nous, pour la forme d'agir en notre emploi... Car tel était le but de ma lettre.

Quant à la vôtre, vous la commencez en me qualifiant accusateur, parce que vous croyez que c'est une qualité fort odieuse. Ceux qui connaissent mon humeur et ma vie passée, savent si jamais j'ai fait ce métier-là, lors même que les charges publiques que j'ai exercées plusieurs années l'eussent rendu légitime. Avouez d'ailleurs que si je suis votre accusateur, je ne suis pas des plus dangereux : mon accusation n'est pas publique, personne n'en a connaissance que vous seul; la forme d'agir n'est pas périlleuse, puisque je m'adresse à vous par vive prière; la sévérité des jugements n'est pas à craindre, puisque vous êtes juge en votre propre cause, et que je n'en saurais choisir un qui vous eût été plus favorable que vous-même, ni qui eût si bonne opinion de vous. Aussi parlez-vous plutôt en juge qu'en accusé, quand dès l'entrée de votre discours vous me prescrivez les règles que nous devrions observer pour bien vivre ensemble... Mais il faudrait pour cela trouver de la douceur dans votre société : et comment y en trouver? Si on vous fait une proposition dans les affaires, à laquelle vous n'avez pas pensé, vous la rejetez; si on vous dit des raisons civilement pour la soutenir ou qu'on vous en fasse souvenir, quand cela a été différé, on vous offense; si on n'a point été de votre avis, on vous veut choquer. Avec vous les contestations sont éternelles, et le calme que j'ai quelquefois tâché de mettre dans votre âme, a été comme celui de la mer, qui n'empêche pas qu'elle ne demeure salée et qu'elle ne retienne son amertume.... D'ailleurs, voyez un peu quelle inégalité dans votre lettre! Vous me proposez des articles de paix en commençant une outrageuse guerre; vous sonnez la retraite et la charge en même temps, ou plutôt vous sonnez la retraite en même temps que la charge.

Que dira-t-on quand on verra que vous pratiquez si mal ce que vous ordonnez? Il paraîtra que vous n'avez donné de si beaux prétextes que pour vous satisfaire dans le plaisir que vous avez de faire le supérieur..... Et que puis-je dire moi-même, quand je vois que, dissimulant d'abord votre véritable sentiment sur mon compte, vous ne m'appelez *ministre si sage, si judicieux et si agissant,* que pour me vilipender ensuite. Vous n'avez que dissimulation dans l'esprit.... Vous n'avez pu demeurer un moment dans votre feinte : vous avez fait comme cette chatte dans la fable, qui, contrefaisant la reine dans une assemblée, ne put pas s'empêcher de suivre les mouvements de sa nature en se jetant dessus une souris qui passa devant elle.... Il n'y a pas seulement dissimulation en vous, il y a déloyauté. Quoi ! monsieur, après avoir été trois semaines à concerter une supercherie, et à méditer comme vous donnerez un coup par surprise, vous envoyez une lettre à la cour, et la faites débiter dans tout Paris dix ou douze jours avant que me l'avoir fait rendre en cette ville, où vous croyez que l'impression qu'elle aura faite par cette voie clandestine ne se pourra plus effacer, ou du moins que vous aurez le contentement de ce calomniateur d'Athènes, que la cicatrice y demeurera, lors même que la plaie sera consolidée. Mais la reine est trop juste et trop bien conseillée... ; elle ne prendra pas l'ombre pour le corps, elle n'autorisera pas les surprises, elle ne donnera point de crédit au mensonge, au préjudice de la vérité, encore qu'il ait été plus diligent à se présenter devant elle... Mais des procédés de cette sorte vous sont ordinaires. Comment avez vous agi envers M. de Rorté, résident de la France à Osnabruck, et venu à Munster pour nous demander de l'argent? Je vous disais sans cesse de le renvoyer à sa résidence où sa présence était nécessaire. Mais vous subtilisiez sur les sujets qui l'arrêtaient, et vous avez voulu le retenir cinq semaines, au lieu de trois jours que je proposais. Vous aviez peur qu'on ne sût pas assez tôt que vous lui aviez fait prêter de l'argent, et n'avez pas été content d'avoir dit qu'il vous importunait de cet emprunt pendant votre séjour d'Allemagne, vous l'avez voulu mettre dans une lettre qui devait être lue dans tout Paris, afin que chacun connût votre humeur généreuse et libérale aux dépens de ce cavalier.

Il ne vous sera pas obligé si les gazettes d'Amsterdam, de Cologne, de Paris n'en parlent : elles ont toujours si exactement fait savoir au public les libéralités que vous avez faites en divers temps, jusques à compter les fusées que vous avez fait jouer, et les pièces de vin que vous avez fait défoncer dans les sujets de réjouissance, que ce sera une merveille si elles perdent cette nouvelle occasion de publier vos louanges.... Eh! mon Dieu, aux frais de qui avez-vous été libéral? Est-ce aux vôtres seuls, comme vous l'avez donné à entendre? Il est vrai que le billet que vous lui avez donné ne portait que votre seule signature : mais M. Heuste, trésorier de l'ambassade française à Munster, m'a tout révélé. Vous avez tiré cet argent de sa caisse : sans mettre la main à la bourse, vous avez fait cette courtoisie à M. de Rorté sur le crédit de l'argent du roi qui est entre les mains de M. Heuste. Vous vous êtes entendu pour cela avec le sieur de Préfontaines, qui m'en a fait, ainsi que vous-même, un secret, bien que le billet donné dût porter ma signature aussi bien que la vôtre. Tout ce que vous faites est pure ostentation. Encore s'il n'était résulté aucunes plaintes d'aucune part du long séjour de M. de Rorté à Munster : mais il n'en a pas été ainsi. M. Oxenstiern et les autres ambassadeurs de Suède vous écrivirent de le renvoyer à Osnabruck. Malgré moi, et par caprice, vous voulûtes le garder. Alors ils se plaignirent. Et n'allez pas dire que j'amplifie la lettre de M. Oxenstiern : comment voudriez-vous que des étrangers vous pussent exprimer plus clairement qu'ils n'approuvent pas le séjour du résident en cette ville, qui doit être près d'eux, qu'en vous écrivant que sa présence est nécessaire? Nous avons été fort heureux que la chose n'eût pas d'autres conséquences, et qu'ils ne dissent pas ouvertement ce qu'ils pensaient, à savoir que sa longue demeure en cette ville leur donnait de l'ombrage... Ne croyez pas en effet que des esprits, aussi méfiants que le sont les Suédois, voyant les Impériaux vouloir traiter avec nous et non pas avec eux, se fussent aisément persuadés qu'en retirant le résident du roi d'auprès d'eux, nous n'avions pas quelque pensée de les abandonner..... Il est vrai que vous prétendez que cela vous a valu la visite de M. Salvius en personne, et que d'ailleurs vous m'objectez, pour tout justifier, votre longue expérience des affaires et l'habileté supérieure dont vous avez fait preuve en Allemagne, habileté, dites-vous, que je suis bien loin encore d'avoir atteint. Mais croyez-moi, monsieur, ne faites pas un si grand mépris de votre collègue, quand ce ne serait que pour ne pas censurer ceux qui lui ont autrefois fait exercer de grandes charges, et qui ont avoué qu'il avait passé honorablement la mer Baltique...... La rivière d'Elbe n'est pas la seule école où l'on peut apprendre la méthode de bien servir l'État; et je suis assuré que M. le comte de Brienne et M. Letellier, bien qu'ils ne se vantent pas comme vous de la connaissance assez peu indispensable du latin et de l'allemand, font aujourd'hui plus de dépêches importantes en une semaine que vous n'en avez fait pendant cinq ans que vous avez demeuré dans Hambourg, et peut-être dans tous les dix ans èsquels vous croyez vous avoir acquis, par crédit, la *monarchie* dans la négociation de la paix. Vous me direz que ce mot n'est pas propre pour le lieu où je le mets ; mais je m'en sers pour me conformer à l'opinion de votre prédicateur, qui a osé publier en chaire que cet avantage vous était dû...., et qui, après avoir exhorté le peuple à prier pour les plénipotentiaires du roi, eut l'impertinence d'ajouter, en montrant votre personne, qu'il fallait prier principalement pour celui qui tenait entre ses mains le caducée de la paix, ce qu'entendant, vous ne pûtes vous empêcher de baisser les yeux......

J'arrive à l'affaire du traité particulier que nous conclûmes ensemble à La Haye avec les États-Généraux. La chose arrêtée, je vous disais : Laissez le soin de la signature à M. de la Thuillerie, ambassadeur de France en ce pays. La reine trouve que nous tardons trop à nous rendre à Munster ; que les plénipotentiaires de l'empereur et du roi d'Espagne, qui y sont déjà arrivés, s'impatientent, et peut-être se retireront. Vous ne voulûtes entendre à rien. Il faut avoir du flegme, me répondîtes-vous avec une pédantesque gravité. — Et vous verrez (grâce à Dieu) que j'en ai autant que vous, du flegme ; mais en cette occasion, il n'en était nul besoin ; il fallait partir. Pourquoi vous obstiniez-vous à rester? Ah ! voici la raison : c'est que vos grands festins n'étaient pas encore faits ; vous étiez encore à méditer l'ordre qui y devait être tenu, ce qui vous fit si souvent lever de table. Votre beau buffet n'avait pas été encore montré aux peuples hollandais, ni porté chez les dames de La Haye, qui ne purent pas être conviées, où vous l'envoyâtes dresser deux jours après. Et Dieu sait si elles en rirent, comme vous savez très-bien, pendant quinze jours, toutes ces dames, chez qui vous aviez envoyé tendre vos grandes machines. Mais, d'un autre côté, il faut dire aussi que ce qui vous tenait plus au cœur, c'est que tout le reste de votre harangue n'était pas encore achevé, ce qui vous obligea de contremander une audience de congé, que nous avions résolu ensemble de demander aux États, et de m'empêcher de m'en aller seul, comme je voulus le faire, pour obéir au commandement de la reine... Vous l'achevâtes enfin cette fameuse harangue. Mais, bon Dieu! qu'il eût mieux valu que vous ne l'eussiez jamais débitée. Quoi ! dans un simple discours de congé, oser parler des intérêts des catholiques dans les Provinces-Unies! oser toucher à une question aussi chatouilleuse que celle-là dans un tel pays ! n'était-ce pas le comble de l'imprudence? Aussi cela vous valut, de la part du président des États, une réponse désobligeante, et qui était un mauvais symptôme pour l'avenir...... Un écrit aussitôt courut toutes les rues contre nous. Je demandai à un des

plus habiles du pays pourquoi on laissait ainsi circuler cet écrit, où nous étions attaqués. Il me répondit que l'on n'avait pu faire autrement, pour se justifier envers le peuple d'avoir écouté votre proposition. Il ajouta ce mot : « Mon-
« sieur d'Avaux est trop habile pour n'avoir pas connu
« qu'il ne ferait service ni au roi ni aux catholiques par
« son discours ; mais son intention a été de faire parler de
« lui, à quelque prix que ce fût, dans la cour de Rome... »

Ici, sur la question des préséances, nous avons été aussi en désaccord. Par un excès de ménagement vous auriez voulu que nous cédions le pas à tout le monde. Vous disiez à l'appui de cette basse et inutile courtoisie, que si un ambassadeur de France voulait précéder un commissaire de l'empereur qui ne lui serait pas égal en dignité, toute l'Allemagne se soulèverait contre lui. Quoi! tous ces petit docteurs que l'empereur envoie en divers lieux avec la qualité de ses commissaires, et ceux qu'il donne pour conseil et pour adjoints aux personnes de condition, qu'il députe sans avoir lui-même intention qu'ils tiennent le même rang que les premiers dans les cérémonies publiques, vous seriez d'avis que nous les fissions passer devant nous? Comme ce sont des gens qui ne mènent avec eux qu'un seul laquais, il me semble que ce serait trop ravaler la qualité dont le roi nous a honorés, et faire un trop grand mépris de la grandeur de votre équipage... Encore si les autres princes étaient aussi humbles que vous sur ce point... Mais ne savez-vous pas que le duc de Bavière a proposé de rappeler Wolmar, et d'envoyer en sa place une personne plus qualifiée ; que d'ailleurs on n'avait pas entendu à Vienne que Wolmar se montrât dans les grandes assemblées pour y tenir le même rang que le comte de Nassau, bien qu'il ait la qualité de commissaire comme lui, et qu'elle lui soit attribuée par même pouvoir? Vous voyez donc que vous faites scrupule de conserver la dignité de votre maître en une occasion où nos ennemis et nos envieux n'en font pas, et n'avez pas honte de faire des exclamations contre ceux qui sont d'un avis plus juste et plus honorable, pour leur faire peur d'un soulèvement de toute l'Allemagne, que vous voulez intéresser dans une contestation où elle-même reconnaît qu'elle n'avait pas raison, puisque nous ne ferons pas difficulté de céder à ceux qui viendront de la part de l'empereur, quand ils auront le même caractère que nous.... Quand donc saurez-vous distinguer la qualité de plénipotentiaire de celle d'ambassadeur, et vous conformer en cela à l'avis de nos maîtres...?

Mais restons-en là. Vous savez que je n'avais pas l'intention de vous déplaire dans une première lettre; vous m'avez pourtant outragé. Je vous ai répondu; mais tout ce qui peut être allé au delà du ton employé par vous-même, je suis prêt à le retirer, comme si cela n'eût point été dit : nous nous sommes donné des coups fourrés, qui ne laissent pas grand avantage à l'un sur l'autre. Si après cela vous désirez sincèrement de rétablir l'amitié, je suis tout disposé à vous témoigner, pourvu qu'il y ait réciprocité sincère de votre part, que je suis véritablement,

   Monsieur,
  Votre très-humble, etc.

A Munster.   SERVIEN (1).

(1) Même ouvrage, p. 47 à 189.

FIN.

TABLE DES MATIÈRES.

LIVRE PREMIER.

HISTOIRE DU TRAITÉ DE WESTPHALIE.

CHAPITRE PREMIER. — Tendances monarchiques et antiféodales des empereurs germains jusqu'à la Bulle-d'Or.

i. Efforts des empereurs d'Allemagne, au moyen âge, pour reconstituer, en leur faveur, tout l'ancien empire romain d'Occident. . . 2
ii. Établissement d'un empire monarchique et antiféodal au-dedans, considéré comme la base de cette grande entreprise au dehors. . 6
iii. Deux obstacles à l'accomplissement de cette révolution monarchique : 1° division de l'Allemagne en nations particulières ; 2° opposition pontificale. 10
iv. Bulle-d'Or en 1356. — L'Allemagne, triomphante des empereurs, tend à s'organiser en république fédérative et oligarchique. . . 12

CHAP. II. — Etat politique de l'Allemagne sous la maison d'Autriche, de 1438 à 1521.

i. Motifs de l'élection d'un prince autrichien, en 1438. 18
ii. Précipitation d'Albert II, au sujet de la réforme politique de l'Allemagne. 20

III. Politique temporisante de Frédéric III, et la vérité sur son caractère. 20
IV. Maximilien. — Circonstances extérieures qui favorisent ses idées de réforme. 22
V. Constitution fédérale de Maximilien Ier, à la place de l'indépendance politique, militaire et judiciaire des États particuliers. . . 25
VI. Précautions des hauts seigneurs allemands. — La Capitulation de Charles-Quint. 1519. 29

CHAP. III. — Efforts impuissants de la liberté religieuse jusqu'au XVIe siècle.

I. Opposition religieuse dans divers États du moyen âge. 33
II. Raisons de l'intolérance religieuse du moyen âge : 1° alliance intime de la loi civile et de la loi religieuse ; 2° danger de la liberté religieuse au point de vue de l'éducation de peuples barbares ou enfants. 36
    3° Caractère social des hérésies du moyen âge, au point de vue du droit de propriété ecclésiastique. 39
III. Les hérésies du moyen âge, contraires parfois au droit de propriété civile. 46
IV. Bouleversement social accompagnant presque toujours les mouvements religieux au moyen âge. 48
V. Abus et désordres dans la société religieuse, oppression parfois et criantes inégalités, dans la société civile, telle était l'occasion de ces divers mouvements. 50
VI. Les mouvements religieux et sociaux n'avaient pas pour eux l'opportunité des circonstances et la maturité des temps. . . . 52
VII. A partir du XVe siècle, l'Allemagne s'empare des idées de réforme : importance et danger de ce fait. 54
VIII. La Renaissance et la sécularisation de la science. Influence rationaliste de l'Italie elle-même sur l'Allemagne. La papauté favorable au progrès. 58
IX. Fondation d'Universités en Allemagne. Danger fréquent des Universités pour l'Église. Les Universités, appelées à commencer l'enseignement par les laïques. 62

TABLE DES MATIÈRES.

x. Rationalisme railleur en Allemagne, en Hollande, en France. Reuchlin, Erasme, Rabelais. 63

CHAP. IV. — Luther : son principe, sa politique, sa conduite dans l'Anabaptisme.

i. Il proclame la liberté religieuse. Appréciation sociale de ce principe. 69
ii. Politique de Luther : 1° il réveille l'ancienne jalousie de l'Empire et du sacerdoce, et la vieille haine des Germains contre Rome. . 70
    2° Il intéresse à sa cause la cupidité des seigneurs. 73
    3° Il favorise les anciennes tendances du haut clergé allemand au mariage et à l'hérédité des bénéfices ecclésiastiques. Les sécularisations. 76
iii. Utilité de ces biens ecclésiastiques sécularisés, après l'élection de Charles-Quint ; et vérité sur cette élection. 79
iv. Grande sollicitude des seigneurs pour Luther, dans trois principales circonstances. 88
v. Les Anabaptistes. — Variations de Luther à leur égard : 1° il semble d'abord vouloir faire de la réforme une révolution sociale. 92
    2° Un intérêt de secte le fait rester dans le camp des seigneurs. Il craint que la réforme sociale ne perde sa réforme religieuse. 94
vi. Précédents révolutionnaires dans les pays où éclate l'Anabaptisme. 96
vii. Force d'unité dans la doctrine, force d'association dans la défense, voilà ce que veut Luther. 99

CHAP. V. — Charles-Quint et Luther. — Deux fautes capitales de Charles-Quint dans sa lutte contre la réforme. La paix d'Augsbourg, ou la première paix religieuse dans l'Europe chrétienne, 1555.

i. Péril d'une scission religieuse en Allemagne, en présence de Soliman, sultan des Turcs. 100
ii. Charles-Quint, nouveau Ferdinand-le-Catholique, sur un plus grand théâtre. 101

III. A côté de mesures excellentes, deux fautes de Charles-Quint, provenant d'un zèle religieux, trop mêlé d'ambition, et d'une ambition qui ne savait pas se borner. 103

    1° Successeur des Césars, il veut reconstituer tout l'ancien empire romain. Curieux discours dans la diète de Worms à cet égard. 104

    2° Il entreprend de fonder l'unité allemande par l'établissement d'un empire monarchique et absolu, à la place des libertés germaniques. Changements constitutionnels. . . . 111

III. Par ce système, Charles-Quint se fait partout des ennemis. . . 115

IV. Charles-Quint lui-même cède la victoire à Luther. Appréciation de ce grand fait. 116

V. Véritable caractère de grandeur de Charles-Quint. 120

VI. Paix d'Augsbourg, 1555, inaugurant, mais partiellement encore, l'ère de la liberté religieuse. 122

VII. Conséquences politiques et sociales de la paix d'Augsbourg. . 125

CHAP. VI. — **Politique des successeurs de Charles-Quint jusqu'à la guerre de Trente-Ans. — Lettres de Majesté, 1609, ou la première paix religieuse dans les États autrichiens.**

I. La politique des successeurs de Charles-Quint, en Allemagne, devait être tolérante, sans cesser d'être catholique. Que firent à cet égard les deux premiers ? 130

II. Rodolphe II entre dans une vaste réaction contre la Réforme, en 1576, l'année même de la Ste-Ligue en France. Mais, d'abord, il ne veut que la légalité d'Augsbourg, outre-passée sous ses prédécesseurs. 136

III. Appréciation de cette rigidité légale, après vingt ans d'insoucieuse tolérance. 138

IV. Actes de Rodolphe II : 1° Ordonnances en faveur du catholicisme. 140

    2° Affaire de l'archevêque-électeur de Cologne, qui s'était marié. 141

    3° Affaire des chanoines protestants de Cologne, venus à Strasbourg 142

    4° Affaire des réfugiés protestants à Aix-la-Chapelle. 143

    5° Affaire de l'église de Sainte-Croix, à Donawerth. 143

v. Ces actes divers, entachés d'illégalités dans la forme, et faisant trembler pour les libertés germaniques. 144

vi. Henri IV. Retour de la France, dès 1594, à la politique extérieure de François Ier et de Henri II. Il conseille une ligue générale de toutes les sectes. 145

vii. L'archiduc Mathias. Son rôle au milieu des embarras de Rodolphe II. 147

    1° Les lettres de Majesté. 1609. 150

    2° Affaire de la succession de Clèves et de Juliers. 1609. . . 151

    3° Meurtre de Henri IV. Nouvelle réaction catholique en Allemagne. 152

    4° Empereur, Matthias est moins tolérant, et cause le commencement de la guerre de Trente-Ans. 1618. 152

CHAP. VII. — Situation respective des puissances européennes au moment de la guerre de Trente-Ans.

i. L'Union évangélique, avec un chef, non pas luthérien, mais calviniste. 155

ii. Traité de Santen, 1614, terminant l'affaire de Juliers. 156

iii. Défénestration de Prague, 1618. 156

iv. Situation de l'Europe vers 1618. 1° Angleterre : Jacques Ier, mauvais protestant ; procès de Walter Raleigh. 160

    2° Pays-Bas : rivalité politique et religieuse des Arminiens et des Gomaristes. 163

    3° Danemark et Suède, toujours en guerre. 166

    4° France. Influence de la maison d'Autriche après la mort de Henri IV. Anne d'Autriche. Albert de Luynes rend la victoire des protestants allemands impossible. 166

    5° Italie. Venise et ducs de Savoie seuls pour les protestants. Pourquoi ? 167

v. Ruine du parti de Frédéric V, roi de Bohême. 169

vi. Actes inconstitutionnels ou violents de Ferdinand II, après cette première période de la guerre de Trente-Ans : 1° Suppression de l'Électorat du Palatinat ; 2° Partage du Palatinat. Politique de l'empereur dans ce partage. 171

3° Lettres de Majesté révoquées. 173
4° Article des sécularisations. Vu la date ancienne de beaucoup, une indemnité eût été préférable à des restitutions violentes. 173

CHAP. VIII. — Intervention des puissances protestantes du Nord dans la guerre de Trente-Ans; conséquences religieuses et politiques qu'elle amène.

i. Période danoise de la guerre de Trente-Ans, 1624-1629. 177
ii. A cette occasion, organisation d'une armée impériale par Waldstein à côté de l'armée de la Sainte-Ligue. Importance politique de ce fait. 179
iii. Le protestantisme perd d'autres positions politiques. 181
iv. Fameux édit de restitution. Appréciation de cette mesure. 1629. 182
v. En vue de la ruine des libertés germaniques, Ferdinand II travaille à la dissolution de l'armée de la ligue catholique. 186
vi. Maximilien de Bavière, nouveau Maurice de Saxe; P. Joseph; renvoi de Waldstein. 190
vii. Période suédoise de la guerre de Trente-Ans. Rappel de Waldstein, 1630 à 1635. 192
viii. Rôle suspect de Waldstein. Preuves nombreuses 194
ix. Grande victoire de l'armée impériale à Nordlingue, 1634. Modération de l'empereur. 196

CHAP. IX. — Politique de Richelieu et plan de campagne des Français dans la guerre de Trente-Ans, 1635 à 1648.

i. Paix religieuse de Prague (1635), donnant plus d'extension à celle d'Augsbourg. 198
ii. Cette paix encore trop exclusive. — Appel à la France par les réformés exclus. 200
iii. Période française de la guerre de Trente-Ans. — Son caractère européen. 201
iv. Politique de Richelieu dans la guerre de Trente-Ans. 1° Divers traités d'alliance ou de subsides. 202

TABLE DES MATIÈRES.

2° La Suède étroitement liée à la France. 203
3° Il tâche d'isoler l'Autriche, en occupant l'Espagne chez elle. 204
4° Il soutient les Hongrois et les Transylvains. 207
v. Plan de campagne des Français, calqué sur celui de Gustave-Adolphe, et consistant à marcher droit sur l'Autriche par l'Elbe et le Danube. — Curieuse lettre d'Oxenstiern. 209
1° Weymar. Son rôle vers le Danube. 210
2° Banner et ensuite Tortenson, sur l'Elbe et la Moldau, pendant que le général français Guébriant, et, après lui, Turenne et Condé s'avancent vers le Danube. 211

CHAP. X. — Négociations du traité de Westphalie, 1640 à 1648. Difficultés dans leur marche.

i. Pourquoi Ferdinand III, successeur de Ferdinand II, en 1637, commence les négociations pour la paix en 1640. 216
ii. Les puissances belligérantes cherchent chacune une situation favorable pour traiter 218
iii. La journée de Rocroi, moins funeste à l'Autriche que les batailles allemandes. 219
iv. Lettre importante de d'Avaux aux différents Ordres de l'Allemagne, et ses suites 221
v. Avances de la duchesse de Bavière aux Français pour la paix. Négociateurs qu'elle emploie. 222
vi. Les Impériaux plus traitables après la journée de Jankowitz, 1645. 224
vii. Wolmar et d'Avaux dans l'église des Capucins de Munster. . 225
viii. Arrivée de Trautmandorff, premier plénipotentiaire autrichien. Ses négociations 227
ix. Rôle peu honorable de Maximilien de Bavière. Il s'entend avec Mazarin. 230
x. Organisation sérieuse et définitive du congrès à Munster et à Osnabruck en 1646 231

CHAP. XI. — Intérêts des puissances représentées au congrès de Munster et Osnabruck.

i. Composition du congrès de Munster et Osnabruck. Son caractère d'universalité 234
ii. Discussion des intérêts importants de la France. 1° Mazarin veut l'Alsace et la Lorraine. 236
    2° Avec droit de suffrage aux diètes. La France aurait par là rendu la Prusse impossible. 237
iii. Réponse de Trautmandorff. 239
iv. Révélation de propos confidentiels de l'empereur par Maximilien de Bavière. 239
v. Trautmandorff cède pour l'Alsace et le Sundgaw. 241
vi. Servien prend sur lui d'exiger en outre Philipsbourg, pour y tenir garnison à perpétuité 242
vii. Impossible d'obtenir droit de vote 243
viii. Intérêts de la Suède. La France lui procure, outre un territoire allemand, les droits de vote qu'elle n'a pu avoir elle-même . 244
ix. Intérêts du Brandebourg et du Brunswick. Corruption en grand, pratiquée par les petits princes allemands. 246
x. Intérêts du Mecklembourg 248
xi. Intérêts du Landgraviat de Hesse-Cassel. L'habile landgrave Elisabeth-Amélie et le duc de Longueville 249
xii. Affaire de la maison Palatine. 251
xiii. Intérêts du margrave de Bade-Dourlach. 251
xiv. Du duc de Wurtemberg. 252
xv. Divers autres intérêts. 252

CHAP. XII. — Organisation politique de l'Allemagne par le congrès d'Osnabruck.

i. A la vue du démembrement de l'Empire, indignation des vrais Allemands. Paroles éloquentes de l'historien Woltmann 254

II. Division des esprits en Allemagne. Les armes décident de tout . 256
III. Règlement divers du congrès : 1° sur la Chambre impériale; 2° sur le Conseil aulique; pouvoir impérial encore considérable. Conflit inévitable de ces deux cours, devenues égales. . . 258

CHAP. XIII. — Organisation religieuse de l'Empire germanique par le congrès d'Osnabruck.

I. Caractère constitutionnel du triomphe de l'opposition politique . 272
II. Celui de l'opposition religieuse n'avait pas le même caractère de légalité 273
III. Le congrès protestant d'Osnabruck constate ce défaut de légalité. 274
IV. Discussions sur les points de départ de la paix d'Augsbourg, prise pour base. Rôle de Trautmandorff. Importance respective des années 1630, 1618, 1627, 1624. 276
V. On s'arrête à l'année 1624, 1er janvier. Dispositions à cet égard . 278
VI. Sécularisations interdites comme dans la paix d'Augsbourg . 280
VII. Le congrès organise une grande Église luthérienne avec titres d'évêque, etc., et investiture impériale, etc. 281
VIII. Charges des prélats luthériens, électives et non héréditaires, bien qu'ils pussent se marier. Droit de présentation à l'empereur ou droit des *premières prières* 284
IX. Tolérance plus étendue que dans la paix d'Augsbourg. . . . 286
X. Le traité d'Osnabruck distingue soigneusement l'exercice public de la religion du culte privé et domestique. Celui-ci, seul toléré . 288
XI. Malgré Trautmandorff, la tolérance religieuse, telle que l'entendait le congrès, est étendue aux États autrichiens 290

TABLE DES MATIÈRES.

LIVRE SECOND.

HISTOIRE DU TRAITÉ DES PYRÉNÉES.

CHAPITRE PREMIER. — Appréciation de la politique de Mazarin à l'égard de la maison d'Autriche espagnole, pendant et après la guerre de Trente-Ans.

i. Plénipotentiaires espagnols du congrès. Pourquoi ils étaient d'abord disposés à la paix. 293

ii. Mazarin ne pouvant faire accepter ses conditions, veut obtenir de l'Espagne une trève de douze ans, plutôt qu'une paix générale . 295

iii. Les plénipotentiaires espagnols préfèrent la paix. Nécessité, pour l'obtenir pas trop désavantageuse, de séparer les Pays-Bas de la France 298

   1° Ils font en sorte que la députation des Sept Provinces-Unies soit bien composée. 298

   2° Leur courtoisie empressée envers les députés néerlandais. . . 300

iv. Diplomatie maladroite de Mazarin, qui ne se conforme pas aux plans de Richelieu sur ce point 300

v. Plaintes des Hollandais de ce que Mazarin veut, par divers moyens cachés, avoir seul les Pays-Bas espagnols, au lieu de partager avec eux 305

vi. Antonio Brun. Malgré les efforts de Servien et ceux du prince d'Orange lui-même, la diplomatie espagnole ne dément pas, à La Haye, sa vieille réputation d'extrême habileté. 306

vii. Traité séparé, à Munster, entre la Hollande et l'Espagne. . . 308

viii. Confiance des Espagnols après ce traité. La guerre continue avec eux 310

CHAP. II.—La Fronde, 1648 à 1659.

i. Cause particulière des révoltes aristocratiques sous Louis XIII et sous la régente Anne d'Autriche 313

II. Pour renverser ce qu'on appelait le *Ministériat*, les grands se servent de tout, des protestants, du peuple, des parlements, sans avoir de sympathie pour personne 314

III. Bourgeois, flattés que les grands discutent avec eux les affaires de l'État. 318

IV. Important travail de la commission des Soixante, nommée par les quatre Cours souveraines. Influence incontestable de la révolution d'Angleterre. *Habeas-corpus* des Français 319

V. Les parlements, très-sérieux dans leur opposition. Pierre Broussel. 321

VI. La Vieille-Fronde. Deuxième journée des barricades. Mathieu Molé. 322

VII. Traités de Rueil, de Paris, de Rouen, etc., terminant la guerre de la Vieille-Fronde, 1649. 324

VIII. Seconde Fronde et intervention malheureuse de l'Espagne. . 327

IX. Politique extérieure de Mazarin pendant la Fronde 329

CHAP. III. — Négociations et conclusion du traité des Pyrénées, 1656 à 1659.

I. La question de la réintégration complète de Condé dans ses charges et biens retarde la conclusion de la paix 330

II. Mazarin feint de renoncer au mariage espagnol. On parle de sa nièce et d'une princesse de Savoie. 332

III. Cette feinte de Mazarin ne fut pas la cause déterminante de l'Espagne. Grand motif politique de don Louis de Haro, d'après les mémoires de Gui Joli, pour conclure la paix 333

IV. L'île des Faisans. 8 mai 1659. 335

V. Grands traités entre la France et la maison d'Autriche, compulsés. 336

 1° Traité de Noyon, 1516. 337
 2° Traité de Madrid, 1526. 337
 3° Traité de Cambrai, 1529 337
 4° Traité de Crespy, 1544 338

VI. Grand traité de Cateau-Cambrésis. Appréciation de ses causes et de ses résultats. 338

VII. Tentative de l'Espagne pour s'incorporer la France par un mariage. 342

TABLE DES MATIÈRES.

VIII. Paix de Vervins, 1598 343
IX. Traité de Lyon, 1601, avec la Savoie, alliée de l'Espagne . . 343
X. Traité de Quérasque, 1631. — 344
XI. Traité de Millefleurs, 1631. — 345
XII. Malgré ces divers traités, l'étendue de la monarchie espagnole était encore trop gênante pour la France. 345
XIII. Clauses du traité des Pyrénées, 1659 346
XIV. Quel était le sens de cet abaissement de la double maison d'Autriche ? 348

PIÈCES JUSTIFICATIVES.

1. Lettre des plénipotentiaires français aux villes impériales. . . 353
2. Lettre circulaire du roi de France aux princes de l'Empire. . 354
3. Seconde lettre des plénipotentiaires français aux princes et aux États de l'Empire 356
4. Discours de Servien aux États-généraux de La Haye. 364
5. Lettre de d'Avaux contre Servien 377
6. Lettre de Servien contre d'Avaux 386

www.ingramcontent.com/pod-product-compliance
Lightning Source LLC
Chambersburg PA
CBHW052125230426
43671CB00009B/1120